臺灣歷史與文化研究輯刊

十 五 編

第23冊

江黑番布袋戲口頭文學研究

黃 如 莉 著

花木蘭文化事業有限公司

國家圖書館出版品預行編目資料

江黑番布袋戲口頭文學研究／黃如莉 著 — 初版 — 新北市：
花木蘭文化事業有限公司，2019〔民 108〕
目 6+242 面；19×26 公分
（臺灣歷史與文化研究輯刊十五編；第 23 冊）
ISBN 978-986-485-625-1（精裝）
1. 臺灣文學 2. 布袋戲
733.08   108000401

ISBN-978-986-485-625-1

9 789864 856251

臺灣歷史與文化研究輯刊
十五編　第二三冊   ISBN：978-986-485-625-1

江黑番布袋戲口頭文學研究

作　　者　黃如莉
總 編 輯　杜潔祥
副總編輯　楊嘉樂
編　　輯　許郁翎、王筑　美術編輯　陳逸婷
出　　版　花木蘭文化事業有限公司
發 行 人　高小娟
聯絡地址　235 新北市中和區中安街七二號十三樓
　　　　　電話：02-2923-1455／傳眞：02-2923-1452
網　　址　http://www.huamulan.tw 信箱 hml810518@gmail.com
印　　刷　普羅文化出版廣告事業
初　　版　2019 年 3 月
全書字數　187526 字
定　　價　十五編 25 冊（精裝）台幣 60,000 元

江黑番布袋戲口頭文學研究

黃如莉　著

作者簡介

　　黃如莉

　　現任：新北市三峽國小教師。國立台灣師範大學台灣語文學系碩士。

　　出生於彰化縣田尾鄉，在三峽國小服務期間受到陳士彰老師指導，開始學習台語文，從此開始一路帶領學生征戰語文競賽，於 2013 ～ 2016 年間獲得三次新北市南區語文競賽閩南語字音字形教師組第一名，2013 年並獲全國語文競賽閩南語字音字形教師組第三名。

　　2014 年進入台師大台文所就讀，受到陳龍廷教授啓蒙後，決心開始研究布袋戲，希冀對母語的傳承與教學有進一步的貢獻。

提　　要

　　黑番，本名江欽饒，出生於 1958 年，是「江黑番掌中劇團」團主。他自幼從廣播自學布袋戲，及長拜師「閣派」的鄭武雄，學習金剛戲及笑詼劇的技巧，後又跟著漢學先生學習十五音，並鑽研古典章回小說，編演古冊戲。

　　黑番能靈活運用套語，穿插笑詼劇於戲劇段落中，信手拈來即能演出一齣受歡迎的活戲。除一般外台民戲及文化場演出外，他也曾自行錄製戲劇節目在廣播電台播出。2003 年起，黑番開始製作及販售布袋戲錄音，並參與「講古」的表演。

　　透過本研究，可瞭解布袋戲處於現今社會生活的眞實面貌，可明白民間藝術工作者如何透過廣播媒體及錄音帶市場擴大藝術影響力。藉著分析研究黑番的笑詼戲，以瞭解他如何活用套語，並從生活體驗、俗諺、孽譎仔話、方音差中取材即興創作，將對日益失落的母語，及以母語演出的布袋戲編劇技巧有所幫助。這些眞實口白表演文本，將可培養讀者更豐富多元的文學造詣，並提供文學史上相當空白的母語戲劇文本。

謝　誌

佇大學畢業二十多了後，會當閣一擺領到畢業證書，內心的激動佮感激實在毋是簡單兩句話就會當講煞。

大學讀特殊教育的我，從來無想過有一工會轉換『跑道』去另外一個完全無全款的領域，閣提著學位，代先愛感謝的，就是苦我認捌台語文的陳士彰老師。當當年陳老師是若師父閣若老爸按呢照顧我，教我台羅拼音（雖然伊家己攏用教羅），鼓勵我去參加台語朗讀和音字比賽，予我有機會去參加全國語文競賽，比煞了後又閣鼓勵我報考台師大台文所。原本無想過欲讀研究所的我，佇短短的一禮拜內將資料攢好勢，感謝學校的教務主任宋宏璋學長訓練我口試，好運的我就按呢考牢。

對一個原本的身分是老師和老母的我來講，欲閣加一項學生的身分，實在是需要真大的勇氣。自細漢我就毋是一個個性獨立的人，結婚了後，我的生活範圍攏是佇服務的學校和厝裡附近，連家己坐車出門去台北嘛毋捌，會使講是草地俗。因為我的年歲大我的同學和學妹一紀年以上，本底真緊張閣歹勢，佳哉我真好運，恁攏對我真照顧，無論是功課抑是活動攏真體諒我，感謝映泰、佩靖、和蓉、佳容、玟均、慈音。尤其是上尾和我揣仝一個指導教授的毓玹和李亭，阮互相鼓勵，互相支持，予我寫論文的這段時間袂遐爾仔孤單。

我嘛愛感謝張伯瑄校長、柯俊生校長同意我佇上班時間出來進修，閣有濟濟支持我、鼓勵我的同事，尤其是協助我排課的惠婷、佳紋。頭一年，我猶有苦班，而且擔任學校的教師會理事長，真濟會議攏需要參加，毋但按呢，我訓練的學生閣得著參加語文競賽全國賽的機會，我愛苦伊去集訓，所以我

逐工攏無閒頤頤，定定請假，需要利用坐車的時間用 LINE 和家長溝通，嘛定定佇學校內底走來走去接接溝通，真感謝當初時共我鬥跤手的同事閣有真體諒我的家長。另外嘛愛感謝面冊頂頭的朋友潘科元教授、dyer tung 老師、方可為先生常在做我的語言顧問，其他面冊的朋友定定陪我練痟話，這四年若感覺真忝的時，我就去面冊看看咧，毋但學著真濟學問，嘛得著真濟的快樂。

我閣愛感謝的，當然是我厝裡的人，尤其是我的老母。感謝伊替我做家內事，替我照顧囡仔、煮三頓。每一个人一工攏干焦有 24 點鐘，我愛上班、愛讀冊閣愛訓練學生，若毋是我的老母，我無可能健康順利完成學業。當然嘛愛感謝我的翁婿國鼎，感謝伊支持我完成我的夢想，感謝我的兩個查某囝穎榛宜庭，知影我讀冊辛苦閣定定愛寫報告，真獨立袂來共我攪吵。

上感謝的當然是恩師陳龍廷教授。第一擺見著教授是佇新生座談會的時，教授全程用台語講伊按怎研究布袋戲，予我感覺真親切閣趣味。後來上教授的課，教授建議無啥物想法的我，轉去故鄉研究黑番的布袋戲。陳教授毋但親身炁我去佮黑番熟似，閣送我冊，講「看看咧你就會曉矣，真簡單。」我就按呢照教授的交代，看冊，聽錄音、寫逐字稿，將近兩年的時間攏利用下班的時間一直寫，最後竟然寫欲三十萬字。拄開始，其實連家己嘛毋知家己咧做啥物戇工，但是開始寫論文了後就發現題材真濟，寫了真順。逐擺下課的時，和教授同齊去坐捷運，我就問教授講，「毋知欲寫啥物呢？」教授都講，「清彩寫，想欲寫啥就寫啥」而且閣一直鼓勵我講，「寫就著矣，毋免想遐遍濟」。結果我竟然不知不覺就共論文完成矣。想來，若毋是教授這幾年來用這款輕鬆的講法共我鼓勵，予我那修課那寫論文，我嘛無可能有法度佇期限內完成學業。

感謝兩位口試委員寶貴的意見。感謝年歲和我差不多的邱一峰教授，自兩年前計畫考開始，就親像是一个好朋友全款，一直鼓勵我、予我建議。感謝林鋒雄教授，口試的時若親像咧上林教授的課全款，予我知影應該按怎做研究、按怎修改論文。

最後我愛感謝這本論文的主角黑番叔仔恁翁仔某，恁兩個像對待查某囝按呢對待我，逐擺去共恁拜訪，恁攏熱情共我招待，我若有拄著啥物毋捌的，黑番叔一定會想辦法解說予我了解，若毋是恁遮爾熱心閣慷慨，這本論文絕對無法度完成。

目

次

圖目錄

第一章 緒 論

第一節 研究動機與目的

　　筆者與布袋戲的接觸，應始於 1983 年讀小學一、二年級時。當年，中午放學後最大的娛樂，便是隨家人守在電視機前觀賞黃俊雄的電視布袋戲。然而，隨著時代演進，民眾娛樂日趨多元，加上政府國語政策推波助瀾，布袋戲逐漸沒落。所幸近年來本土化的聲浪高漲，政府與民間文化藝術團體逐漸向本土化、特色化發展。政府文化政策開始獎勵布袋戲演出，出現了所謂的「文化場」，不論劇本、配樂的編寫或是舞台設計、聲光效果、戲偶造型都能有所創新。因此，不管是精緻華麗的藝術彩樓，機關重重、不斷變化的華麗布景，北管的鑼鼓喧天、南管的樂風悠揚，眩人耳目的乾冰、聲光特效，都以多元的表演風格呈現，再度吸引了眾人目光，使傳統布袋戲再度受到關愛的眼光。

　　2000 年後，政府教育政策逐漸朝向本土化，從事教職的筆者為了教學，開始充實自己，參與相關研習，並到師大台文所進修。在課程中受到陳龍廷教授的啟發，讓筆者又重拾了對布袋戲的興趣，認識了更多關於布袋戲的歷史、流派、傳承，也學習從音樂、戲劇及口頭表演藝術的角度去重新認識布袋戲。此外，筆者目前服務的新北市三峽國小，向來是個對布袋戲傳承非常重視的學校，從 2009 年起組隊參加「全國學生創意戲劇比賽——傳統布袋戲組」以來，一直到 2018 年，每年都獲得全市特優，並獲得四次全國特優，五次全國優等〔註1〕，成果卓越（圖 1-1）。上了研究所對布袋戲逐漸了解後的我，

〔註1〕全國學生創意戲劇比賽歷史專區 http://web.arte.gov.tw/drama/history.aspx。
　　　2017.11.12 查詢。其前身為「全國學生創意偶戲比賽」，2014 年始更名為「全

這時剛好遇到了本校布袋戲團的孩子，跟著外聘的陳崑泳老師，到每個班上招生（圖1-2）。陳老師表示〔註2〕，目前訓練孩子「攑尪仔」和後場音樂問題不大，比較困難的是腳本的產生及口白的訓練。在長期國語教育的推行下，能說出一口流利台語的孩子已經不多，尤其在北部，更是困難。而口白的「氣口」更需要揣摩，非一蹴可幾，這是目前在校園內推行布袋戲最大的難處。後來，筆者跟陳教授談論起傳統布袋戲的現況及在校園推廣的窘境，陳教授認為筆者若能投入布袋戲的口頭文學研究，日後對於校園的母語教學必定有所助益，於是向筆者介紹彰化家鄉的一位布袋戲主演〔註3〕——江欽饒，推薦以其作品作為研究對象。

江欽饒自小對布袋戲產生興趣，從收音機的廣播布袋戲中自學，到國三時便能擔任布袋戲的主演，後來才又拜台灣布袋戲傳承系統中有名的「閣派」鄭武雄〔註4〕為師（陳龍廷，2007：192）。江欽饒拿手的金剛戲〔註5〕劇目《大俠百草翁》、古冊戲《孫臏鬥龐涓》等，都可說是師承鄭武雄及「閣派」後，再以其天分所改編。江欽饒，藝名黑番，因「江黑番掌中劇團」饒負盛名。本名「江欽饒」比較像是他的日常生活層面，外界比較陌生，而藝名「黑番」相對的較能展現他表演藝術的層面。因本文所關注的是他在表演藝術上的成就，為行文方便，往後以「黑番」概稱。黑番的劇團，一開始延續其師父鄭武雄的劇團「光興閣」，而取名為「大光興掌中劇團」〔註6〕，「江黑番掌中劇團」則遲至1997年才登記創立。黑番不只專注於外台布袋戲的演出，也曾經在廣播電台擔任主演，口白的錄音也曾被製作公司購買後另行製作，躍上螢幕演出。近期還延伸觸角至講古，並從事錄音布袋戲的製作及販售，其創作可說是源源不絕，求新求變。黑番曾經代表彰化縣參加台灣區戲劇比賽，並以優美的口白和精湛的演技一鳴驚人，一舉奪得布袋戲比賽的最高榮譽「最佳主演獎」及「團體甲等獎」。對全台仍活躍的布袋戲班而言，黑番的優異表現可謂數一數二。筆者初識這位人稱「黑番」的「江黑番掌中劇團」布袋戲

國學生創意戲劇比賽」。
〔註2〕陳崑泳老師為三峽國小所外聘的閩南語支援教師，訪談時間為2015.10.5。
〔註3〕根據劉信成（2014），在布袋戲班中負責口白的藝師稱為主演（頁21）。
〔註4〕詳見第二章第三節。
〔註5〕本論文援引陳龍廷（1997）教授的說法，使用「金剛戲」三個字（頁50～58）。
〔註6〕根據劉信成《當代台灣布袋戲「主演」之研究》。另根據〈員林鎮志〉，頁534。指出鄭武雄之下分出兩團，分別為江欽饒的「大光興」、張天賜的「金龍」。

主演，是在 2015 年 7 月 4 日，其應邀上台北南港演出酬神戲時（圖 1-3、圖 1-4）。黑番當場以「肉聲」〔註7〕演了一齣戲給陳教授和筆者欣賞，讓筆者對他能當場將我們談話內容融入劇情，信手捻來盡是笑料的「演活戲」功力驚嘆不已。黑番的現場即興表演，讓我們明瞭民間藝人的創造力，正是我們目前在校園推廣布袋戲時所欠缺的視野。此外，黑番師承「光興閣」閣派鄭武雄，而上述敝校掌中劇團的指導老師陳崑泳，也是師承於「閣派」。總總巧合，更加深了筆者研究的動機，從而確定了碩士論文研究方向——江黑番布袋戲口頭文學研究（圖 1-5）。

　　近幾年，傳統藝術逐漸受到重視，老藝師們卻也相繼辭世，傳承遇上總總困難，未妥善保存的文物更相繼失落，難以追溯。有志之士雖致力於相關的研究及提倡，卻深恐來不及追上腳步。黑番正值壯年，創作力旺盛，不斷有新作品推出，其藝術成就在民間受到相當的肯定。筆者認為，若能在此時研究「江黑番掌中劇團」，使其受到重視，相信能為日漸衰微的傳統藝術略盡棉薄之力。研究黑番的意義，不僅在於瞭解一位布袋戲藝人處於現今社會生活的真實面貌，也讓我們明白民間藝術工作者透過時代新媒體來創作的各種可能性，瞭解他如何透過廣播媒體及錄音帶市場來擴大他的藝術影響力。從黑番作品所提供之真實口白表演的文本，研究其笑詼戲並分析其如何活用套語即興創作，不僅可培養讀者更豐富多元的文學造詣，並可提供文學史上相當空白的母語戲劇文本，對於未來投入布袋戲相關文本之創作者，相信亦有相當之助益。對於本土語言教育而言，記錄他所擅長的口頭表演藝術，甚至進一步推廣台語創作的可能性，對於校園布袋戲及母語教育更具有指標性的意義。最後期望透過對「江黑番掌中劇團」的研究，讓專家學者及世人注意到這位擁有實力又不斷在創新、創作的藝師，也期盼對布袋戲有興趣的研究者，不用捨近求遠，從探究自己在地家鄉的布袋戲藝師開始，能欣賞並推廣他們的表演藝術之美，達到拋磚引玉的效果。

第二節　文獻之回顧與探討

　　從 1961 年呂訴上所著作的《台灣電影戲劇史》其中的一個章節〈台灣布袋戲史〉提到布袋戲以來，關於布袋戲的研究一直不多，直到 1990 年開始，

〔註 7〕相對於目前民戲以播放錄音為主，黑番是當場自己拿起麥克風即興演出。

研究布袋戲的論文及專書才逐漸增多。根據研究目的，本論文之文獻回顧著重於布袋戲表演、劇本、上場詩、口白、流派、區域研究，並將其分成兩部份來探討：一部分是關於台灣布袋戲發展背景的研究，另一部分則是關於布袋戲口頭文學方法論和劇本的研究。

一、布袋戲發展背景的研究

　　1961 年呂訴上著作的《台灣電影戲劇史》，是研究台灣戲劇、電影的第一本專書，其中〈台灣布袋戲史〉中，對布袋戲作了簡單扼要的介紹，雖然只有 13 頁，卻是不可或缺的一本參考教材，也提供本論文在布袋戲背景研究的參考。

　　1976 年廖雪芳在〈掌中戲班的今與昔〉介紹了「新興閣」鐘任祥最考究技法，很執著「傳統功夫」的研襲，主張「先有規矩，再求變化」。演出內容不外忠孝節義或小說類，「必得給觀者善惡的明確概念，使人看時跟著哭笑，看完則若有所思，極具有感化作用。」當年「新興閣」較常演出的是歷史劇《烽劍春秋》及自編的《斯文怪客》、《大俠百草翁》等金光戲。從這篇論文可以看出當年「新興閣」戲齣的中心思想，及後來對黑番的影響。

　　1990 年江武昌在〈台灣布袋戲簡史〉一文，對台灣布袋戲大致上做了回顧，文末提到目前布袋戲的現狀及困境，論述相當完整，可讓研究者對台灣布袋戲的發展有初步認識。其後發表的〈光復後台灣布袋戲的發展〉一文，講述光復前後布袋戲的差異，並對傳統文化的保存態度給予建言，該文也提到光復後的布袋戲包含中、西、日的元素。

　　1990 年劉還月《風華絕代掌中藝——台灣的布袋戲》一文，圖文並茂的介紹布袋戲的前身、來台、發展、傳承，及該如何欣賞。書中的文字及照片都是以「傳統布袋戲」為主。作者把「金光」和「傳統」視為二元對立，並未深入了解戲園時代金剛布袋戲為何深入人心，又為何走向衰敗，而是認為傳統布袋戲非粗鄙、低俗的「金光戲」所能相提並論，甚至認為金剛戲是造成布袋戲衰敗的原因，立論較為主觀。

　　1991 年呂理政著作的《布袋戲筆記》，是一本圖文並茂的參考工具書，文末補充許多史事記略及豐富的參考書目，附錄中還有〈台灣布袋戲編年紀事〉，可說是台灣首次出現的布袋戲史的相關年譜，對研究布袋戲本身有相當的幫助。可惜的是本書根據的大多是藝人直接口述的資料，許多史實年代還

是頗值得商榷。

1995 年江武昌著作《台灣布袋戲的認識與欣賞》，適合做為認識布袋戲的入門書，第三部份對台灣布袋戲的衍變，有著言簡意賅的介紹，內文也提供了金光布袋戲提綱的照片，及說明後場及主演為何會從後台走向前台表演。

1998 年林鋒雄在台北市立社教館的演講〈台灣布袋戲的發展及其特色——以西螺新興閣為例〉，正式發表於《雲林國際偶戲學術研討會論文集》，說明二次大戰後，台灣布袋戲如何從古冊戲獲得養分，配合復甦的社會經濟，走出自己的一條路。從新興閣因應內台商業劇場的演出，探討戲台、戲偶、「腳色」（kioh-siàu）〔註 8〕、後場音樂如何改變，並探討吳天來為鍾任壁編劇的《大俠百草翁》，雖有上千部綱要，但沒有劇本，也沒有結局。台灣民間的文化，充分表現在商業演出的布袋戲裡。

1999 年林鋒雄主持的《布袋戲「新興閣——鍾任壁」技藝保存計畫報告書》，讓筆者對黑番師承的「閣派」傳承系統、田野調查技巧、藝師大事年表的紀錄有更進一步的認識。文中所整理出的鍾任壁經典劇目，可以看出黑番所演出戲劇的來源，及其所做出的變動。文中同時也說明了建立影像紀錄對藝師的重要性，錄影後所整理的「演出本」，是可以實際演出的劇本，錄製的經典劇目，更可作為劇校學生的重要教材。

2000 年傅建益《掌中乾坤——台灣野台布袋戲現貌》一書，是他的碩士論文修改而成，作者認為傳統戲班應互相交流，以提升藝人的文化層次，擷取良性媒材，劇情編排創作要融入現代的意涵，科技器材應適切使用。在政府重視本土文化及語言下，應把握契機，把布袋戲的美感，介紹給學童，使藝術種子萌芽。不過根據下述陳龍廷《台灣布袋戲發展史》所述，民間大都稱廟前酬神演出的祭祀劇場為「民戲」、「外台戲」或「棚跤戲」，而「野台戲」大多是報章雜誌的報導稱呼，一般的掌中班不會這樣自稱。

2003 年林鶴宜著作的《台灣戲劇史》，則是用編年的方式綜論台灣地區的戲劇發展，再以呂理政的《布袋戲筆記》為基礎，簡略介紹布袋戲的腳色分類。書中也介紹了日治時期的布袋戲班、戰後內台布袋戲的興盛及 1980 年代布袋戲的多元發展。此書布袋戲所佔篇幅雖少，但是把布袋戲放在整個台灣

〔註 8〕根據「教育部台灣閩南語常用詞辭典」，「kioh-siàu」是指戲臺上演戲的角色，也表示某種身分地位的角色。「教育部台灣閩南語常用詞辭典」及「台文/華文線頂辭典」，「kioh-siàu」則均使用「腳數」這兩個漢字。

戲劇發展的脈絡中去討論，可以看出布袋戲在台灣戲劇發展中所佔的地位。

2003 年林明德著作《阮註定是搬戲的命》，以小西園的傳承看台灣布袋戲的發展史，文中介紹許王如何從排戲先生吳天來那裏學到了編劇的原則及秘訣。也說明「新興閣」鍾任壁的《大俠百草翁》從何而來，值得參考。

2004 年張溪南著作的《黃海岱及其布袋戲劇本研究》，是脫胎自其碩士論文，詳細記錄黃海岱的布袋戲生涯，第三部分的手稿劇本，可以發現黃海岱如何將古典小說的語言轉化為文雅的台語文。第四章則是從「史艷文」的轟動看黃俊雄如何突破傳統布袋戲的改革。第六章則是關於黃海岱布袋戲劇本的主題和意識。從這本書可以學習作者如何田野調查、訪問藝師，如何將手稿記錄分析寫成論文。

2004 年邱一峰的博士論文《閩台偶戲研究》，認為布袋戲情況複雜，不但在傳統音樂的使用上有南管、北管、潮調之分，更因演師傳承的不同，代代衍生不同的派別，戲偶的造型上也因時代的轉變發展出各種類型的布袋戲，各有所長。作者也對閩台兩地布袋戲發展的狀況做一比較，並認為台灣偶戲劇種的歷史源流、傳承演變、發展現況乃至未來方向，均值得我們深入加以發掘、探討，以建構出台灣偶戲歷史的形貌。

2005 年吳明德著作的《台灣布袋戲表演藝術之美》，則是以「小西園掌中劇」及「霹靂布袋戲」來論述布袋戲表演藝術之美作為該書主軸，近半篇幅在敘述台灣布袋戲發展歷程，論述了如何因觀眾喜好而由「鑼鼓正確」轉向到「劇本正確」，及「金剛」和「金光」各有其代表的涵義，台灣布袋戲的發展可視為金光化的過程，對於布袋戲的研究提供一個新的視野。第五章說明基本套式如何純熟運用、即興演出如何穿插其中，第六章則以霹靂布袋戲來說明口白藝術，皆對筆者所要探討的江黑番布袋戲口頭文學有所助益。

2007 年陳龍廷著作的《台灣布袋戲發展史》，以「台灣化」、「土著化」的過程探討布袋戲在台灣的演變。《大俠百草翁》的原型是排戲先生吳天來與李天祿所創作，後來鍾任壁再變成自己的招牌戲。「新興閣」派裡，分出了「光興閣」的鄭武雄（林啓東），鄭武雄闖蕩戲園時的招牌就是《大俠百草翁》，因此我們可以瞭解黑番擅長演出的招牌戲《大俠百草翁》，即是師承自師父鄭武雄之故。

2009 年謝中憲的《台灣布袋戲發展之研究》，是從其碩論改寫而來，主要是敘述台灣布袋戲的發展史。他認為現今布袋戲發展所面臨的窘境，乃是因

爲各戲團惡性競爭，導致所得降低，因此應規定所有劇團需申請執照，政府也應明定演出價格下限，讓劇團升入增多，以將工作重心放在劇團經營。而後繼無人的問題，則應在戲劇學校增設布袋戲科，畢業後政府給予輔導及優惠貸款。

二、布袋戲的口頭文學和劇本研究

　　1991 年陳龍廷的碩士論文《黃俊雄電視布袋戲研究（民國五十九-六十三年）》，指出黃俊雄不但開拓布袋戲的視聽效果，且劇情上相當下功夫。布袋戲表演的基本原則是「幻覺」效果，主演者與木偶合而爲一，藉口白來灌注木偶生命。主演透過五音的運用掌握現場演出，身兼口白錄音、導演、編劇三項重任。從黃俊雄布袋戲的內容可以分析出其故事淵源、語言運用、反映的時代社會、道德教化意義。在形式方面可以分析出其「神秘」性、喜劇性與神話原型。

　　同樣是 1991 年，鄭慧翎的碩士論文《台灣布袋戲劇本研究》，主要是以中國的劇本理論對應到台灣布袋戲的劇情發展，從人物、劇情、台詞、肢體語言來切入，並以現今台灣布袋戲的劇本來討論。另一方面則是以台灣布袋戲的排戲方式以及變化，來探討當中的歷史意義。本篇論文也探討了於布袋戲劇本寫作的變遷，金光戲和電視布袋戲的創作原則、人物的塑造、語言的使用及演出的方式。作者也提供布袋戲演出劇本名稱以及淵源，對思想內容、情節架構、描寫技巧及語言藝術都有詳細的說明。

　　1999 年徐志成碩士論文《「五洲派」對台灣布袋戲的影響》，說明黃海岱早年對北管戲的改革，及「公案戲」、「劍俠戲」等戲類，間接影響金光戲的產生。黃俊雄創新改革，發揮「五洲園」獨步藝壇的五音聲口、詩詞聯對、笑謔材料等特色，編撰出讓人百看不厭的劇情；兒子黃文擇與黃強華成立的霹靂衛星電視台，吸引眾多青壯年觀眾，形成一股風潮。除了從傳統方向進行探討，也必須從社會學或心理學的角度加以觀察。文中並討論傳統藝術的改革或保存、創新或復古的問題。

　　吳明德有兩篇文章則是探討單一劇團的某一齣戲之編劇藝術，其中 2004 年〈藝癡者技必良——論許王「小西園」《三盜九龍杯》之裁戲手法〉中指出小西園的演出風格特色在於只有大綱、場次提示，演出時要一氣呵成，不能失誤，具備隨機應變的能力，適時插戲、補戲維持整齣戲的完整度，口白要適時觀察觀眾的反應。布袋戲空間概念是屬於直線型的，沒有倒敘或補敘，因布景很難更換。2007 年〈逸宕流美凝煉精工——許王《三國演義》的編演

藝術〉，是在研討許王成名作《三國演義》的表演藝術。許王的口白藝術可說「三國歸一口」，能夠一人分飾多角，又有自己的特色。作者認為一個布袋戲團的好壞，光是看其《三國演義》的表演方式就能一窺究竟，因為整齣戲由多人角色、多重路線交織而成，角色的個性、文武戲的安排都非常的講究。這佐證了黑番所說，學習古冊戲的演出，要從《三國演義》學起。

　　2008 年陳龍廷的著作《聽布袋戲──一個台灣口頭文學研究》，及 2015 年《台灣布袋戲的口頭文學研究（上）（下）》都是修改自其 2005 年的博士論文《台灣布袋戲的口頭文學研究》。雖然這些著作有相似之處，但也有部分差異。《聽布袋戲──一個台灣口頭文學研究》是從台灣底層文化的角度，討論布袋戲的表演言語，及其對台灣文學的意義。將有聲資料轉換為書面文本，不僅對整個傳統戲曲，母語文學、語言學，都很重要，也可培養讀者文學造詣，使台灣民間文化與官方文化對話，進一步開創屬於台灣的複調小說，並可提供更多語料去瞭解台灣的語言現象。將主演的口白，紀錄為表演文本，可避免只研究簡略抄本而使這些口頭表演被忽略。《台灣布袋戲的口頭文學研究（上）（下）》則是作者憑著研究布袋戲的經驗，重新思考現代語言學之父索緒爾所反省的語言與文字威望的關係。從歷史發展來考察布袋戲的語言問題，及「台灣話」的形成過程。第二部分針對台灣布袋戲的套語、文戲、武戲、笑詼戲等戲劇主題加以分析，舉例論證布袋戲的即興表演能力，是奠基在套語的固定與變化上。筆者第三章及第四章關於黑番即興演出的能力即是參考此著作的套語和笑詼劇理論。

　　2010 年陳龍廷著作的《發現布袋戲──文化生態‧表演文本‧方法論》，首先從文獻回顧歸納出目前布袋戲的研究取向，及如何進行表演文本的研究。建立藝師個人的表演藝術生命史，可了解其表演風格的演變過程。最後則是探討傳統藝人如何透過漢文學習系統學習語文，並融合為表演創作，及對於表演文本的解讀。研究者可參考此書反省自己的研究方法及過程，也提供了筆者探究黑番演藝歷程及作品時更多思考的面相。

　　2010 年陳龍廷在〈從籠底戲到金剛戲：論布袋戲的典型場景〉一文，指出傳統／現代，或古冊戲／金剛戲等二元的區分觀念，限制了我們對於挪用或重組等創作實例的認知。他藉著李天祿的南管籠底戲，及黃俊雄的表演文本做為比較基礎，透過比較分析，讓研究者瞭解台灣民間藝人如何從表演經驗裡鍛煉出典型場景。

2011 年陳生龍的碩士論文《沈明正布袋戲的表演藝術研究》對於當前台灣布袋戲的研究方法及文獻上所提供的資料，分別提出個人的看法。他以五齣外台金光戲《鐵漢男俠》的「戲站」為底本，對沈明正布袋戲的表演基本套式進行歸納分析，以突出其「王祿仔仙」式的口白特色和「即興創作」的編劇能力。

2011 年林俊育在〈台灣布袋戲 ê 台語文運動〉一文，建議「傳統布袋戲」的主演值得進一步深入去觀察、模仿社會不同的行業、身份、地位、人物，講話的「聲嗽氣（khuì）口」，「跤步手路」；用心去了解當代社會網路生活型態，流行的新詞彙，在搬戲的過程當中融合精進，開創新的表演風格，以開拓看布袋戲的青少年人口，再創一個布袋戲的黃金時代。

2011 年陳龍廷在〈台灣布袋戲活跳跳的台語〉一文指出，早期的布袋戲曾經存在許多不識字的師傅，他們幾乎是不憑藉文字書面抄本，或印刷品。從不識字的主演的例子來看，更能釐清布袋戲的「口頭性」（orality）與「文字性」（literacy）之間的關係，也更容易瞭解布袋戲即興表演的重要性。

2011 年陳龍廷〈布袋戲的敘事模式及其可能性〉一文，企圖在口頭表演文本中，尋找一套簡而易操的創作規則。作者從演出的段落分析出發，思考其敘事結構與多重可能性。其次也檢討相關的英雄塑造及戲劇危機的產生與解除，可讓研究者發掘布袋戲創作的寬廣可能性。

2013 年陳龍廷〈台灣布袋戲的即興創作及其特質〉一文，指出布袋戲並無西洋戲劇概念底下的「劇本」，但也並非沒有章法。本文受到現代語言學之父索緒爾（Ferdinand de Saussure）等理論啟發，提出角色符號學等概念，以瞭解布袋戲即興表演的奧秘，瞭解故事綱要的空白在表演藝術的意義，釐清布袋戲即興創作的特質，最後探討布袋戲主演的戲劇涵養及其人格特質對活戲表演的影響。

2013 年陳龍廷的著作《台灣布袋戲創作論──敘事‧即興‧角色》，主要是關注布袋戲的創作論，包括敘事、即興與角色。探討同一位主演，在創作不同戲齣時，可能出現典型場景。布袋戲齣至少包含一個主要的戲劇危機，及其他的次要危機，次要的危機敘事，是由各種腳色的戲所組織的，對應了台灣各布袋戲流派的特長。書中的第四章則探討「做活戲」的現象。而這本書也建構了角色符號學的概念，讓我們了解布袋戲的角色如何塑造，及主導戲劇的創作。

2014 年，劉信成博士論文《當代台灣布袋戲「主演」之研究》，以探討「人」的表演為議題，取材研究範疇以「當代」布袋戲主演為主，同時探討

「文化場」演出場域的出現對布袋戲藝人的影響。本論文採集老、中、青各年齡層之演師，印證「主演」有其編、導之功能，乃掌一劇成敗之舵者。同時，這篇論文也採訪了黑番，對於筆者的論文而言極具有參考的價值。

　　2016 年蔡坤龍的碩士論文《嘉義光興閣鄭武雄「大俠百草翁——鬼谷子一生傳」之研究》，探討了黑番的師父鄭武雄的表演方式及傳承系統。作者並以鄭武雄 1978 年在台北佳樂戲院《大俠百草翁——鬼谷子一生傳》的錄音文本分析其金剛戲作品的劇情架構及人物塑造。作者表示鄭武雄所傳徒弟中後來有八位整團，黑番是其一。能演出《大俠百草翁》者尚存三位，他也是其一。筆者分析內文後發現黑番雖傳承自鄭武雄，但除敘事模式及故事背景差不多外，黑番目前演出的劇情其他次要角色編排已經與當年的師父大不相同。

第三節　研究範圍及方法

一、研究範圍

　　本論文以黑番的口頭文學研究為主要論述主題，為避免論點過於分散，確立研究範圍為首務。本論文研究範圍包含兩個部分，第一部分是以介紹黑番這個「人」為主體；第二部分則是以黑番的布袋戲「表演文本」（performance-text）為主，探討其口頭文學。然而布袋戲是人在操偶，藉由偶將文本表現出來的一種戲劇，因此「人」與「文本」是密不可分的。因此第一部分，除了介紹黑番習藝的過程、個人從業以來的演藝歷程外，也對其作品、戲劇創作來源進行概述，並分析其個人特質與戲劇語言特色的關係。

　　根據陳龍廷（2008）的研究，台灣布袋戲並沒有如西洋文學傳統中，作家文學概念底下的「劇本」（play）。西洋劇作家必先完成書面劇本，經過導演與演員的詮釋與創作，最後才轉化為實際的戲劇表演。雖然民間藝人有時會將他們演出的重要故事總綱，重要人物特色，及重要對話等以簡略的文字記錄。但這些書面資料，仍與作者論觀點底下的劇本不大相同。目前蒐集到的臺灣布袋戲的書面資料，發現以毛筆抄錄的傳統的布袋戲抄本較為完整，與一般曲館的總綱相似，大多已經很少在舞臺演出，年代最早的是採自 1906 年員林龍鳳閣的潮調布袋戲。而戲園商業劇場時代，主要創作的方式是由主演者與排戲先生討論即將演出的情節，較親信的學徒記錄，這些抄本的記錄完

全依照個人喜好或簡或繁,且因教育程度不高,錯字、借音字的情形相當普遍。此外,1995 年教育部出版了亦宛然掌中班李天祿口述本十冊。這些口述的劇本對於文言音的漢字紀錄較詳細,而口頭語音的紀錄較粗略,尤其沒有明確的標音,讀者無法感受到李天祿特有的腔調語音。因此,若光是依靠這些抄本資料,而擁有者未具備相當的知識以及想像力,並不足以讓它成為讓觀眾如癡如醉的實際表演(頁 20～22)。本論文所謂的布袋戲「表演文本」,主要是指黑番演出的有聲資料,轉錄(transcribe)成為的文字,是實際可以演出的文本。所謂的口頭文學,根據研究(陳龍廷,2008:24):

> 「文學」的英文是 literature,或法文 littérature,從詞源學來看,字
> 根來自拉丁文 littera,即法文的「字母」(lettre),指來自「書寫」
> 的概念。而口頭文學,無論是英文的 oral literature,或法文
> littérature orale,泛指口頭表達的語言藝術。

文學來自書寫的概念,口頭文學則是用口頭表達的語言藝術。書面文字可以任由讀者意志閱讀,不受時間及空間的的限制;而神話、故事、民間戲曲、講古等口頭文學,必須讓聽者在短時間內明白,會受到時間限制。布袋戲與觀眾間的接觸模式,是透過口頭與聽覺之間的關係來完成。口頭創作的過程,可以立即表達完整的想法,不必受到書寫的延遲或打斷,言詞的意義與情感可迅速傳達。相對於書面文學,布袋戲可說是相當重要,屬於庶民生活經驗的口頭文學〔註9〕。

二、研究方法

因前人鮮少涉及關於「江黑番布袋戲團」之相關議題研究,故現有之研究論著十分匱乏,相關資訊皆有賴重新蒐集建立,是故本研究除了收集文獻,對照目前得見之相關論述外,以田野調查為主要研究方法,實際走訪戲團觀賞演出,蒐集表演文本,並透過與黑番的深度訪談以取得第一手資料,以充實論文研究成果。

(一)田野調查法

田野調查是本論文的重心,主要分成兩方面進行,一是隨團觀察黑番的演出並錄影、錄音記錄;二是對黑番進行深度訪談,從訪談中,可以得知黑番習藝及演藝的過程、創作的文本來源,以藉此了解他如何具備民間知識、

〔註9〕根據陳龍廷 2005《台灣布袋戲的口頭文學研究》國立成功大學台灣文學研究所博士論文摘要。

其創作方式及創作的過程，並可推敲他活潑的個性、幽默的談吐與他表演方式的關係；三是從近距離接觸中，獲得黑番保存的相關資料。以下是筆者實際前往三種不同演出場合的觀察訪談記錄：包含「肉聲」演出的酬神戲、播放錄音演出的酬神戲及大型文化場。所謂「肉聲」乃是主演親自拿起麥克風說口白演出，有別於播放錄音操偶。以下是觀察紀錄及訪談的時間：

2015 年 7 月 4 日於台北市南港「善南宮」：當天陳龍廷教授帶著筆者前去觀察黑番民戲的演出，這是筆者第一次與黑番的接觸。原本使用播放帶演出《雙孝子復仇》的黑番，在陳教授的請託下，隨即以「肉聲」臨機演出《大俠百草翁》當中的一段戲。只見黑番脖子掛著麥克風，手上操著兩個偶，太太廖淑勤則在一旁操控電腦撥放音效，在扮仙後，不須劇本即興演出了一個小時的活戲。筆者在觀賞後對於黑番妙語如珠、插科打諢，將時事及現場狀況融入口白的功力讚嘆不已，隨後對黑番進行訪談，黑番說明了其習藝過程及演藝的資歷（圖 1-4）。

2015 年 8 月 25 日於黑番自宅：筆者對黑番進行第二次訪談，黑番提供了其獲獎紀錄、過往的演出抄本、所參考的古冊小說文本、相關的照片，並說明其如何利用既有的資料重新創作（圖 1-6）。

2016 年 7 月 26 日於員林「無極聖山堂」：這次筆者抵達民戲演出的現場，發現黑番一人駕著小貨車搭戲棚，扮仙及播放錄音都可以自己一人完成，妻子在扮仙開始後才帶著涼水到場。黑番表示電動戲棚的操作非常簡單，幾分鐘就可以完成。筆者也觀察到，扮仙時，戲偶暫時使用竹棒插著放在台上即可。因為是關公的聖誕，因此當天演出的戲碼是《三國演義》。後來筆者就在後台看著黑番的演出，並對黑番及其妻子進行第三次訪談，釐清前兩次訪談後仍不解之處（圖 1-7）。

2016 年 12 月 25 日於彰化縣員林「三聖宮」：這是筆者第一次觀賞黑番大型文化場的演出。員林「三聖宮」因為建醮的關係，舉辦了連續五天的慶祝活動，活動由縣議員及文化局補助，黑番擔任最後一天的壓軸，演出的劇碼是《大俠百草翁》。筆者抵達時果然見到同時有好幾棚戲搭在道路兩旁，而黑番的戲棚可說是最大的一棚，就搭在主醮壇的旁邊，午場是由其弟子黃盟傑擔任主演。筆者在參觀完其他劇團後，回來實地觀察黑番在演出前，與其他助手及師傅溝通的情形，及晚場正式演出時與旁邊歌舞團拚場的盛況（圖 2-17）。

2017 年 1 月 4 日於三峽「嚐嚐九九」餐廳：黑番介紹筆者與戲劇協會的前輩認識，讓筆者對於戲劇協會及黑番錄音布袋戲的銷售系統有更進一步的

認識（圖 1-8）。

　　2017 年 8 月 25 日於黑番老家：當天石光生教授爲了「鄭武雄布袋戲保存計畫」訪問黑番及鄭武雄的公子林宏憲，黑番邀請筆者到場，讓筆者對鄭武雄及閣派的傳承系統，有了更進一步的認識。之後，黑番也請他收的徒弟表演了一小段學習的成果給筆者欣賞。（圖 1-9）

　　此外，筆者隨時與黑番保持聯繫及良好的互動，有任何疑問即以電話或「line」等通訊軟體進行訪談。

（二）文獻收集對照

　　黑番的作品非憑空產生，在其三十幾年的習藝及演藝生涯中，蒐集了不少的章回小說（古冊）、劇本、演出手抄本、提綱、照片，本論文透過黑番所提供第一手資料，分析這些資料後再和既有的文獻對照，可以了解其創作的來源及歷程。

（三）表演文本整理

　　黑番是一個至今仍不斷創作的藝人，蒐集其所販售的錄音作品、現場演出的錄影，分析其表演文本，可以看出他在不同作品間經常使用的套語，慣用的場景及口白的特色。

1. 錄音作品紀錄

　　筆者蒐集黑番的錄音布袋戲作品，再將這些作品文字化後加以分析。分析黑番的錄音作品，可以看出黑番與時俱進的創作歷程。本研究主要以古冊戲《孫龐演義》20 集及金剛戲《大俠百草翁》4 集爲主，再輔以其他錄音作品。

2. 「現場演出本」整理

　　「現場演出本」是筆者將所蒐集到，關於黑番現場演出的影片，聽寫後所整理出來的文本。其來源包含筆者親自去錄音錄影、昔日黑番演出時自己所保存的錄影、其他布袋戲文史工作者爲黑番錄影再上傳網路之影片。現場「肉聲」演出的布袋戲，主演常會視現場狀況或與觀眾互動而更改台詞，透過整理現場演出的「演出本」，可分析黑番即興表演的能力。先將演出錄影，再依照錄影將其演出整理出來的「演出本」，是可以實際演出的劇本，甚至可以作爲劇校學生重要的教材（林鋒雄，1999：23）。

　　本研究主要以 2013 年 5 月 25 日新北市新莊文藝中心廣場的《大俠百草翁——鬼谷子一生傳》、2015 年 7 月 4 日南港「善南宮」現場演出的《大俠百草翁》、2016 年 12 月 25 日彰化員林「三聖宮」文化場演出的《大俠百草翁》等三場演出的錄影爲主要研究對象。

3. 口頭文本的整理原則

布袋戲是相當活潑的口頭表演,在筆者試圖將它文字化的過程當中,確實遇到很多難題,首先是台語拼音系統眾多,各派都有其擁護者,幸好在教育部的介入之下,目前在學校體系中通用的是台羅拼音。因此,本論文的演出本記錄方式主要以「教育部台灣閩南語常用詞辭典」(之後簡稱「教典」)做為依據,以其公布之漢字為主要書寫準則,若是狀聲詞、罕見字或是「教典」未收納之詞,則以台羅拼音為輔。另補充原則如下:

(1)述說台詞的劇中人物,在每一段台詞之前,筆者加入標示其姓名與冒號。
　　例如「百草翁:」、「空空子:」。

(2)以文言文發音的詞彙,或有漳泉音區別的語彙,筆者在首次出現之處,
　　先標示漢字,括弧之後再標示羅馬字,例如半天(puàn-thian)。

(3)華語詞,以雙引號標示。例如『異想天開』、『看一看,便知道』。

(4)英日語等外來語,第一次出現時,先標音而後括弧原文,再次出現時即
　　省略。例如a33 ta55 mah3(アタマ、頭腦)、Su33 too55 puh3(スト
　　ップ,stop,停止)、sui51 tsih3(スイッチ,switch,開關)。

(5)根據「教育部台灣閩南語常用詞辭典」的說明:

> 合音是一個多音節詞,有規律地將前字的聲母與後字的韻母結合成
> 單音節,稱為「合音」,多為兩字音合成一個音,也有三字音合成
> 一個音的例子。合音在閩南語中也很常見,亦屬自然的語音變化之
> 一,並產生「合音字」,大多數合音我們都能清楚辨認它的來源,
> 有些則幾乎完全取代原來的多音節詞,幾乎成為一個單音節的「字」
> 了。合音及三連音的第一音節有第9聲,如「ŏ」。

在本論文中,「合音字」和「連音字」的書寫,沿用陳龍廷教授記錄的方法,在合音字或連音字的中間記錄「*」,詞語第一次出現時,筆者會在括號中記錄真實聽到的語音,說明是什麼詞的合音或連音。例如:落*去(lueh)、予*人(hông)、就*按呢(tsuǎnn)。若之後再出現即不再註解。

(6)本論文根據「教育部閩南語常用詞辭典」的說明方法以羅馬字紀錄輕聲
　　字,漢字則不使用輕聲符號:

> 輕聲符號「--」標記在重聲與輕聲之間,輕聲符之前為重讀音節,
> 唸本調,輕聲符之後為輕聲。如: āu--jit「後--日」、tsáu--tshut-khì
> 「走--出去」。

圖 1-1　「三峽國小掌中劇團」參與「新北市創意戲劇比賽」（2018.3.28 擷取自「三峽國小」校網）

圖 1-2　「三峽國小掌中劇團」到各班招生（2018.3.28 擷取自「三峽國小」校網）

圖 1-3　黑番一般民戲演出時，都由他操偶，江太太負責配樂（2015.7.4 黃如莉攝於台北市南港「善南宮」）

圖 1-4　筆者第一次與黑番碰面訪談（2015.7.4 黃如莉攝於台北市南港「善南宮」）

圖 1-5　江黑番掌中劇團（照片由黑番提供）

圖 1-6　第二次與黑番訪談（2015.8.25 黃如莉攝於黑番自宅）

圖 1-7　民戲演出現場（2016.7.26 黃如莉攝於員林「無極聖山堂」）

圖 1-8　與戲劇協會前輩聚餐（2017.1.4 黃如莉攝於三峽「嚐嚐九九」餐廳）

第二章　黑番的藝術特質及作品

　　黑番自 1982 年首次整戲班成立「大光興掌中劇團」〔註1〕，到重新成立「江黑番掌中劇團」迄今（2018 年），演藝生涯已經歷了三十幾個年頭。在多少曾經叱吒風雲的老藝師逐漸凋零，新生代藝師仍青黃不接的情況下，黑番可說在大環境不佳的風雨飄搖中力撐，屹立不搖。要鉅細靡遺的分析黑番這三十幾年來的演藝生涯，非筆者短暫幾年的接觸及寥寥數語的描述便可完成。在過往的年代中，藝師並沒有為自己的演藝歷程留下記錄的習慣，也沒有適當的器材可以協助保存，因此就算筆者竭盡所能對黑番訪談，大部分也只能依靠他本人殘存的記憶加以描述。然而記憶有時會遺忘、錯亂或受影響，故筆者只能盡可能呈現，再尋找資料加以佐證。本章節將探討黑番如何成為獨當一面的布袋戲主演，他如何對布袋戲產生興趣並開始拜師習藝，及師承的系統及特色，並探討他作品的類型、創作的來源、其戲劇語言及特色。同時也將說明，在演藝的歷程裡，黑番又如何將他的觸角延伸到除了傳統外台布袋戲之外的領域，擴大自己對布袋戲的影響力。是故，本章節是以黑番這個「人」為主體，來探討他的作品如何形成。

第一節　黑番的習藝過程

　　黑番，彰化員林人，本名江欽饒，由於小時候母親都喚其「阿饒」，音與村裡一位叔公的名字相近，常被叔公誤為是在叫他，而抱怨「原來是咧叫這個戇番（gōng-huan）。」加上他個性活潑好動、喜歡到處亂跑而使膚色曬得黝

〔註 1〕根據劉信成《當代台灣布袋戲「主演」之研究》。另根據〈員林鎮志〉，頁 534。
　　　　指出鄭武雄之下分出兩團，分別為江欽饒的「大光興」、張天賜的「金龍」。

黑，故而被稱爲「黑番」（oo-huan）。黑番外表的特色除了一頭捲髮爆炸頭，還有嘴上的兩撇八字鬚（圖 2-1、圖 2-2、圖 2-3）。據他表示〔註 2〕，因整班時他才 26 歲，當年戲班的班主年紀都比較大，爲了怕被客人質疑自己年紀太輕，輕浮不牢靠，因此故意留鬍子給人較爲成熟穩重的感覺。即便當時父親的朋友們閒言閒語，認爲父親沒留鬍子，兒子怎麼可以留鬍子，眞是不成體統。但黑番在父親的支持下，一留就留到現在了，從此也成爲他的註冊商標。

> 因爲我民國七十一（1982）年結婚，七十二（1983）年整戲團，七十二年我的實歲差不多二十六歲爾，二十六歲囡仔予*人（hông）看起來誠輕浮按呢，佇七十二年彼陣仔的年代，掌布袋戲攏一寡老輩的，佇咧發落廟務。「你來做戲你會無來抑袂？我這庄頭我這平安戲呢，你若無來做戲你會誤著規庄呢，猴囡仔你會無來做無？」咱佇退有喙講甲無瀾去，尾仔予人感覺誠無穩重彼个形體按呢，啊咱母才來共留一下仔喙鬚咧。對家己扮較成熟一屑仔。這馬一下留喙鬚出來了，等於二十六七歲仔爾，阮老爸仔一寡朋友乎〔註 3〕，看著咱留喙鬚講，「哎，囡仔人佮人咧留啥喙鬚，不答不七（put-tap-put-tshit）〔註 4〕，恁老爸仔也無留，你佮人咧留！」阮老爸仔嘛足理解的人，「啊你就毋捌！囝留按呢，人伊做布袋戲的藝術啦，阮囝留按呢才著啦！」顚倒阮老爸仔替我講話，咧共我批評的人，阮老爸仔兩句話就共揀掉。「阮囝留按呢才好看，啊無嘛較大人款。無出去做戲人講猴囡仔啊咧整戲團。」阮老爸仔嚴周嚴，伊有當時仔原也（uân-á）〔註 5〕誠理解。囡仔留這个喙鬚但是我的理解，序大人佇咧，莫留五部鬚〔註 6〕，這馬老爸仔無去，欲留會使得，但是我就無愛留矣。喙鬚的淵源就是欲予人看著較成熟的啦，就按呢一留留四十幾年啊乎。〔註 7〕

雖然身分證上記載黑番於 1959 年 5 月 8 日出生，但其本人表示〔註 8〕，

〔註 2〕根據 2016.7.26 與黑番在員林「無極聖山堂」民戲演出時的訪談。
〔註 3〕「乎」爲「--honnh」這個語助詞的漢字，下同。
〔註 4〕根據「教典」，形容不三不四、不像樣。
〔註 5〕「uân-á」因爲語音同化的關係，音同「uan-na」，「也是」的意思。本論文以「原也」這兩個漢字表示。
〔註 6〕通常是老生所蓄的鬍子。
〔註 7〕根據 2016.7.26 與黑番於員林「無極聖山堂」民戲演出時的訪談。
〔註 8〕根據 2015.8.20 與黑番於其員林自宅的訪談。

實際上他是 1958 年 12 月 5 日（農曆 10 月 25 日）出生，生肖屬狗，在家中七個兄弟姊妹中排行第七。黑番說，早年醫藥不發達，很多初生的嬰兒不知是否能養活，因此，很多父母都會延遲幫新生兒報戶口。

> 身份證四十八年次，啊事實是四十七。早期攏…這馬這个囡仔出世，毋知飼會活抑是飼袂活。攏慢足久的，才入戶口。阮老爸老母生阮總共有七個，我排第七的。〔註9〕

「黑番」是一個從小就有天份、靠著自學然後才拜師的布袋戲主演。他自幼喜歡布袋戲，國小一二年級時，每日功課便是在晚餐時聆聽傍晚五點至六點（或六點至七點，因年代久遠，黑番記得不是很清楚）黃俊雄在「國聲廣播電台」播出的布袋戲，六點至七點是黑番在浴室內「現場重播」的時間，他總是邊洗澡，邊把剛剛聽到的布袋戲內容依樣畫葫蘆演出來，現學現賣。而作息晚黑番一家一個小時的阿伯，便成為他的忠實聽眾，總是邊吃晚餐邊聽黑番的表演。黑番說：

> 國小，差不多兩三年的時，一二年級的時，聽黃俊雄的戲齣，聽聽了就那聽那食飯，今仔（tann-á）食飽就來洗身軀，阮的浴室隔一片壁，阮庄跤的壁攏薄薄仔，這爿（pîng）若佇咧講話，抑是佇咧沖水，phóo 一下，隔壁攏有聽著。阮阿伯怹〔註10〕的生活扰好慢阮一點鐘，阮的食飯時間，怹可能猶佇咧做工課（khang-khuè），阮 teh 洗身軀的時，怹就咧食飯。阮阿伯咧食飯，庄跤人攏會用椅條，椅條攏會跤骨翹按呢，塗豆莢仔兩莢，較早（khah-tsá）燒酒攏家己熬（gô）的，碗公、燒酒、塗豆莢仔，跤骨勾咧，「隔壁的節目哪會未搬？」阮阿伯干焦聽我的節目按呢，聽甲伊嘛會曉搬戲，黃俊雄搬了我就共抾（khioh）起來，我去洗身軀的時，我就像痟的（siáu--ê）按呢，「屍山血海人頭橋，獨眼靈光五常尊，在這個時陣，hooh…就按怎扰按怎」就佇遐咧搬按呢，阮阿伯就聽聽聽，我毋知伊咧聽。有一工，扰好禮拜，電台也（ā）無播送，無播送我就無聽，我去洗身軀就恬恬仔洗，我就攏無出聲，阮阿伯講叫怹孫仔來講「恁彼番仔，去洗身軀矣猶未？」「布袋戲好做矣好做矣！」才知影講我佇咧浴室洗身軀原也

〔註 9〕根據 2015.8.20 與黑番於其員林自宅的訪談。

〔註10〕他們。第三人稱複數，或第三人稱的所有格，因「教典」收錄的「in」字體不易顯示，故本論文使用異體字「怹」替代。

有我的聽眾。「阿伯，今仔日禮拜啦，收音機就歇睏，我這綴收音機行的啦！」「喔！禮拜喔？好啦好啦！」〔註11〕

根據勁草（2014）的研究，在 1960 年代，台灣民眾最大的娛樂是聽廣播，無論音樂、戲曲、故事、布袋戲皆透過收音機播送。而最早將布袋戲與廣播結合的是「寶五洲掌中劇團」的鄭壹雄。廣播布袋戲直到電視劇的出現，才逐漸沒落，其表演程序是先在錄音室錄好音，再交給廣播電台播放，因此非常注重「口白」的演出。利用聲音的磁性和魅力，啟動聽眾無限的想像空間（頁 106）。陳龍廷（2007）也說：

> 1960 年代金剛戲大行其道的時代，台灣民間相當普遍的大眾傳播媒介廣播公司也爭相延聘布袋戲藝人演出。廣播布袋戲，可說是以聲音取勝的表演藝術，聽眾單憑聲音來想像舞台的表演（頁 225）。

1958 年出生的黑番，在其國小一二三年級（約 1965～1972）的階段，正好是廣播布袋戲最盛行的時候，當他每天認真聆聽廣播布袋戲時，已經在無形中打好其口白的根基。雖然上述的研究沒有提到黃俊雄廣播劇的部分，但以下的報導，佐證黃俊雄的確曾經在 1972 年之前在「中廣」及「正聲廣播電台」演出過布袋戲（聯合報，1972.10.16）：

> 布袋戲製作人黃俊雄，繼在中廣及正聲廣播公司主持「黃俊雄時間」後，定今（十六）日起每晚十二時至凌晨二時，續在民聲電台第二口增闢「黃俊雄時間」，明晚開播首日將播送歌曲及談天說地，十七日起連續播講「史豔文」故事。

黑番表示〔註12〕，他對張宗榮〔註13〕製作的廣播說書節目很有興趣。張宗榮自己經營的部落格「錢來也張宗榮」提到，他於 1963 年開始主持武俠廣

〔註11〕根據 2015.7.4 與黑番於南港「善南宮」民戲演出後的訪談。
〔註12〕根據 2015.7.4 與黑番於南港「善南宮」民戲演出後的訪談。
〔註13〕台語廣播界知名的藝人張宗榮出身於九份，早期於戲院擔任黑白默片電影的「辯士」。真正成名為 1972 年起，於中華電視台播出的一系列台語武俠連續劇。張宗榮自製、自導、自演、現場直播的電視劇，均叫座叫好。其中，《燕雙飛》一劇不但讓張宗榮奠定電視戲劇地位，也連帶捧紅演唱主題曲的該劇女主角鳳飛飛。緊接著上映的《俠士行》中，張宗榮飾演的角色「錢來也」更是讓他紅遍大街小巷。1970 年代末期，行政院新聞局以禁演或時段輪播等方式限演台語戲劇。受此影響，張宗榮轉戰調幅（AM）廣播界，製作主持包括武俠說書、人生經驗談等內容的節目，累積了不少忠實聽眾。摘自張宗榮個人部落格 http://www.moneyzhang.com/about.asp，2018.1.20 查。

播劇，成為家喻戶曉的廣播名人，也就是大約在黑番讀國小之時。劉信成（2014）訪談黑番時，黑番也說：

> 我是被他們的戲齣與口白、音色所吸引。以前講古的氣口（khùi-kháu）與布袋戲氣口是兩方面的藝術，攏不同款，值得我們來研究。黃俊雄他布袋戲所演的、我囡仔（gín-á）的年代所聽的節目，到現在我都還記得。若講張宗榮這個人講話的話水（uē-suí）不簡單，他的講話不僅是緊（kín），而且緊到一個坎站（khám-tsām）又讓人聽得懂、又清晰。這講話的人本身反應要好、舌頭又不能打結，所以講話速度的緊與慢都是需要練習的（頁112）。

在廣播劇盛行的時代，黑番就像海綿一樣，吸取各路廣播劇好手詮釋口白的方法，所以他也聽南投「新世界」陳俊然〔註14〕的廣播布袋戲和吳影〔註15〕

〔註14〕陳俊然（1933～1997）出生於南投縣名間鄉新街村，開創「新世界」系統，是台灣布袋戲界的第三大門派，僅次於雲林虎尾的「五洲園」系統與雲林西螺的「新興閣」系統。陳俊然師承「潮調布袋戲」的演師，後因「潮調」後場樂師的凋零，陳俊然使用台灣本土化的北管音樂作為演出配樂，而實際演出仍是「潮調布袋戲」的劇情內容。陳俊然從事布袋戲演出，初期並不順遂，直到推出《江湖八大俠》及《紅黑巾》兩齣戲，才在台灣中部嶄露頭角，後又以《南俠》系列作品在演藝生涯再攀另一高峰。除了演出，陳俊然也灌錄大量布袋戲唱片、掌中戲劇後場樂唱片及廣播布袋戲節目，已知出版唱片數量有402張，居全台之冠，故有「廣播界、唱片出版界的布袋戲霸王」之稱號。摘自巫裕雄2010年「南投新世界陳俊然布袋戲「南俠」之研究——以《南俠（沒價值的老人）》為研究對象」的碩士論文摘要。

〔註15〕根據2017年《台灣廣播經典名人錄》一書中，洪筦紘採訪吳影的公子所撰寫的一篇專文，回顧了吳影的生平：吳影，本名吳銓明，是「吳影廣播劇團」創辦人，也是1960年代台灣著名的電影演員，畢業於國立藝術專科學校影劇科編導組。吳影起初先進入「新劇團」，開始做跑龍套的工作，後來電影公司招考正式演員，他便毛遂自薦徵選上演員，並簽約擔任男主角，開啓了吳影的演藝生涯。吳影在電影圈打滾多年，頗具名氣，直到台語電影漸走下坡，為求謀生才來到台北三重拜師學藝，師承當時知名的廣播劇團經營者黃志青，吳影和張宗榮為同期師兄弟，吳影負責文藝劇目，而張宗榮則是偏向武俠類，由於吳影聲音獨特，很吸引人，在廣播界很受歡迎。離開「黃志青廣播劇團」後，吳影轉投陳一明廣播劇團旗下，30幾歲就開始主持兼編導廣播劇，並親自編寫劇本，經過兩、三年後，有廠商邀請吳影親自獨立籌組「吳影廣播劇團」。
而根據《三重唱片業、戲院、影歌星史——戀戀三重埔系列》描述，吳影以其磁性穩健的聲打造文戲，他的廣播魅力無窮，七○年代他轉往中視，亦造成轟動。吳影稱得上是影藝圈的長青樹，他除了是出色的男演員外，亦擅於編劇、製作節目，亦做過多首知名的台語歌曲作詞：如難忘的鳳凰橋、港都戀歌、港都好男兒、漂浪之女、溫泉鄉的吉他、霧夜燈塔等。

的廣播劇，分析並學習他們說話的口氣：

> 國校〔註16〕無先生〔註17〕，聽收音機。早期中部嘛有一个「新世界
> 陳俊然」老先生，彼嘛攏做神去矣，彼嘛攏有佇收音機，早期收音
> 機算講較普遍啦，會當聽著布袋戲的節目嘛誠濟，啊就布袋戲周
> 聽。〔註18〕

根據巫裕雄（2010），「新世界」掌中班陳俊然在推出《江湖八大俠》、《怪
俠紅黑巾》兩齣戲後，聲名遠播，演出機會大增，讓劇團的收入增加，同時
也開始以不同的形式——「電台廣播」的方式，爲民眾呈現、表演布袋戲。
在電視尚未在台灣出現的年代，收音機是人們休閒娛樂的主要工具之一，民
國45年（1956年），陳俊然24歲那年台灣廣播公司草屯中興電台與他合作錄
製廣播布袋戲，錄製人爲周正聲，錄製的時間通常在晚場戲結束之後，然後
在白天播放。李孟君（2002）曾提及1960至1980年代，轟動中部五縣市20
餘年的金光布袋戲《南俠翻山虎》，是由南投新世界掌中劇團陳俊然所主演。
1960-1970年代也就是黑番就讀國小的年代。當時不止中部的觀眾爲之瘋狂，
廣播電台播出此戲，廣告也必定滿檔（頁189）。

> 張宗榮上早是搬彼个武俠的，伊咧講彼个口白嘛誠特殊，伊咧講
> 口白緊猶閣有伊的氣口按呢，佮張宗榮仝年代的，猶閣有一个吳
> 影，彼个吳影伊咧講話就較扰篤（tìm-táu），較慢，就是較穩重。
> 予你聽著感覺沉沉仔，較穩重。彼个吳影，這馬電視若搬一个坎
> 站的時，欲紲戲矣，伊佇遐咧『旁白』，伊咧搬的氣口我印象中
> 是按呢。〔註19〕

以下這則《吳影視播劇團 春節巡迴公演》的報導也可以看出吳影的影視
劇團在70年代的風靡狀況（聯合報，1973.2.2）：

> 吳影電視廣播劇團，定二月三日到四月三日，舉行全省巡迴公演。
> 公演地點包括台南、高雄、嘉義、新營、朴子、屏東、潮州、岡
> 山、斗六、北港、彰化、員林、南投、豐原、沙鹿、新竹、桃園、
> 基隆、羅東及台北。

〔註16〕指的是就讀國小時。
〔註17〕也就是黑番尚未拜師，「先生」是老師的意思。
〔註18〕根據2015.7.4與黑番於南港「善南宮」民戲演出後的訪談。
〔註19〕根據2015.7.4與黑番於南港「善南宮」民戲演出後的訪談。

> 吳影將率領中視猜義劇「霧夜港都」及「古城風雲」全體演員一起
> 演出。演員有林月雲、矮仔三、犀斗、施月娘、柯佑民、楊長江、
> 雷峰、張秀蘭、胡瀧等。

由此可知，黑番在幼年時便表現出對於口頭表演藝術的興趣，及對布袋戲口白自我訓練的熱衷，在尚未正式拜師前，靠著接觸廣播布袋戲及廣播說書節目，揣摩布袋戲主演講話的方式和聲音，學習廣播劇主持人的口條，奠定了黑番日後布袋戲口白技巧的基礎。

事實上，不愛讀書的黑番，國中時屢次蹺課，跑去看布袋戲。後來黑番的三姐嫁給「大台員掌中劇團」的劉祥瑞後，黑番便不時到姊夫團裡去幫忙演出。黑番自認在進入鄭武雄的戲班前，自己早已經有一些底子，對布袋戲完全不會生疏。但由於未正式拜師，專注於口白演繹的黑番並不太會「擇尪仔」（giàh-ang-á）。

> 彼陣仔咱會行入著戲班乎，其實我腹肚的底攏已經有物件佇咧矣，猶閣阮大姊仔去嫁劉祥瑞，咱才混入去伊的戲班按呢，抑你若會入來戲班內底面，真自然就攏對遮的布袋戲尪仔完全無生疏啦！〔註20〕
>
> 擇尪仔咱嘛毋是材料，我自會做戲開始我就做主演，我都袂曉擇尪仔我就做主演矣，『都還沒有摸到這個布袋戲，我都主演了』！
>
> 〔註21〕

1974年，黑番讀國三時，姐夫的布袋戲團遇到大月（旺季），也就是農曆七月半，人手不足。在機緣巧合之下，連擇尪仔都不會的黑番，被拱上台擔任主演，而初生之犢不畏虎的黑番居然也就答應下來。黑番說：

> 佇一個七月半，拄仔好大日嘛，啊大日揣無人搬，這馬攏用錄音的代替。但是彼陣仔佇六十八，大約六十五左右，我讀國中一年的時陣〔註22〕，差不多佇六十五年左右仔，大概仔，揣無主演，啊無牛就駛馬，捌聽這句話無？算講無牛駛馬毋？無人欲做就我來做矣毋，啊，敢會曉？嘛是就按呢就去共團團咧，嘛交代會過啦。〔註23〕

〔註20〕根據2016.7.26與黑番在員林「無極聖山堂」民戲演出時的訪談。

〔註21〕根據2015.7.4與黑番於南港「善南宮」民戲演出後的訪談。

〔註22〕後來跟黑番確認，他確切記得是國中三年級開始當主演，若對照年代，應該是1974年，而非口誤的民國68（1979）年或65（1976）年。

〔註23〕根據2015.8.20與黑番於其員林自宅的訪談。

沒想到初試啼聲的黑番竟獲得請主及觀眾的賞識，原本只是人較少的午場讓他演出，在人手不足的情況下，連較多人觀賞的晚場也讓他繼續演。不知道該演什麼的黑番，就把午場演過的劇情，晚場重演一次，觀眾一開始雖然質疑，最後卻著迷於他的演出。在演出反應良好的情況下，請主甚至希望連隔天也讓他繼續演。姊夫原本擔心黑番無法勝任隔日的演出，但黑番說〔註 24〕，只要能讓他拿到小說，他便有辦法再演下去。當天下午，黑番便外出尋找，幸運的他忘了是在夜市還是書局，讓他找到了一本《前七國志》，也就是《孫龐演義》最初的原型（圖 2-4），他靠著這本小說，自己寫一下提綱，居然又演了三天。

> 較早無用電腦的乎，攏愛現人佇遐咧發音，咧講話就著。甲無人就我來做嘛！我就國中一年爾，啊無我來做，落注落去(lueh-khì)做，袂輸敢若予你感覺，「這个，毋是咧學做的喔，真正實際會做的喔！」，恁老爸仔講下暗愛閣做，橫直無人，嘛是愛閣我做啦。啊就按呢落去共搬，下暗嘛是愛閣搬，下暗就無戲齣矣咧，彼下晡爾，無戲齣，嘛是閣『重來』，彼陣仔的年代咧做戲有人看，無像這馬棚跤攏無人咧看，「做戲的，哪會閣照下晡彼齣重來？」「啊恁就叫我下暗閣做《孝子復仇》！」我講，「閣重翻，好無？」「好啦，好啦！」橫直嘛是人情世事按呢。有一擺去新竹搬，嘛是和恁的團啦，毋知佗位仔，通霄這方面的啦，下晡時仔，彼陣仔我嘛差不多國中一年彼陣仔，下晡看無啥人，「無啥人啊，無你落去做！」，我講，「好nooh！」彼陣仔咱就足愛做的，一下做落去，倩戲的人講，「下暗照《孫龐》落去做，啊今彼下晡做煞，下暗《孫龐》落去做」問我講我有法度無？我是彼段期間我攏看鄭武雄做過矣，攏有一个印象。〔註 25〕
>
> 下暗欲照下晡連落去，我愛簡單寫一个『草稿』按呢。就是閣來欲按怎，愛照彼个站眼寫按呢。啊這馬彼暗做煞，「啊做戲先生，明仔載閣做，恁敢有法度閣共阮做？」按呢。彼陣仔劉祥瑞講「敢會使換戲齣？」「閣照這部《孫龐》落去」按呢。劉祥瑞就按呢頭殼捐（mooh）咧燒矣。講「你敢有法得？」我講「遮去冊局差不多偌遠？」「來冊局買幾本仔冊」我彼本《孫龐》敢若佇遐

〔註 24〕根據 2015.7.4 與黑番於南港「善南宮」民戲演出後的訪談。
〔註 25〕根據 2015.7.4 與黑番於南港「善南宮」民戲演出後的訪談。

買的。這馬佇阮兜彼本爛爛（圖 2-4）。甲有這本來，就考我袂倒
矣。較早的夜市仔攏排甲十一二點，抑彼冊敢若毋是佇冊局買
的，敢若路邊擔仔人排的古冊，拄仔好好運拄去反著
（píng-tióh），簡單看看按呢，閣做一工，欲做拄仔好做三工。攏
我做的。你出門隨著主人意就是好工夫嘛！雖然咱咧做的行口猶
未『進入狀況』，但是第一啦，字咱看有啦，第二看鄭武雄，這攏
猶未拜師咧啦。〔註26〕

　　當年尚未正式拜師的黑番竟敢答應擔任主演，由此可以看出他的膽大及
自信。或許黑番的膽大是天生，但自信來自於他識字，能看懂章回小說，且
他已看過鄭武雄如何演出。於是他憑著印象，及購得的「古冊」，便能在國三
的小小年紀，以短短幾小時寫好提綱，把握機會獨挑大樑。就如劉信成所云：
「布袋戲主演技藝養成的最終一道關卡，就是要有膽量、能獨當一面、敢『開
口』撐完全局，才算是學成出師的主演。」可見沒有布袋戲的淵源與背景，
卻迷戀上布袋戲，藉由看戲、聽廣播電台、聽錄音帶、聽唱片的自我學習過
程，未經過拜師習藝的過程即能當上「主演」者，必須有點天份，再憑著自
己的興趣、熱衷與努力（頁 111）。

　　國中畢業後的黑番，對讀書提不起興趣，當聽說台北有黃金可以挖，便
決定和同學一起到台北闖蕩。懷著淘金夢的黑番，不久後便發現台北的一切
並不如想像，淘金夢碎。加上在台北，收音機是無法收聽中南部的布袋戲的。
沒有辦法闖盪出一片天地的他，不想再浪費時間，幾天後就決定回到員林。

　　但是對讀冊咱講真的，咱無興趣。彼陣聽人講，台北有黃金通好抔
（put），咱就想講，按呢乎無咱來台北抔看有黃金無。來台北抔黃
金，佇退按呢一工度過一工，又閣躊躇時間，又閣無收音機通好
聽，佇咱中部彼陣仔的布袋戲，佇中部才有通好聽，來到台北按算
趁看有黃金，咱遮就無收音機通好聽，真自然閣轉去。〔註27〕

　　回老家後的黑番，到處換工作，還跑去幫人家畫看板。畫看板的老闆剛
好中了爐主，必須要請戲班表演，黑番趁此機會慫恿老闆請當時最出名的鄭
武雄來演出。也因此機緣，鄭武雄趁勢要黑番跟著他學戲。鄭武雄非常的欣
賞黑番，甚至曾經說過，如果黑番沒有來跟他學戲，他死不瞑目。

〔註26〕根據 2015.7.4 與黑番於南港「善南宮」民戲演出後的訪談。
〔註27〕根據 2015.7.4 與黑番於南港「善南宮」民戲演出後的訪談。

> 我轉去的時嘛清彩去佮人學做一个 khang35 pang51（かんばん，看板），寫美術寫字。誠拄好阮頭家拄好著爐主，啊著爐主愛倩戲，我講「頭家啊！甲欲倩戲，我共你講，鄭武雄這馬佇員林街仔上衝（tshìng）〔註28〕的上衝的！來倩彼！」才介紹阮先生鄭武雄來共阮畫 khang35 pang51 的頭家做戲。鄭武雄講「啊你佇遮畫 khang35 pang51 一個月偌濟？」我講「一個月攏差不多兩千出頭箍。」阮先的講，「我共你講，你莫畫 khang35 pang51，畫 khang35 pang51 peh 懸 peh 低危險，出來做戲，我一個月兩千五予你。」「兩千五？阮這 khang35 pang51 伊這一個月攏閣升兩百，逐個月升呢！」阮先的講「無*要緊，我嘛全款逐個月攏共你升兩百。」按呢，tsuán 閣予阮先的拐去按呢。〔註29〕

> 阮先生佇一个真奇巧的時，才共我講，講你若無來共我拜師，我死目毋願瞌，這內底有寫〔註30〕。這攏總事實的，毋是我烏白講的。
> 〔註31〕

　　黑番的姊夫劉祥瑞原本就是鄭武雄的徒弟，不愛讀書的黑番，在國中時期便時常來來去去的，跟著姊夫去斗六幫忙鄭武雄的演出，在戲班學習一些技巧。直到黑番十七歲時，終於下定決心，要正式拜鄭武雄為師。

> 我講做 khang35 pang51（かんばん，看板）遐，阮頭家著爐主，介紹伊來做，翻轉年的正月初一，就去伊的戲班綴兩個月…〔註32〕

　　雖然當年鄭武雄外台戲、內台戲都有大量的演出，不過，剛拜師的黑番連當助手的資格都沒有，只能擔任一些「潚（tshū）煙火」的工作。「潚煙火」的效果就像現在噴乾冰一樣，一些厲害的角色或妖道現身時就會噴白煙，但是當年並沒有乾冰機，只能用人工的方式點燃以「硫磺、牙硝（gê-siau）佮烏煙」裝填的煙火，來製造煙霧的效果，可說是一件危險的工作，黑番還曾因此被燙傷過。

> 去阮先的的戲班遐，暗時仔若煞，這馬我講這是民戲，出來做民戲，伊進前做戲園，戲園了這馬換轉來做民戲，閣一段時間了換閣

〔註28〕 根據「教典」，形容人的氣勢豪盛。
〔註29〕 根據 2015.7.4 與黑番於南港「善南宮」民戲演出後的訪談。
〔註30〕 「內底」指的是劉信成的博士論文。
〔註31〕 根據 2016.7.26 與黑番在員林「無極聖山堂」民戲演出時的訪談。
〔註32〕 根據 2016.7.26 與黑番在員林「無極聖山堂」民戲演出時的訪談。

轉來做戲園，差不多民國六十八年，我厝仔有彼號抄（khau）本，
我的抄（khau）本是阮老師伊的「便條紙」，伊今仔日若搬過，我
攏共寫草稿，咱入去戲班是佇遮湏煙火爾，這馬攏用彼个「乾冰
機」，彼陣仔六十八年的時，彼个煙火，用一枝柴仔，釘一个「十
字架」，釘一个丁字架按呢，遮有用炮仔煙，遮嘛有炮仔煙，啊有
一枝香，妖道仔欲出來抑是先覺欲出來，這馬咱火共點落，一个煙
湏出來，湏出來出縫仔，這就是較屬害的攏按呢。這個煙火，差不
多十團戲團用，九團著火，這个物件足危險，我曾經佇台中向上
路，這肢手因為煙火佇遮，咱咧點，點落去的時，藥仔园佇邊仔
遮，這馬點落去的時，火種猶未化，猶未化的時，火種去予伊滴
落，滴落去規个 hőm 一下，規个手攏嘛彼藥仔，彼藥仔就硫磺、
牙硝佮烏煙，三項物件敆起來，三項物件敆起來就會出煙矣，若
硫磺佮牙硝敆起來，就是炮仔，就是早期戲園有彼个火車的鐵
枝，落去戮空，戮空了藥仔共糝落，這馬若咧相拍的時，piáng，
戲棚跤按呢聽，看著尪仔的動作，piáng 一下，內底的炮仔 piáng
一下。蹛佇南部一个烏鷹，伊做道具佇網路有咧賣，但是彼足危
險的，彼是會當做觀賞好啦，共提出來用足危險的。十團我講九
團我足保守的，其實是十一團著火，真正是足危險的，我嘛曾經
捌去予著火。〔註33〕

　　除了「湏煙火」之外，當學徒的黑番並沒有閒著。當年晚場的演出都將
近 11 點才會結束，因此他洗完澡，吃個點心，就會在戲棚下搭起蚊帳，就著
燈火仔細的把師父當晚的演出寫下抄本，常常一寫就是一整夜。節儉的他，
一張 A4 大小的廣告紙，可以用背面寫得密密麻麻整整齊齊，據筆者估計，每
一張至少都超過 2500 個字（圖 2-5），黑番表示〔註34〕，每一張紙都是三小時
的戲。本來他常常利用「湏（phū）煙火」的空檔邊寫大綱，有時會因此忘了
湏煙火，而被師母教訓。每天這樣寫，實在太累人，於是古靈精怪的黑番曾
趁著師傅們戲劇散場後，去喝酒吃消夜時，偷偷拿師父放在戲台下的提綱去
影印下來。而這些提綱，黑番到現在還保留著，可見其用心的程度。

　　阮先生伊較早，伊彼陣仔我講伊佇民國六十幾年的時陣，伊咧搬戲

〔註33〕根據 2015.7.4 與黑番於南港「善南宮」民戲演出後的訪談。
〔註34〕根據 2015.8.20 與黑番於其員林自宅的訪談。

差不多攏搬甲差不多十一點，早期的戲搬較久，差不多攏八點到十一點，啊這馬紲戲咱就攏睏佇咧戲棚遐，外口成本就蠓蟲，蠓罩晾咧，內底面火開較大葩咧就佇遐寫，原也真用心。我原也有寫金剛戲的劇本，我彼陣仔才有彼个精神。〔註35〕

六十七年的時，我有入去阮先生的戲班，六十七年六十八年遐，我的劇本攏六十八年寫的，我按呢乎寫甲尾仔，反貧惰，反貧惰，這馬煞戲，煞戲矣，啊人來揣阮先生開講，啊伊彼『劇本』啊，因佇彼頭前遐有無，彼个戲棚頭前遐，啊共遐看遐看，啊都無人看遐，恁 mē〔註36〕就共收起來，按呢，囥對籠底按呢，這馬人招去，來佗一間「喜相逢」啉一杯啊，「啊，黑番，戲籠崁崁咧，等一下來喜相逢！」，我講「先的，我轉來身軀洗洗咧我才來！」「愛來喔嘿！」恁攏去矣，我工課未做咧呢！恁 mē 趕緊提綱（thê-kang）捎咧，彼陣仔有彼翕相館去遐影印，規本提綱攏嘛有共影印。阮兜嘛猶閣有印的，規本的…「姦，你實在有影鬼頭鬼腦的」，按呢較省寫，啊無你這馬佇遐咧寫，阮先生娘目空赤，「彼煙火毋認真淨，啊干焦佇遐咧顧寫，拄才彼兩粒先覺著愛淨矣啦！」〔註37〕

講儉就儉，用廣告紙咧寫…這一張乎，拄仔好三點鐘久的戲齣…〔註38〕

正月十八，我會記得就是阮遐有一个百姓公仔，一改做原也攏做規個月的，佇遐咧做，咱佇邊仔咧澍煙火，伊的劇情我攏有佇邊仔做『大綱』，『大綱』共註一下註一下按呢。這馬共註一下註一下了，這馬攏煞戲矣，十點半煞戲，食一下點心，身軀洗甲好來，倒佇彼个，顧佇彼个戲棚頂，較早哪有通予你轉去吹冷氣，無通遐好，顧佇戲棚頂，蠓罩掩咧了，冊捎來就開始寫矣，我捌寫甲天光。〔註39〕

　　當年的正月初四黑番開始到斗六跟著戲班演出，待了三個月後，適逢農曆三月，是戲班演出的旺季，姊夫的團缺人手，於是又邀請黑番回去員林幫

〔註35〕根據 2015.8.20 與黑番於其員林自宅的訪談。
〔註36〕原意應是恁爸。
〔註37〕根據 2015.8.20 與黑番於其員林自宅的訪談。
〔註38〕根據 2015.7.4 與黑番於南港「善南宮」民戲演出後的訪談。
〔註39〕根據 2016.7.26 與黑番在員林「無極聖山堂」民戲演出時的訪談。

忙演出。黑番心想，在鄭武雄的戲班裡，是很難有機會獨當一面擔任主演的，回到姊夫那邊才有可能，他認爲要讓自己進步，一定要有開口練習的機會，於是他又回到了員林。

> 阮姊夫本來嘛鄭武雄的師仔…伊是鄭武雄的師仔，我國中一年的時，和阮姊夫去斗六，彼陣仔阮先生蹛斗六，去伊遐共鬥搬，原也讀冊讀彼號三七五的，冊無讀無要緊，尾流嘛參您『混』…〔註40〕
> 鄭武雄遐我嘛攏來來去去按呢啦，差不多十七歲的時，正月十八，我共鄭武雄講我欲來做戲按呢。無，十二月我行員林百姓公做，啊我明年開始欲專心來做戲。伊講「好，無，明年正月初四開始按呢來綴班」。正月初四就開始綴鄭武雄的戲班對斗六去矣。佇遐遨，遨，遨甲差不多三月啊，正月一個月，二月一個月，三月就做戲的大月矣，大月啊劉祥瑞遮扦無人員，彼陣仔攏愛有主演嘛，叫我轉去鬥做按呢。咱就有法度開口，有法度負擔著一棚按呢，做戲當然你有法度一棚，「一棚好啊！」伊講落去嘛誠著啦，「佇鄭武雄遐你無可能做主演啦，你轉來咱遮才有法度做主演。就按呢，轉來。
> 實際落去練乎，較緊開口較緊做主演。〔註41〕

後來，黑番離開劉祥瑞的團，開始自己的演藝之路，哪裡需要主演幫忙，他就到處去，連鹿港、溪湖都有他的身影，因此即便年紀輕輕，卻憑著一身本事，再加上肯下功夫讀古書，還是有滿滿的戲約。

> 離開劉祥瑞的劇團，尾仔行向我做戲的生涯，我就烏白行矣。我就鹿港做做咧，我攏有做現場的，頭家娘扦樂，若有分團，成本頭家閣叫一個去扦樂的，我做去鹿港，做去溪湖，滿四界去流浪，煞做袂去，人別人咧閒，我毋免閒，戲班做濟班，排甲滿滿滿按呢。〔註42〕
> 我落手就毋捌共*人（kâng）做二手矣。我就去共*人做主演矣。咱這馬做落去，冊愛家己看，袂當今仔日共*人做一工了，明仔載的戲你袂曉做。〔註43〕

從這些訪談中，可以看見黑番一路走來對布袋戲的堅持與努力，不管是幼年時期的自學精神，學徒時期的沉潛，或整班前四處爲人作嫁擔綱主演，

〔註40〕根據 2015.7.4 與黑番於南港「善南宮」民戲演出後的訪談。
〔註41〕根據 2016.7.26 與黑番在員林「無極聖山堂」民戲演出時的訪談。
〔註42〕根據 2016.7.26 與黑番在員林「無極聖山堂」民戲演出時的訪談。
〔註43〕根據 2016.7.26 與黑番在員林「無極聖山堂」民戲演出時的訪談。

他總是一點一滴厚植自己的實力，不斷的在磨練中成長，最終才有機會獨當一面，開拓出屬於自己的一片天地。

第二節　黑番的作品類型概述

　　黑番退伍後首先成家，透過表哥介紹與廖淑勤結婚，接著在 1983 年 2 月 25 日整班創立「大光興掌中劇團」（圖 2-6），開始拓展他的戲路。1997 年，黑番正式向縣府登記成立了「江黑番掌中劇團」（圖 2-7）。同年，黑番代表彰化縣參加在高雄市舉辦的台灣區地方戲劇決賽，奪得個人「最佳主演獎」（圖 2-8）及團體「甲等獎」。黑番出師之後，除了演出外台布袋戲，還曾經在電台、電視演出，也曾經以說書人的身分從事表演，更製作布袋戲錄音販售，近年更是熱心參與公益演出，回饋社會。以下就其演藝歷程分述之：

一、廣播布袋戲

　　根據李昀穎（2007）的研究，最早關於廣播布袋戲的記載，可能是刊載於 1947 年 11 月 8 日《中華日報》第五版廣播節目表的台灣廣播電台訊息：「21：30 播出布袋戲，演出的節目是孝子節婦，由小西園擔任主持。」因此，廣播布袋戲的出現可推自內台金光戲流行之前（頁 7）。又根據陳生龍（2010）的研究，大眾傳播媒體與布袋戲的結合，在 1956 年內台金光戲開始蓬勃發展的時期，就有「寶五洲」鄭壹雄於「中廣台南台」錄製布袋戲《三國演義》，開啓了台灣廣播布袋戲先河，他嘗試以「純口說」的布袋戲型態，來詮釋原本需要「口白＋手演＋木偶」三位一體的布袋戲表演，而其後在 1958 年到 1974 年台語電視布袋戲禁播之前，計有鄭壹雄、陳俊然、黃秋藤、黃三雄、廖乙正、蘇明順、廖英啓等人投入廣播布袋戲（頁 76～77）。

　　李昀穎表示，廣播布袋戲是用一種想像的方式去建構出布袋戲的舞台，儘管缺少了視覺的表現，卻能夠傳達布袋戲最精髓的口白文化，並且在劇本的編制、音樂的搭配上都精確的表達布袋戲的戲劇張力。廣播布袋戲的發達，代表主演的口白在整個戲劇表演的重要性遠高於演出的技巧，也凸顯布袋戲表演藝術特色之一的「口白」的重要〔註 44〕。陳龍廷（2007）則指出，掌中

―――――――――

〔註44〕根據李昀穎《台南地區廣播布袋戲的研究》，國立成功大學藝術研究所碩士論文，2007 年 6 月，論文摘要。

班主演藉著聲音指揮操偶師傅，他們瞭解自身口白的優點，因此可以將這種口頭語言表演的特色，透過聲音的磁性與魅力，吸引聽眾奔馳在無限的想像世界，這就是廣播布袋戲得以存在的緣故（頁226）。

1994～1996年，黑番以他優美的口白和獨到的口才，每週固定將錄製好的廣播布袋戲唱片，送到台中中聲電台、雲林正聲電台和彰化國聲電台播出。當時尚未有電腦錄音，使用的是盤式的唱片，如果錄錯了，就必須倒帶重錄。當時播出的內容包含《三國演義》、《六國春秋》、《孫龐演義》、《西漢演義》、《孫臏下山》等，頗受一般聽眾的喜愛。

> 我是對民國八十三年、八十四、八十五年，我有佇電台做彼號布袋戲播送節目，啊彼陣仔我是對戰國的戲，戰國春秋一直搬，搬來到賭六國，賭六國搬來到賭三國，三國搬來到關公歸天，啊我電台就無做矣。彼陣仔有三台咧播送，「國聲」「中聲」「正聲」。〔註45〕阮彼陣仔乎，做一禮拜的戲提去播送，一禮拜送一擺的帶去彼個電台啦。彼陣仔的片仔號做『盤式』的，毋是這種的啦。『盤式』的彼大盤的。較早的較無遮先進啊，較早咧錄音哪有通好用電腦咧錄音。較早顛倒猶閣較歹錄，用彼號『盤式』的，這馬的帶放落去咧走按呢乎，這爿一直絞過來，古早形的咧放電影彼啊，啊這爿的帶走過來這爿，按呢錄音的聲才會當慢慢仔走過。這馬若講了有重耽的，欲閣重來，我閣絞倒轉來。像錄音帶按呢，足麻煩的。時機無仝啦，這馬咧錄音乎較快活。〔註46〕

可惜關於這些廣播節目，黑番並沒有留下任何記錄，目前只能從過往外台演出時留下的錄影畫面，發現黑番掛名在「國聲電台」下演出的布條〔註47〕及早年印製的名片，來重現及證明他曾在廣播電台播出布袋戲的歷史了（圖2-9）。

二、電視布袋戲

1999年，「懷念國際電視木偶劇團」〔註48〕陸續聘請了多名布袋戲藝師錄

〔註45〕根據2015.8.20與黑番於其員林自宅的訪談。
〔註46〕根據2015.8.20與黑番於其員林自宅的訪談。
〔註47〕截取自 https://www.youtube.com/watch?v=fzDe4niQ-8g 2018.2.21 查詢。
〔註48〕https://www.youtube.com/watch?v=uKuJFJLSl0U&list=PLG5n2ESz9L9ozqm0A
　　　FZGDu3lPEjgl7sFX&index=4 2018.2.1 查詢。

製口白，之後再另外請人操偶、配音、後製成電視布袋戲，在「台灣藝術電視台」（簡稱「台藝」）播出，其中一位獲邀的藝師就是黑番。根據黑番的解釋，這齣《孫臏鬥龐涓》口白，與他平常在外台演出時的版本並不相同，他是重新錄製，再賣斷給該製作公司，總共錄製了 30 集，每集 45 分鐘，加上廣告的 15 分鐘，剛好一天播出一小時。

> 「蓬萊仙山」〔註49〕彼个版本乎，佮外台的版本閣無仝矣！彼愛閣重錄過。你講彼个「蓬萊仙山」拄好三十一集，毋知三十集抑是三十一集，伊彼攏一工的中間，四十五分啦，四十五分伊的電台，伊愛廣告，抑藥果十五分，十五分廣告藥果啊，所以伊的節目就是四十五分爾。藥果十五分，按呢拄好一點鐘久。電台帶佮彼个「海上仙山」的無仝，「海上仙山」退了乎，彼陣仔差不多有規十個主演啦，啊攏錄去「海上仙山」，一人攏錄伊的精華，錄一段一段按呢，抑我這部予彼个『公視』有買去庫存起來，『公視』買去，『公視』尾仔捌閣放一改，抑了後我就毋捌看*見（khuàinn）矣！「蓬萊仙山」，毋是啦，「台藝」啦！「台藝」放過了抑閣來換彼个『公視』放，彼个是《孫龐》。〔註50〕

黑番得意的說著，其後，只有他的作品又轉賣給「公視」播出：

> 彼當陣彼間公司攏總揣七八个主演去錄音，干焦我錄的這部閣去予『公視』買去。〔註51〕

至今「公共電視」的網站仍能尋到這部戲的簡介〔註52〕，其於 2005 年 3月 28 日製作的簡介節錄如下：

> 《孫龐演義》是前七國志，敘戰國時孫臏與龐涓鬥智之事。孫龐鬥智是民間盛傳的故事之一；現在，許多農夫、工人還都十分的喜歡聽人說這個故事。舞台上也時有關於這個故事的戲劇在演唱著。所以孫臏、龐涓之名，也如封神傳之姜太公、李天王，三國志中之關羽、張飛之類的人一樣，無論什麼人都知道他們的名字。
>
> 《孫龐演義》，自白起攻燕，孫操兵敗，其子臏因自請到鬼谷子那

〔註49〕應是台藝的口誤。

〔註50〕根據 2015.7.4 與黑番於南港「善南宮」民戲演出後的訪談。

〔註51〕2018.1.30 與黑番用電話訪談。

〔註52〕http://web.pts.org.tw/php/mealc/main.php?XMAENO=148&XMBENO=236
2018.5.3 查詢。

裡學兵法起，至孫臏大破魏師，活捉龐涓，報了刖足之仇止。這個
故事的大綱是根據司馬遷的史記，然而中間增加了不少烘染之處，
又增加了不少創造的人物。

不過，早年錄影設備不發達，加上版權的觀念薄弱，黑番對於自己作品
的保存並沒有留下太多的紀錄，直到最近幾年，黑番的徒弟黃盟傑及其兒子
才陸續將其演出的作品隨團錄製下來保存。因此，黑番這齣《孫臏鬥龐涓》
的電視錄影雖然只有保留一集，卻更顯彌足珍貴，也證明了黑番的口白曾經
登上電視螢幕。

三、錄音布袋戲

在戲金低廉的狀況下，黑番目前一般外台民戲的演出，除了開場扮仙時
會當場說口白祝賀外，主要都是由他操偶，妻子負責操作電腦播放錄音及音
效，兩個人便能完成一齣戲，與其他播帶操偶班相同。黑番表示〔註53〕，在
各個使用播放帶演出的掌中班中，幾乎都有他錄製的《孫龐演義》版本，不
管是購買的或是盜版的。他表示會使用錄音布袋戲的戲班，可能是原本的主
演已經不在，繼承的老闆娘沒有其他謀生能力，加上本身不會編劇、不會講
口白，只會「扮仙」、操偶，就會直接使用播放帶來演出。

> 我這站就原也算講我的錄音帶，有『暢銷』，真濟人接受，咱就除
> 了做戲以外，原也有錄一寡外台的戲文。下晡這就是放錄音的出
> 去，便起仔的。真濟人本身，袂曉做，抑是講您頭家較早咧搬戲，
> 較早就來離開了，您查*某（tsǎ）人想講做戲無啥物好行業，做戲罔
> 做，罔做嘛接落去做。接落去做，一寡戲文若是做了，無戲齣，嘛
> 是愛閣買啊。阮攏錄一寡錄音帶按呢乎，來共咱買。人若共咱罔
> 買，咱就罔賣按呢，趁一个燒酒錢仔按呢。〔註54〕
>
> 這馬我家已講好乎，嘛會當按呢講啦！佇咱全台灣省的市場啦乎，
> 全台灣全省做錄音的市場，有一部《孫龐演義》，可能所有台灣省
> 的戲班上濟的。〔註55〕

〔註53〕根據2015.7.4與黑番於南港「善南宮」民戲演出後的訪談。
〔註54〕根據2015.7.4與黑番於南港「善南宮」民戲演出後的訪談。
〔註55〕根據2015.7.4與黑番於南港「善南宮」民戲演出後的訪談。

連續的，啊你像阮這野台戲咧搬，你若十點鐘久來講，你若一下晡，正常若點半鐘，啊若十點鐘久，點半鐘按呢算起來，差不多做四五工仔有啦！這是阮錄錄咧，袂曉做戲的人共買去用放的。恁就會曉扮仙，袂曉做戲，啊閣有『劇本』予伊看。當然我家己錄我是毋免看，我家己咧做攏毋免看，你予若共咱買的人，咱閣一本『劇本』予伊，伊就做甲佗，伊就照彼个劇本落去，閣來欲掠佗一仙尪仔按呢，我攏有寫彼，但是伊彼通常的樂，彼有一个『拍數』，愛家己會曉去『捉摸』，準若講彼西洋樂，有彼信號，就是欲擋恬，欲講話啊，彼樂內底面，我就閣共插一个信號落*去（lueh），就是準備欲擋恬欲講口白矣！〔註56〕

像我的錄音帶出來嘛有市場佇咧探聽，接受著咱的聲的，接受度啥款，咧搬的中間，恁咧擇尪仔有好擇無？做了是毋是人的戲金無*愛予伊無？這嘛攏愛替人考慮。啊都有咧做哪會提無戲金？啊就戲做了穤（bái）毋就無戲金。〔註57〕

雖然黑番自己不需要劇本，但是他販售錄音帶時，會提供劇本，讓操偶的人知道何時該操哪個偶，聽到哪個拍數該做什麼，所有暗號都寫在劇本中。黑番對於錄音布袋戲的販售，主要是著眼於商業觀點，因此他會考慮使用他錄音的戲班，戲偶和錄音搭配的狀況如何？使用後請主的反應如何？

由於黑番錄製的「市面帶」反應良好，銷路不錯，因此與他搭配的布袋戲配音大師盧守重，認為如果像原本錄製的《雙孝子復仇》一樣，才錄 10 個小時太可惜，建議他錄製更長時間的戲文好販售，因此他錄《包公》時就直接錄了 26 小時。黑番表示，其實一般外台布袋戲一次演一個半小時，錄 10 小時已經夠演個四五天以上了。

這個號做市面帶乎，市面帶《孫龐》遮個做戲的乎，大細棚，若予你做錄音的，多數攏有的款。共咱交觀的嘛有限，共咱做『盜版』的嘛足濟。我的《孫龐》，算講按呢，錄袂用得閣重錄，錄袂用得閣重錄，《孫龐》就出來矣。市場，做戲的市場，大家反應，大家反應講我哪會無*愛閣錄按呢，抑尾仔彼「樣仔」〔註58〕，「樣仔」

─────────────

〔註56〕根據 2015.7.4 與黑番於南港「善南宮」民戲演出後的訪談。
〔註57〕根據 2015.7.4 與黑番於南港「善南宮」民戲演出後的訪談。
〔註58〕錄音大師「盧守重」的綽號。

講市場對你的聲質，眞會接收啦，啊無閣來錄，閣來錄換錄下晡
〔註59〕做彼《孝子復仇》，我播《忠孝節義傳》。《孝子復仇》，
錄十點鐘久的，伊講十點鐘久爾出來咧賣無額，錄較長門。我有錄
一個，二十六點鐘久，錄彼個《包公》，對包公出世開始，錄甲《七
俠五義》，白玉堂鬧東京，按呢總共錄二十六點鐘久。按呢戲文就
較長。按呢戲齣較長，來賣毋才有額按呢。〔註60〕

我頭甲尾錄這个《孝子復仇》乎，頭甲尾攏無劇本，尾仔退欲錄甲
十點鐘久到乎，後尹退才閣想一寡百草翁金剛戲的戲角乎，劇情才
閣共塌落（thap lueh），甲予伊會順按呢。〔註61〕

　　除了 2003 年錄製的《孫龐演義》20 集外，後來黑番又接連於 2004 年錄
製了《雙孝子復仇記》20 集、2008 年錄製《包公傳奇》32 集、2012 年起改
與「紅龍」〔註62〕合作錄製了《三國演義》10 集、2013《三國演義》第二部
10 集（圖 2-11）、2016 年《少林演義》20 集（圖 2-10），2017 年也開始錄製
《西漢演義》。

　　《孫龐演義》是古冊戲裡經典的戲齣，黑番是依據《前後七國志》（圖 2-4）
這本章回小說中，明朝吳門嘯客所撰的《前七國志》去改編。故事描述同時
到雲夢山向鬼谷子拜師學藝的孫臏和龐涓兩人義結金蘭後，龐涓先下山到魏
國被封爲元帥，後孫臏亦到魏國出仕，龐涓表面歡迎，但私下擔心孫臏奪取
他獨霸的位置，又得知孫臏學問才能更高於從前，產生除之而後快之心。劇
情就圍繞在龐涓如何一再迫害孫臏，孫臏又如何忍辱負重，運用機智報削足
之仇。陳龍廷（2013）認爲，戲劇除了主要危機外，次要危機的基本類型就
是好人爲壞人所害。黑番主演的這齣《孫龐演義》，危機是放在朋友關係間的
背叛和信賴，「壞朋友陷害無辜者」，可以轉換爲職場上同事的競爭關係，造
成友誼變質。這種壞人陷害好人的戲劇世界，是一種價值顛倒的世界，戲劇
張力由此而來。而以陷害爲始的戲劇危機，就會接續復仇爲主軸的危機，以
彌補基本價值觀，符合觀眾對道德的期待（頁 62～63）。

　　黑番將「朱亥」設定爲「三花」，是一個像鄰居般古道熱腸的老先生，再

〔註59〕筆者第一次拜訪黑番時，他正使用布袋戲錄音演出「雙孝子復仇」。
〔註60〕根據 2015.7.4 與黑番於南港「善南宮」民戲演出後的訪談。
〔註61〕根據 2015.8.20 與黑番於其員林自宅的訪談。
〔註62〕嘉義的黃嘉雄。

融合原著中其他角色特質，讓朱亥這個角色更鮮明。雖然龐涓不斷陷害孫臏，但朱亥的妙語如珠及傻人有傻福的笑料，讓這齣戲不致過於沉悶。朱亥與孫臏之間的革命情感在黑番的演繹之下，更是令觀眾感動萬分。2003 年錄製的這齣戲，也可以發現黑番將時事融入劇情中的編劇能力，黑番不只一次提及「九二一」，可見 2000 年發生的「九二一大地震」對中部的民眾傷害之深。這齣戲，也讓我們保留了台灣民眾共同的回憶。

《雙孝子復仇記》，則是描述明朝時，玉面虎孫錦於訪師回途中，解救了遇到山賊的林山老和尚。山賊敗逃後，向大元帥屈元泰搬弄是非，讓他對孫錦產生不滿，屈元泰要孫錦道歉並從其胯下鑽過，孫錦不肯，只好比武一決雌雄。屈元泰武藝不如人，最後竟持暗器將孫錦殺死。當時孫錦之妻陳明珠已懷有身孕，原本想同歸於盡，而後聽從林山和尚規勸，將遺腹子孫寶元撫養長大以報殺父之仇。孫寶元聰明異常，七歲時因同學笑其無父，母親不願立刻告知真相。適皇帝到廟進香，寶元與皇帝一場對答後，皇帝賞識寶元，贈送一口寶劍，要他長大成人後謀取一官半職。後寶元得知實情，辭別母親，前往武當山拜柳青飛單獸為師。孫寶元在路途中遇上一名小賊，憑其機智騙得一飯充饑，又巧遇武當山飛單獸之徒，見其情可憫，遂帶回山學藝。至十六歲，寶元央求師父下山復仇。寶元正欲下手復仇，被屈元泰之子屈川阻擋，寶元師兄高虎假扮算命仙至屈府訪其母，始得知屈川之生父姓魏，亦為屈元泰所殺，其母已含冤多年，趁機告知屈川此事，並約來日依計行事，得以復仇。最後寶元、屈川聯手用計聯手殺死屈元泰，雙孝子報仇成功。

據林鋒雄的調查，《雙孝子復仇記》是「新興閣」二戰前常演的劇碼，每場約三個小時的夜戲須連演十天，有新興閣文武兼具的傳統，在「鍾任壁技藝保存計畫」中，則演到寶元和金童（屈川）〔註 63〕聯手殺死屈元泰，復仇成功為止（頁 21～22）。據黑番表示〔註64〕，他為了拉長這部戲，在寶元與屈川會面後，多加了一段屈元泰偷走國寶並躲在青草湖，孫寶元受重傷，眾人需去向高人求取藥丹的劇情。這段落與《大俠百草翁》內眾人要救天下敢死俠的劇情雷同，黑番將這些典型場景，巧妙的靈活運用在他各齣不同的戲當中。所謂的典型場景，就是將某齣戲的口頭表演段落融合在另一齣戲的情節當中，也可能將別的主演的精采段落，結合在自己戲劇的情境當中，這些常

〔註63〕鍾任壁的版本，稱屈川為金童。

〔註64〕根據 2015.8.20 與黑番於其員林自宅的訪談。

見的表演段落，即典型場景或主題（陳龍廷，2015：191）。

　　不管是好人被壞人所害、花花公子強搶民女或擂台比武等戲劇危機後續的敘事處理，都跟復仇的行動有關。這齣以復仇為名的戲齣，因比武而開始產生恩怨，由兒子復仇成功而結尾，整齣戲的重心放在復仇，由此來創造戲劇危機製造張力（陳龍廷，2013：70-71）。在這齣戲裡，黑番強化幾個三花的角色，如林山和尚，他受孫錦所救，知恩圖報，對待孫錦母子有情有義，這個角色性格頗類似百草翁，是個妙語如珠的修道人。延伸的劇情裡，黑番還設計了一位「笑笑生」，是孫寶元和屈川的「契父」（khè-pē），也就是乾爸，專門製造笑料。而屈川的角色特質就類似百草翁的兒子金光兒，內有多段類似《大俠百草翁》裡金光兒與妖道的機智對話。這些人物在這部原本非常緊張又感人的戲劇裡，發揮了畫龍點睛的作用，讓整齣戲不會過於沉悶哀戚，也充分展現了黑番擅長的口白特色。

　　《包公傳奇》這齣布袋戲則參考《七俠五義》，這本改編自清代名著《三俠五義》的俠義公案小說。這齣戲從包公呱呱墜地說起。包公父親包懷，娶妻周氏，年過五十時，產下一子。而包懷另外兩個兒子早已成年，包山娶妻王氏，包海娶妻李氏。在產下包公之前，包懷做了一個噩夢，因此擔心包公乃不祥之物前來投胎，加上因包懷家財萬貫，李氏原寄望「二一添作五」分到家當，因包懷幼子出生，她擔心弄成「三一三十一」，於是向郭懷進讒言，讓郭懷命丈夫包海將包公丟到錦屏山。此時包山的妻子亦產下一子，不捨包公的遭遇，央請其夫包山救回小叔撫養，取名「黑子」（oo-tsú），而自己的兒子則委由同鄉剛喪子的張得錄撫養。七年後，包公終於得知自己的身世，然包海夫妻仍時時欲除掉包公。包公九歲時，包山延請寧老先生教導其讀書，老先生遂給包公起了名「拯」。之後包拯果然中了鄉魁，便拜別家人進京趕考，戲劇前幾集便是這樣開始，戲劇中除了有包拯解決疑難案子的幾個小故事，分單元排列，情節簡單又不失趣味外，還一直錄到最後白玉堂「五鼠鬧東京」，總共錄了 32 集 26 個小時。同樣的，黑番沒有忘記他最擅長的三花，像是一再迫害包公的二哥「包海」，即便一再說出殘忍的言語，話語中卻也包含笑料，或忠心耿耿的書僮「包興」，其忠心護主的言語也時常讓人忍俊不住。

　　2013 年和 2014 年黑番分別錄製了各 10 集的古冊戲《三國演義》。戲劇一開始，黑番先念了一段明朝楊慎的卷頭詞「臨江仙」，旁白先介紹漢高祖斬白蛇起義，光武中興傳位獻帝，到曹操挾天子以令諸侯，曹操，孫氏父子及劉

備各據一方，說明「三國」的由來。劇情從「屯土山關公約三事」、「關雲長得寶馬」開始，亦即羅貫中的《三國演義》第 25 回開始。《三國演義》乃較為嚴肅的古冊戲，然而黑番除了照古書演之外，劇情口白維持自己的特色，即便曹操乃一代梟雄，他與手下「大頭」仍時常有令人發噱的對話，亦莊亦諧，有時一些令人產生情色聯想的劇情也穿插其中，因此，黑番的古冊戲雖不致天馬行空，仍按古書走，但已經內化的金剛戲魂，仍不時展現在他所編排的劇情中，不致沉悶。

　　《少林演義》故事背景在清朝康熙雍正乾隆時期，描述江湖武林有八大門派，其中峨嵋、武當、少林是其中最大的三個門派，為爭權奪利、勾心鬥角、反清復明，而引起武林的恩怨情仇。故事從少林的至善禪師之弟子胡惠乾未學成通過十八銅人陣，即偷爬過陰溝下山，投靠已學成之師兄三德和尚，欲找白安福報父仇說起。白安福先後請來至善禪師的師弟，即住在武當山的八臂哪吒馮道德之徒——牛化蛟、呂英布、雷大鵬幫忙，然最後他們都死在惠乾手下，因此得罪了馮道德，情況無法收拾，差點造成武當與少林間的一場混戰，此時幸有至善及道德的同門呂四娘出來化解衝突。

　　根據陳龍廷（2007）的研究，傳說中的少林寺，是指福建九蓮山的少林寺，這個故事經過民間多人改寫，沒有一致的標題，除了反清復明的主題之外，幾乎都有火燒少林寺的劇情（頁 146～157），黑番這齣戲亦不例外。從胡惠乾報父仇的民間仇殺，到後來誤殺兩廣提督高盡忠的妻子，變成清政府借刀殺人，火燒少林寺，故事圍繞在方世玉、洪熙官「反清復明」，並對抗高盡忠的師父，峨嵋派的白眉道人。戰後台灣布袋戲，最常演出的「少林寺」，其想像的源頭，包括清末的章回小說《萬年青》、民國初年歌仔冊《方世玉打擂台》、戰後香港「我是山人」的章回小說。在 1951～1955 年間，各地戲院出現許多關於少林寺的表演，最早將香港作家我是山人「少林寺」系列小說引進布袋戲舞台的是李天祿。李天祿將少林寺英雄故事演到總結局：「峨嵋派」全滅，只剩下「武當派」與「少林派」依舊對立衝突，只好聘請在長白山上修煉百年的「長白三老」下山說和，從此兩派各取「林」、「武」一字，合稱為「武林」（陳龍廷，2017：112）。

　　黑番的版本與我是山人《洪熙官三建少林寺》相同，一開始便提及峨嵋山「星龍長老」有六賢徒「至善、馮道德、白眉、五枚尼姑、李巴山、苗顯」，特別的是他將「五枚尼姑」換成「呂四娘」，並提到了呂四娘刺殺雍正的故事。

黑番這個版本也類似於李天祿的《清宮三百年》（陳龍廷，2007：146-157）。李天祿當年可能直接或間接地吸收京劇《清宮三百年》，而將兩種不同的故事融為一體。海派京戲由年羹堯出世開始，到呂四娘三刺雍正後草草結束，李天祿則安排呂四娘走投無路，遇到至善禪師逃亡，相偕到峨嵋山拜星龍長老為師。李天祿將兩套故事融為一爐，著眼於歷史時間的連續性，及反清復明的革命意識（陳龍廷，2017：102-103）。不同的是，黑番最後一集停留在至善為徒弟方世玉報仇，白眉也要為徒弟高盡忠報仇，同門師兄弟兩人，最終的打鬥並沒有分出勝負，可見黑番仍埋下了續集的伏筆。黑番表示〔註65〕，這齣戲除了原有的劇本，還參考以前看過的黃俊卿演出，而且會再錄續集，但是先告一段落，就可以先開始販售。他也坦承，這齣戲前面的劇情是他參考三本古書，再照著既有的抄本演出，而後面的劇情則出自他自己的改編及自創，變得比較有金剛戲的味道〔註66〕。小說裡的反派白安福是以「染房」為業的，他故意改造成製油業的大老闆，整天囂張跋扈，說一些趾高氣昂的話語，雖然好笑，卻又讓人生氣且無奈。黑番安插的這些「三花」小人物，如上述的「白安福」、「施二六」，甚至連「三德和尚」都妙語如珠，顯示出黑番口白的特質。但有時這些人物或口白，不只為了製造「笑」果，而是一種巧妙的修辭換喻，以白安福這個開油行的大老闆，來諷刺台灣這個知名的頂新「毒油」新聞事件：

> 這不就是 2015 年台灣社會發起「滅頂」行動的食用油風暴？台灣當代的食安議題或土豪揮金的炫富姿態，正好作為一種巧妙的修辭換喻，而讓這個小人物脫離了古老的「染房」而重新活過來（陳龍廷，2017：107-109）。

因此，就如同黑番改編了傳統的「少林寺」題材，戰後的「少林寺」已經由不同的創作者，根據自己的生命經驗創造出不同的表演版本，來反應當下的社會議題，與台灣連結在一起（陳龍廷，2017：118），而不再是述說著遙不可及的中國神州。

黑番提到他錄製錄音布袋戲的方法，是先有配樂才有戲文產生，甚至把戲文錄好，才寫出提綱。可見黑番所寫的提綱不是為了自己，而是為了向他

〔註65〕2018.5.7 電話訪問。根據陳龍廷（2017），黃俊卿（1927～2014）在 1951 年 12 月 1 日至 11 日曾在台中合作戲院表演夜戲《火燒九蓮山少林寺》（頁 96）。
〔註66〕2018.5.6 電話訪問。

購買錄音作品的顧客。他說一齣戲的開始，他會先講旁白，隨著劇情往下走，遇到雙方交戰時，又會出現旁白以描述交戰經過。然而一齣戲不可能一直講口白，也不可能一直演奏音樂，因此會在劇中出現暗號，讓聽錄音操偶的藝師知道何時該停止動作。

> 《孫龐》hioh，總共二十點鐘久。算講有配音才閣錄彼个戲文出來按呢。〔註67〕

> 配音是配彼號音樂，啊你講話的中間嘛是愛吞氣喘氣 meh。你講提綱就是我這算講先錄音起來，啊伊劇情尪仔就照伊按呢行，伊頭仔有『旁白』嘛，這旁白佇遐咧講，講甲尾仔就是這个天下敢死俠這是一个尪仔，抑俗這个萬金塔，啊就雙方面佇咧大戰，大戰的中間有一个『旁白』，這个『旁白』介紹著這个金光兒，金光兒就是百草翁怹囝彼个囡仔，彼个囡仔從出去英雄館，抑從出去英雄館，空空子就佇彼个英雄館，拄好彼个囡仔來報告按呢。這个提綱是尾仔我錄音錄好才有這本的，先錄音錄便，才有法度寫遐的出來，遐這敢若阮阿傑仔〔註68〕寫的…〔註69〕

> 這就是一般布袋戲尪仔咧走台，咧過台，這算講慢的就著矣，傷慢的，尪仔咧過台，配角，你總是無可能講口白一直講的嘛！講完了，「我欲來去員林揣烏番，去咧！」自彼个樂就奏落去矣，這馬奏落去，伊佮咱彼个歌全款，原也有彼个「節奏」，按呢到，擋恬。像阮錄的帶內底，無愛伊樂遐長乎，中央攏有彼个信號，阮金剛戲內底你若有聽，阮內行的若有聽著按呢「shiú shiú」就準備擋恬，欲講口白矣。有彼聲來，「shiú shiú」差不多彼聲來，一秒、兩秒、三秒就尪仔就擋恬就欲口白矣。〔註70〕

黑番表示，自己先前蒐集了很多配樂，但因牽扯到著作權法的問題，造成很多的困擾，所以後來的錄音都必須想辦法購買版權，例如《三國演義》的配樂都是購置而來，而《大俠百草翁》這齣經典的金剛戲，卻因配樂的問題無法解決，而不敢販售。

〔註67〕根據 2015.8.20 與黑番於其員林自宅的訪談。
〔註68〕指黑番的徒弟洪盟傑。
〔註69〕根據 2015.8.20 與黑番於其員林自宅的訪談。
〔註70〕根據 2015.8.20 與黑番於其員林自宅的訪談。

這欲這馬欲放出去，開始欲攑尪仔，你欲攑對佗去？啊彼《孫龐》
嘛是仝款有彼个劇本通好看。音樂 hioh，音樂攏集足久的矣啦，音
樂甲這馬來有版權的問題，嘛足濟困擾佇咧。〔註71〕

我有錄彼的錄音帶出去，有人懷疑去共*人侵犯著啥，抽掉，有
啊！這就這馬才有這个條例，較早就無矣。〔註72〕

像我這《三國演義》啊，我這所有的樂嘛攏愛共*人買矣，買人的樂
來配音的。〔註73〕

最早與黑番搭配的錄音師是盧守重，近幾年則是他徒弟黃盟傑的父親，
外號「紅龍」的黃嘉雄（圖 2-11）〔註74〕，這兩位配音大師的風格並不太相
同。黑番說〔註75〕黃嘉雄的配樂比較有港片的風格，因此比較傳統的主演就
會覺得味道不對，不太能夠接受。江太太則解釋說，早期配樂較為傳統，運
用大量的「風入松」，樂器多是揚琴、古箏、二胡等，盧守重的配樂有西片
「007」〔註76〕的風格，較有節奏感。黑番說：

阿傑仔您阿爸「紅龍」真正講的，伊咧配樂，實在是水準有較懸，攏
欲行入港劇彼種配樂的方式按呢。有真濟一寡彼號老主演乎，無法度
接受，但是較少年氣的攏較聽會合按呢。講按呢布袋戲的味有小可去
予走去。敢若這馬『港劇』的配音就『類似』伊咧配的按呢。〔註77〕

江太太廖淑勤則解釋說：

較有彼『古箏』啦，『揚琴』啦，較早的攏時行風入松啦，節奏無
仝款。『二胡』、『古箏』這方面的啦。啊您外口盧守重咧配的，
較屬於『007』，較有『節奏感』。〔註78〕

陳生龍（2010）指出，1980 年代之後，錄音的載體由錄音帶取代 LP 唱片
〔註79〕，布袋戲齣唱片的銷售榮景也已不再，唯有「世界派」藝人依然保持

〔註71〕根據 2015.8.20 與黑番於其員林自宅的訪談。
〔註72〕根據 2015.8.20 與黑番於其員林自宅的訪談。
〔註73〕根據 2015.8.20 與黑番於其員林自宅的訪談。
〔註74〕擷取自 https://www.youtube.com/watch?v=aVWE89i9Zmw　2018.6.20 查。
〔註75〕根據 2016.7.26 與黑番在員林「無極聖山堂」民戲演出時的訪談。
〔註76〕西洋電影「007」是改編自小說家伊恩‧佛萊明 1953 年創作的虛構角色，英
　　　國軍情六處特工，代碼 007 的詹姆士‧龐德的故事。
〔註77〕根據 2016.7.26 與黑番在員林「無極聖山堂」民戲演出時的訪談。
〔註78〕根據 2016.7.26 與黑番在員林「無極聖山堂」民戲演出時的訪談。
〔註79〕即黑膠唱片。

量產，除陳俊然外，還有沈明正、「斗六黑鷹」柳國明、盧守重等人尚有不少
作品發表。以陳俊然為首的「世界派」所灌錄出來的這些優秀作品，恰成為
這些口白拙劣的播帶操偶班主演的生存利器，得以藉此在台灣廟會的外台戲
有模有樣的表演，可以說他們也成了價格低廉、表演藝術粗俗的「播帶操偶
班」大行其道的幫兇（頁77）。江武昌（1990）說：

> 另一種「唱片戲」，主演者完全不講口白，整齣戲的口白、配樂、
> 鑼鼓點……都是錄音帶錄好的，演出時只有一或兩人負責拿偶，大
> 多數的「唱片戲」都不是主演者本人所錄的，而是錄自廣播電台的
> 布袋戲或是「南投新世界」陳俊然、黑人所灌錄的（頁125）。

陳龍廷（2007）曾舉了黑番錄製的《孫龐演義》及《雙孝子復仇記》為
例，說明了一般播帶操偶班雖然水準低落，但其所使用之錄音卻是專業藝師
所錄製，口白技巧非常純熟（頁 223）。播帶操偶班目前在台灣既然已經是常
態，無法改變現狀又有實力的主演，這時只能轉換自己想法，為自己製造更
多的機會。如陳生龍（2010）指出：

> 事先錄音所呈現出來的廣播布袋戲得以成功實現，在布袋戲的表
> 演思維上產生了兩點重要影響：一是電視布袋戲的拍攝可以事先
> 採用預錄口白的方式進行；二是布袋戲齣唱片可能帶來的商機
> （頁77）。

黑番便是如此，他嗅到了錄音布袋戲的商機。於是他利用本身的實力
灌錄布袋戲唱片再賣給同業。因此，布袋戲錄音（俗稱市面帶）販售的暢
銷，是黑番心中的驕傲，不僅不怕同業的削價競爭，還成為他收入的另一
個來源。陳龍廷（2007）認為，錄音技術與木偶表演的精密搭配，強化了
「口白／木偶」的單向關係，若口白完美，戲偶又搭配得天衣無縫，也算
是完美的演出。但這層關係若缺乏靈活生命力，操偶者被口白錄音給控制，
無法將自己感情投注在木偶身上，將與觀眾之間產生距離（頁222）。可見
布袋戲的廣播、唱片、錄音帶等有聲作品，對布袋戲的發展而言就像一把
雙面刃，他或許提供了「錄音操偶班」滋長的養分，因價差排擠了一些較
為優質的布袋戲團可能的演出機會，但換個角度思考，有能力的藝師灌錄
布袋戲唱片，不但是另一種收入，對研究者而言，未來更可以藉此緬懷這
些布袋戲藝師當年的風采，對現代的母語教育及日後的布袋戲口頭文學研
究提供真實可靠的文本。

四、講　古

除了布袋戲演出之外，黑番也將觸角延伸到「講古」。「講古」（kóng-kóo）是指說書、說故事，講述歷史故事或民間的傳說〔註80〕。根據蔡心惠（2006）的研究，講古即說書，唐宋時期俗稱「說話」，是說唱藝術的一種，雖然何時傳入台灣已不可考，但可以確定台語講古是說書的支脈。日人佐倉孫三（1903）曾在《台風雜記》裡有關於「講古」的記載，可知在西元 1903 年，台灣即有「講古師」的存在。

> 占坐於街頭一方，高聲談古事，聽者如堵，是爲講古師。所講三國誌、水滸傳類，辯舌誇張，抑揚波瀾，使人起情；我所謂「辻講釋」者。唯彼見書而講之，我則記臆談之，其感情稍異。台人欲激勵士氣，則往往用此方許云（頁 30）。

蔡心惠也發現，在《台南市志》〈人民志・禮俗篇〉第三項「說書」項下記載著：

> 在清道光咸豐年間，講古之風即相當興盛。講古仙找到一個露天的場地，或在街角、樹下，或在寺廟、公園、市場邊，但凡民眾容易會集的地方，有時是由商家無償提供場地，擺上幾張條凳，就是一個流動的講古場。講古仙多是未能考取秀才的童生或是落魄的文人，說的是古老的三國誌、水滸傳之類的故事，卻能吸引群眾圍觀聽古，隨著講古師誇張的敘述、緊張的情節以及抑揚頓挫的語調，聽眾的情緒也隨之起舞。

可見大部分「講古」的說書人，講述的內容都以《三國志》、《水滸傳》等章回小說爲主，而黑番也不例外。2012 年，台灣燈會在鹿港舉辦時，黑番就曾受文化局的邀請到龍山寺前表演。對自己口白深具信心的黑番，準備了一個看板、一把扇子，穿著古式的服裝，便開始了一連七場，每場一個半小時的「講古」演出。

> 黑番是 1997 年台灣地區最後一屆地方戲曲（掌中戲）決賽的最佳主演獎得主，也是彰化縣文化局傑出演出劇團；他更是講古的不二人選，今年台灣燈會，他在鹿港龍山寺廟口，一人獨撐七天的講古表演，深受好評。（聯合報 2012.10.29）

〔註80〕根據「教典」的解說。2018.2.25 查。

　　黑番認為〔註81〕，「講古」除了不用撐偶外，其實和搬演布袋戲差不多，尤其憑自己的功力，只要懂得將口白稍加變化，便能勝任「講古」這件差事。這次的演出，不僅報酬合理，而且主辦單位還負責提供相關的設備，如燈光、音響等，黑番只需準備好自己的部分。相較於布袋戲表演，「講古」顯然簡單多了，除了黑番本人，只有江太太到場協助配樂，人力非常精省。黑番表示〔註82〕，講古時，江太太會負責配樂，配樂不但可以使現場活絡起來，不會過於平淡，也可以讓他有暫時休息喝口茶的時間。

> 彰化彼陣仔辦這个『燈會』，2012 年，辦彼燈會，啊彼個『文化局』遐，內底承辦的講，欲揣較古勤的一寡節目按呢，伊嘛知影我咧搬布袋戲，啊問我講，敢有法度講古按呢，毋啊搬布袋戲佮講古本底都差不多按呢，但是你愛看主演變化。

> 恁算講公定價就著，燈會搬布袋戲，一場四萬的經費予恁搬啦，講古的經費乎兩萬予你講，「講古兩萬，一寡設備啥呢？」算講文化局這爿負責一个人去。甲按呢會使得喔！按呢我就古式的衫仔褲穿咧，葵扇攑咧，「啊幾場啦？」伊講按呢總共有七場。我遐有做一塊 khang35 pang51，講古的 khang35 pang51，煞了爾我就提來圍東圍西。講古彼个反應嘛袂穩。講古反應，這馬的市場，欲叫人講古，我看嘛無真簡單，平平攏搬布袋戲來講，你欲叫伊講古嘛愛會曉來一下…，你若像布袋戲按呢咧搬，硬 kop，硬挾（ngeh）的，彼講古的，一擺講落，嘛愛規點鐘久咧。〔註83〕

廖淑勤也說：

> 我配樂，伊毋才有通好啉茶。啊咧講古有彼个配樂乎，按呢咧講較袂洘洘。講咧較緊張的時，配一个較緊張的樂。〔註84〕

　　從這次的表演裡，黑番獲得不同於布袋戲表演的樂趣。首先，講古的過程非常隨意，想喝茶就喝茶，想休息就休息，隨他安排，更重要的是，講古時可以直接和現場的觀眾互動，打成一片，他很享受這樣的感覺，一個半小時好像很快就過去了。因為「講古」太有趣，甚至讓他一度連布袋戲也不太想演。

〔註81〕根據 2016.7.26 與黑番在員林「無極聖山堂」民戲演出時的訪談。
〔註82〕根據 2016.7.26 與黑番在員林「無極聖山堂」民戲演出時的訪談。
〔註83〕根據 2016.7.26 與黑番在員林「無極聖山堂」民戲演出時的訪談。
〔註84〕根據 2016.7.26 與黑番在員林「無極聖山堂」民戲演出時的訪談。

人彼文化局有咧問「有人欲去講無？」啊就攏總無人倩。所有講古場攏我接起來。一下講古落去，才知影講古的趣味。彼陣仔煞參布袋戲嘛無啥愛做。講古趣味。面對觀眾佇遐咧講古，直接佮觀眾咧『互動』。彼時間咧過，一工講點半鐘，按呢。彼咧講，欲來啉茶就啉茶，和人客『打成一片』，時間一工點半鐘足好過的。閣音響啥，燈光啥，攏您文化局處理的。我出一箍人。有啦，阮太太有咧配音，電腦縈咧。〔註85〕

　　因爲在龍山寺的「講古」表現不俗，2013 年 2 月 29 日「礦溪美展」的頒獎典禮主辦單位，也找上了黑番來「講古」（圖 2-12）。礦溪美展乃彰化縣文化局舉辦的一個全國性美展。這次的「講古」不同於前一次讓黑番自由發揮的演出，而是訂下題目、設定劇情。即便如此，對黑番來說依舊不是難事，他在短短十分鐘內，不但講述了彰化縣地名的由來、沿革，還感謝了贊助廠商、縣長，讓人絲毫感覺不到刻意，自然流暢的將劇情融入關公與曹操的對話當中。當台下觀眾笑聲不斷，沉浸在黑番的演出當中時，他卻在一段吉祥話後戛然停止，讓觀眾回味無窮〔註86〕。在這場表演中，黑番融入了許多古冊布袋戲的四聯白和金剛戲《大俠百草翁》的橋段，可見因其布袋戲口白底蘊深厚，「講古」對他來說易如反掌。放在 youtube 上這段在礦溪頒獎典禮的演出，最後還加上了洽詢黑番「講古」的專線電話，可見黑番意欲將「講古」納入他演藝的版圖（圖 2-13）。

　　阮彰化縣一個礦溪美術頒獎典禮，欸，「烏番佇彼个龍山寺講古反應袂䆀」，彼个頒獎典禮嘛叫我去講古。但是這擺的講古，伊彼个話題，講古的劇情，有共我指定，講叫我講一个彰化縣的由來。啊閣這個礦溪美術頒獎的贊助就是咱彰化的一个企業家，全興企業公司的董事長，共咱贊助幾若千萬的經費。這個講古的中間，愛附帶著全興的董事長娘仔，這愛閣共說多謝，啊講古的中間，咱彰化縣的緣源，猶閣（ah-koh）有一個歷史性的代表，按呢我干焦爲著這十分鐘，我轉去原也共想想咧，想想咧，原也去共趁起來矣！〔註87〕

〔註85〕根據 2016.7.26 與黑番在員林「無極聖山堂」民戲演出時的訪談。
〔註86〕影片來源：https://www.youtube.com/watch?v=yq2DDqFins4 2018.2.27 查。
〔註87〕根據 2016.7.26 與黑番在員林「無極聖山堂」民戲演出時的訪談。

全興公司算講磺溪這號美術伊辦這个比賽乎一賽學者恁咧畫圖啥，恁算講對這个，對這个磺溪的贊助資源袂少按呢，所以講磺溪的董事長咱嘛愛共伊捒場一下。啊閣有阮的縣長嘛愛共伊捒場一下，啊紲落去愛閣有一个戲劇的氣味，啊閣有這个彰化的沿革，彰化早期啥物名佮來源，啊佮綜合欲予人客會笑，毋是人客，遐攏一賽學者咧聽的，啊佇這个十分鐘以內，頭殼揦咧燒啦，啊但是我嘛佳哉無共咱難--倒，我有共想大約仔有十分鐘內底面，啊欲共縣長捒場，抑啊欲共全興的董事長捒場，啊欲閣講出彰化早期的名叫「磺溪」，閣另外一个名號做「半線」，這个彰化縣早期的名稱，啊欲閣內底面有附帶著這个戲劇，欲講甲予現場的人會帶來娛樂猶閣有笑聲按呢，佇一个真圓滿的節站咱就共收幕，煞掉按呢。按呢聽的人嘛會想講咱來聽這个故事。彼『網路』你若共查應該查會著喔，佇我講古的內底面，磺溪講古，敢若『網路』有彼个，毋知阮囡仔抑阮學生有共我『PO』起去。〔註88〕

　　2014 年 3 月 8 日、9 日黑番則與「台北木偶劇團」合作，參與傳藝中心辦理的「重返永樂座」室內專場演出〔註 89〕。這次的活動自古冊戲中取材，將早期內台布袋戲之佈景、機關重新編排設計，搭配現代劇場的舞台元素，展現深受海派京劇影響的內台機關變景橋段，同時邀請「台北木偶劇團」、「新世界掌中劇團」、「五洲明聲掌藝團」與「元樂閣木偶劇團」共同演出，以全後場的音樂，表現完整布袋戲藝術的劇場精神，黑番擔任說書人的角色，在每折演出做前情提要、後續詮釋、角色分析與特色說明，為每折戲之劇情做連結，並以資深藝師的經驗，回顧記憶中大稻埕永樂座的繁華盛景，重現了五〇年代內台布袋戲的時代記憶。

　　從台灣燈會的自由發揮，到「磺溪美展」一人分飾兩角扮演關公和曹操，還融入「置入性行銷」感謝官員和贊助人，到「重返永樂座」擔任說書人，可見在充分的準備之下，憑藉著深厚的口白技巧作為基礎，即便從事的是不同於布袋戲的「講古」，黑番仍能恰如其分的演出。

〔註88〕根據 2015.8.20 與黑番於其員林自宅的訪談。
〔註89〕圖片來源：國立傳統藝術中心
　　　　https://www.ncfta.gov.tw/information_107_44015.html

五、文化場推廣演出

　　聲名鵲起之後，黑番更積極投入地方戲曲文化推廣事業，配合縣府文化局於各地巡迴演出或參與地方廟會誌慶。1999 年時，黑番榮獲彰化縣政府表揚致力戲劇文化，獲頒「推展卓越貢獻獎」。其後，「江黑番掌中劇團」參加彰化縣文化局舉辦之演藝獎也屢獲佳績，2006 年在彰化縣「磺溪演藝獎——傑出演藝團隊甄選及獎勵」中獲選布袋戲特優（圖 2-14）〔註90〕，2008 年獲選為「彰化縣傑出演藝團隊」〔註91〕。

　　近年來，黑番多次獲邀參與政府文化場〔註92〕的演出，如 2007 年 3 月 25 日，彰化縣政府文化局於南北管音樂戲曲館所舉辦的「親子活動－戲說掌上乾坤」，黑番為現場的家長和小朋友說「掌中戲」起源的故事，再說明掌中戲戲偶的操作方法，最後讓小朋友實地進行演練操作，不但推廣傳統音樂戲曲，與民眾建立良好互動關係，並增進親子之間感情，讓民眾享受民俗戲曲文化的藝術薰育，深具教化意義。

　　2008 年起，連續三年參與了「彰化縣媽祖遶境嘉年華」〔註93〕、「2009 年彰化縣媽祖遶境祈福布袋戲大拼場」「螺溪兩岸布袋戲拼場」〔註94〕及「2010 年彰化縣媽祖遶境祈福」活動表演〔註95〕，這是一個結合傳統民俗與宗教，並以模仿早期廟會時，各具特色的戲團使盡全力相互「拚場」的活動。「江黑番掌中劇團」不僅每年獲邀參加，當 2008 年其他團體都被安排在馬路上演出

〔註90〕根據大紀元文化網報導
　　　　http://www.epochtimes.com/b5/7/3/25/n1657233.htm　　2018.2.1 查。
〔註91〕根據 2008.7.14 自由時報記載：彰化縣文化局舉辦「97 年彰化縣傑出演藝團隊甄選」活動結果揭曉，從報名角逐的 22 個團隊中，遴選出 6 團，屬性涵蓋音樂、舞蹈、地方戲曲等，各可獲得 10 萬至 16 萬元獎勵金。入選的藝術團體和獎勵金額如下：員林漢心舞團，16 萬元；黑番掌中劇團，15 萬元；員圓舞蹈團，14 萬元；新和興第二歌劇團，13 萬元；彰藝園掌中劇團，12 萬元；鹿港聚英社南樂團，10 萬元。彰縣文化局希望藉由這次甄選，挖掘潛力團隊，培植優秀藝術人才。http://news.ltn.com.tw/news/supplement/paper/227079 2018.2.1 查詢。
〔註92〕「文化場」是由政府或藝文團體所主辦的藝術季或戲劇匯演、校園或社區巡迴、國家劇院及文化中心公演等。
〔註93〕2008.10.10 彰化縣媽祖遶境嘉年華相關表演結目表和產業展：
　　　　http://blog.xuite.net/hu1020106/twblog/137502184　　2018.2.5 查。
〔註94〕2009 彰化縣媽祖遶境祈福布袋戲大拼場：
　　　　http://www.cna.com.tw/PostWrite/NewsPrint.aspx?ID=39848　　2018.2.5 查。
〔註95〕2010 彰化縣媽祖遶境祈福 ：
　　　　https://daystar-spa.blogspot.tw/2010/09/blog-post_21.html　　2018.2.5 查。

時，黑番的劇團卻被安排在廟埕的位置，可見其獲重視的程度〔註 96〕。黑番也說明〔註 97〕了他早期與人拚場的經驗，主辦單位會在兩個戲團中間牽繩子，最後哪邊留住的觀眾多，就獲勝拿到冠軍的布條。雖然布條不值錢，但對於藝師來說卻是莫大的肯定與紀念，甚至可以留著日後向親朋好友炫耀：

> 做戲的人成本按呢，拚甲按呢大粒汗細粒汗，拚甲流血流滴，若會贏乎，這馬咧做戲無像較早按呢，較早做戲攏會冤家相拍，這馬袂。上早期，閣有牽索仔，上早期，咧搬布袋戲，中央牽一條索仔，這爿烏番佇遮做，這爿『陳龍廷』佇遐搬，中央牽一條索仔。開始可比講，較早的戲攏做較晏，早期，八點做，做甲十一點。這馬開始做，做俗十一點到矣，好，來，咱這條索仔為界止，看佗一爿較濟人。有彼个冠軍布條仔，彼塊今是提轉去做尿苴咧是傷細塊，但是提著彼塊有一種『優越感』。佇一个年閣，佇一間廟宇，彼號慶典、佇一个戲團，提著彼个冠軍按呢，啊彼提轉去，干焦吊佇彼个壁角爾，但是看著彼塊，有啦，有一个「當時我去俗啥物人對台」，hooh，這馬就彼个親情五十抑是朋友六十，抑是遐的囝孫仔，「這塊啦，這塊啦，這塊就是我早當時去對台捭拚來的，hooh，大粒汗細粒汗共趁來的。」我這馬乎，阮兜嘛閣吊一塊。〔註98〕

2011 年 5 月 21 日參與彰化市公所舉辦的「傳統與現代的交會」活動，該活動為永續保存北管及布袋戲這兩項彰化縣重要文化資產，而同時邀請了縣內武術、合唱、管樂、舞蹈等團體，藉由傳統文化與現代藝術的交融，融合復古懷舊與現代活力的藝術風貌，呈現彰化地區豐富多元的文化內涵〔註 99〕。同年 11 月 21 日則參與了表演藝術巡演「傳藝飄香處處聞·四面八方大匯演」〔註 100〕（圖 2-15），此活動是從舞蹈、戲曲、音樂、戲劇等四種表演藝術面向出發，以彰化縣境內八大生活圈為巡迴演出據點，邀請國內知名表演藝術團隊演出。2012 年 10 月 27 日在彰化田尾的怡心園參與了「我愛彰化

〔註 96〕 2008 彰化縣媽祖繞境嘉年華活動之彰化縣掌中劇團布袋戲拚場觀戰報告：
https://s5743.tian.yam.com/posts/17496353　2018.2.5 查。
〔註 97〕 根據 2016.7.26 與黑番在員林「無極聖山堂」民戲演出時的訪談。
〔註 98〕 根據 2016.7.26 與黑番在員林「無極聖山堂」民戲演出時的訪談。
〔註 99〕 2011 傳統與現代的交會活動：http://emmm.tw/news_content.php?id=17346
2018.2.5 查。
〔註 100〕2011 表演藝術巡演「傳藝飄香處處聞·四面八方大匯演」：
http://shuipaizi.blogspot.tw/2011/10/2011_14.html　2018.3.29 查。

傳藝‧2012 藝猶未盡」活動〔註 101〕。

　　2013 年 5 月 25 日，黑番受邀到新北市「新莊文藝中心廣場」，演出《大俠百草翁——鬼谷子一生傳》。劇團在表演中安排許多創意互動的橋段，如戲偶來到台下與觀眾互動、戲偶變臉表演，以及有獎徵答活動，炒熱現場觀眾氣氛〔註 102〕。2015 年 11 月 6 日在田中火車站前廣場，參與了彰化縣文化局所舉辦的「藝術巡演活動」（圖 2-16），讓鄉親有更多機會欣賞縣內傑出演藝團隊、街頭藝人、表演團體的精彩演出〔註 103〕。2016 年 12 月參與「三聖宮」做醮演出（圖 2-17）〔註 104〕，2017 年 7 月 10 日參與「傳統戲曲縣內巡迴演出」（圖 2-18）〔註 105〕、10 月 16 日、19 日則參與彰化縣政府主辦的「彰化縣媽祖聯合遶境祈福活動」在彰化市「南瑤宮」及北斗「奠安宮」的晚會演出（圖 2-19）。

　　目前黑番的演出仍然以民戲為大宗，因為文化場的演出雖然可以提高知名度，獲得成就感，但是相對來說，觀眾多，更必須堅持水準以維持口碑。且目前政府的文化場戲金雖每況愈下，但對演出團隊仍有一定的要求，例如戲棚就規定必須是大型（長三丈六，如圖 2-17）的，必須另外花錢請專人搭建，無法自己來，而且這種大場面需要聘請眾多師傅協助演出，如此一來，有時收入剛好打平而已。

> 本底一棚戲十二萬六，阮出來咧做，阮收入，阮開支出去嘛猶有七八萬咧，按呢我做一棚戲我一工我有七八萬，我嘛足認真做的。
> 啊你一棚戲十二萬六來講，我倩一个戲台六千，我後手閣十二萬，遮的師父食的，您的戲的『報酬費』，您出去一工，一个師父若三千箍，倩十个嘛愛三萬箍，按呢一棚戲十二萬六，開開咧我嘛猶有七萬箍，我的實際收入。

〔註 101〕我愛彰化傳藝‧2012 藝猶未盡：http://okgo.tw/newsview.html?id=8771
　　　　　2018.2.5 查。
〔註 102〕江黑番掌中劇團於新莊文藝中心演出：
　　　　　http://hcnews.jcs.tw/2013/06/blog-post_1787.html　2018.2.5 查。
〔註 103〕104 年度彰化縣藝術巡演活動：
　　　　　http://www.bocach.gov.tw/ch/16news/01view.asp?sn=5894 2018.2.12 查。
〔註 104〕傳統戲曲縣內巡迴演出—江黑番掌中劇團（員林市三聖宮）
　　　　　http://event.moc.gov.tw/sp.asp?xdurl=ccEvent2016/ccEvent_cp.asp&cuItem=222
　　　　　6911&ctNode=676&mp=1 2018.2.12 查。
〔註 105〕傳統戲曲縣內巡迴演出—江黑番掌中劇團（大村鄉賜福宮）
　　　　　http://event.moc.gov.tw/sp.asp?xdurl=ccEvent2016/ccEvent_cp.asp&cuItem=226
　　　　　2444&ctNode=676&mp=1 2018.2.12 查。

本來十二萬六雄雄落落來賰八萬六，哪會雄雄落遐濟。啊八萬六落落來了賰六萬，六萬咧落袂輸去，著瘟疫抑啥，四萬…四萬就無愛做後場矣啦。我用後場去做，啊做完，算講去申請了，彼棚戲四萬箍。我欲佗趁？用後場的，彼棚戲扛仔好做無酬的。按呢文化局的戲我無愛做矣。這馬甲目前為止，甲今仔日為止賰三萬爾。

戲棚就六千，一定的啊。你像按呢出去做文化局的，一个壓力就是講你出來做，做了若是無人看，咱會感覺講誠歹勢。你三萬箍予我，我欲按怎共你做甲會飛天鑽地？干焦欲共你搭一个戲台就愛開一个六千，後手賰一个兩萬四，講，講三萬，實提乎是兩萬七爾，年底才閣申請倒轉來，年底的時無夠彼三千箍會用得閣申請倒轉來就著。無通好予你隨領。你這馬這棚戲做了大約就差不多二十工，才閣領著這條錢，伊彼錢才入來咱的口座按呢。啊你共算啦，總共實提的，後手彼三千箍，年底才有通好扣掉轉來，啊兩萬七的中間，共算算咧，我就愛來搬這啊！〔註106〕

　　黑番表示，目前一場民戲的酬勞雖然只有六千元，但是通常早場加晚場，出去一天就有一萬二的戲金進帳。雖然很多同業削價競爭，然而找他演戲的請主仍然絡繹不絕。黑番接戲時並沒有居中牽線引戲的人，他說他有其基本盤的請主，另外有些請主是靠緣分或口耳相傳。遇到旺季時，以其手腕，一天甚至可以接到五場在不同地方演出的戲。以2016年的中秋節來說，當天早上九點到十一點接一場，中午十二點到兩點又一場，三點到五點一場，晚上七點到九點又是另外一場。他表示，他在其中三個地方先搭好戲棚，另外兩個地方則是以他的貨車搭戲棚。在貨車上搭戲棚只要花七分鐘，他可以邊搭戲棚邊扮仙。每一場地之間他也會計算好，大約是十分鐘的路程。黑番民戲演出時，除了妻子幫忙控樂，人手不夠時，連從小耳濡目染、現有其他正職的黑番長子，也會請假前來幫忙。

八月半這工我甲目前為止，我是引五棚啦！總共就是五个地頭啦。

五个地頭進前工就愛去佈置矣啦。愛去搭彼个棚仔。有的有戲台，無戲台我有彼个戲棚。有法度一改做五位。其中這台有法度走兩位。搭這个（戲台）毋免十分鐘。車駛到位可能七分鐘就好矣。這有

moo51 ta11（モータ，馬達）〔註107〕的。紲戲爾遐的索仔放放咧，我就駛來到現場按呢，毋免十分鐘我就會用得扮仙。那扮仙的時我索仔就那縛按呢。若是趕場，八月半來講，下早時成本一場乎，九點半做甲十一點半，兩點鐘久嘛，抑彼的大日時仔，倩主，原也靠咱的手腕，佮咱的話術按呢，里長抑是講頭人，「像你看中晝時仔這十二點外，uh！香客上濟啊，這個時陣咱就莫歇睏，咱就十二點甲兩點這個時間莫歇睏，遮較濟人啦，我是感覺講遮乎，來共鑼仔鼓聲小振動咧，啊嘛較有意義！」伊講「hioh！按呢嘛有理」。有理，但是兩點完遐乎，予阮歇睏，阮來走攤一下，我兩點完，收甲好啦，收甲好差不多是七分鐘嘛，發一下仔車咧乎，我離開著這個現場，佇這個庄頭欲閣來這個庄頭，我差不多隔離十分鐘的路程。我排差不多十分鐘路程的所在，我搭閣差不多七分鐘按呢乎，按呢我搭好矣，猶未超過三點，猶未超過三點，我就閣會使差不多閣準備扮仙矣。辦彼个三點到五點一場，暗場就是七點閣做甲九點。按呢我這台車（圖 2-20、圖 2-21）我大日時仔差不多攏走兩場。另外彼三位進前暝就攏算講布景啥攏牽好矣。隔轉工就閣另外一台貨車，抑佮轎車，載物件放咧，放咧，啊就師傅放去佇遐，阮囡仔大日時仔，像八月半伊攏有歇睏，準無歇睏，阮囝伊做彼个保險的，專門咧做理賠的，一年的中間有二十工假，叫伊講除了約會以外乎，伊的假就是排轉來遮趁外路仔。阮囝轉來遮趁外路仔乎…〔註108〕

雖然民戲是黑番主要的收入來源，但是文化場有一定的品質，且有政府的宣傳，會有更多的觀眾參與其中，對他來說，有觀眾才更有動力演出好戲，而且他也期待能藉此發揚傳統技藝。因此，每年還是能在文化場中，見到黑番高水準的演出。

除了布袋戲演出之外，行有餘力黑番也開始參與其他公益的推廣活動，如 2017 年參與護理之家的重陽節活動（圖 2-22）、2018 年擔任學校本土語言戲劇工作坊的講師（圖 2-23）等。

〔註107〕來源是英文的 motor，日語的モーター。根據「教育部國語辭典簡編本」，指一種能將電能轉變為機械能的發動機。主要功能是產生動力，基本構造與發電機差不多。廣用於電扇、電車等，是近代工業上的重要動力裝備。英文。

〔註108〕根據 2016.7.26 與黑番在員林「無極聖山堂」民戲演出時的訪談。

　　黑番表示〔註109〕，他雖然時常到老人院演出，但為善不欲人知，並沒有特別紀錄。每次去演出都以講古為主，演出前，並不會特別預設要演出什麼，老人就像小孩一樣，只求自己能吸引住他們的目光，不要讓他們打瞌睡，並且與他們保持良好的互動即可，因此他會設計很多與他們互動的橋段，看到老人開心，他也開心，這無關微薄的報酬費或車馬費。每次公益演出完，他都得到無限的歡喜心，也讓自己得到成長。

　　黑番的演藝歷程中，一般民戲的演出乃是他主要的收入來源，雖曾參與過廣播和電視布袋戲，但在時不我予下，只能說是曇花一現，在他演藝的歷程中，留下短暫又美麗的一頁。90 年代後，開始錄製並販售布袋戲唱片給其他劇團，可說是發揮了生意頭腦，不但不怕其他劣質播帶操偶班惡性競爭，反而將其編劇及口白技巧展現，販售自己的錄音作品給他們，獲得額外的收入，也拓展了自己的影響力。在聲名鵲起後能獲邀參加文化場演出，則是在傳統戲劇沒落的情況下，難得能展現高水準演出的機會，對黑番來說，能有更多觀眾參與，認識並欣賞他的演出，更是其成就感的來源。而講古則算是黑番演藝生涯的插曲，在不一定有大型文化場演出機會下，黑番勇於接受挑戰，與觀眾面對面接觸，展現其機智又靈活的演出。近年黑番開始參與公益活動，則是他人生的新挑戰，不求回報與車馬費，只求有機會推廣布袋戲，及看到老人、孩子開心的笑容。黑番在人生的每個階段，都能不設限的去嘗試，因此不管大環境如何改變，依舊能在布袋戲場域中佔有一席之地。

第三節　黑番的創作來源

　　黑番目前民戲演出時，大部分是播放所謂的「市面帶」（錄音布袋戲）操偶，內容是以古冊布袋戲為主；而在大型的文化場，則是演出聲光效果十足的金剛布袋戲《大俠百草翁》。不管古冊布袋戲及金剛布袋戲，黑番可說都頗有涉獵，才能夠並行不悖的演出。在本節裡將探討其創作的來源為何？他又如何從傳承的傳統布袋戲中創新，走出自己的一條路？

一、師承「閣派」鄭武雄的金剛戲

　　台灣掌中班的流派，幾乎都是從南管、潮調與北管等各種戲曲源流演變

〔註109〕2018.5.31 電話採訪。

而來，不過有少數的天才主演，則是自小對布袋戲表演有興趣，而後才跟隨著名的布袋戲班，成爲師徒相傳繁衍的流派（陳龍廷，2007：187）。自小即對布袋戲產生興趣並自學，及長才拜師「閣派」鄭武雄的黑番就屬於後者。

　　在台灣布袋戲的發展史上，可約略整理爲「虎尾五洲園」、「西螺新興閣」、「南投新世界」、「關廟玉泉閣」、「林邊全樂閣」、「新莊小西園」和「大稻埕亦宛然」等七個傳承系統。而黑番的師父鄭武雄便是傳承自「西螺新興閣」。「新興閣」是鍾任祥在西螺所建立，他師承的對象爲其父鍾任秀智。鍾任秀智原爲潮調布袋戲的後場樂師，後來才學習前場表演。鍾任祥吸收了北管戲曲音樂的後場，並將西螺武館的拳腳武藝融入布袋戲的表演當中，因此一般戲劇界都公認「紅岱師〔註110〕好文戲，阿祥師好武藝」的美譽，意即鍾任祥以拳頭戲名震一時，因此原本以文戲爲特長的潮調布袋戲，在他手中變成以武戲聞名。後來新興閣派分爲「新興閣二團」鍾任壁、「進興閣」廖英啓、「光興閣」鄭武雄（林啓東），「隆興閣」廖來興等四大系統。鄭武雄於 1937 年出生於嘉義梅山，15 歲時進入「新興閣」學戲。1953 年初，鍾任壁分團爲二團，鄭武雄在二團擔任二手。18 歲時「新興閣」又成立第三團，鄭武雄才正式擔任主演。自軍中退伍後，鄭武雄組班「光興閣」，闖蕩南北各地的戲園，最擅長的招牌戲是《大俠百草翁》（陳龍廷，2007：192-195；蔡坤龍，2016：16-18）。黑番最得意的作品《大俠百草翁》即是承襲自鄭武雄。在林鋒雄（1999）的田野調查報告中，將「新興閣」系統分爲兩大部分，分別是「鍾任祥及其弟子傳藝部分」及「鍾任壁傳藝部分」。在「鍾任祥及其弟子傳藝部分」中記載著第 15 點是傳承給林啓東（即鄭武雄），而鄭武雄又傳承給弟子 c「員林大光興掌中劇團」的江欽饒（藝名黑番）。黑番自整班以來，每次演出的海報上，必定打上斗大的「鄭武雄」，戲台上也會高掛「鄭武雄」三個字（圖2-24）〔註111〕，以自己爲其弟子做爲號召。每次現場口白演出時，也會將恩師鄭武雄掛在嘴邊，除了傳承的意義之外，也可見黑番對鄭武雄感念之情。以 2016 年 12 月 25 日黑番在員林「三聖宮」的演出爲例，他便在開場時多次提到鄭武雄：

　　　　下＊昏（Ĭng）暗是咱「三聖宮」做醮，若親像黑番當選總統咧，『謝

〔註110〕指的是五洲派的黃海岱。
〔註111〕2011 表演藝術巡演「傳藝飄香處處聞・四面八方大匯演」：
　　　　http://shuipaizi.blogspot.tw/2011/10/2011_14.html　2018.3.29 查。

謝』，感謝噗仔聲，『謝謝』，啊咱行遍著咱大江南北咱的台灣頭行甲台灣尾，東到西，南到北，共算一个真，咱員林的鄉親上蓋有人情味，來回想著咱早期，「名都戲園」，小弟的老師鄭武雄所開演的戲文，《明清演義》，啊今仔日呢，會當佇這个所在由過咱「三聖宮」來做醮來結這個善緣，咱這个音響欲比較彼个歌星檔的當然乎，若親像天淵之別，聽咱小弟黑番咧講這个口白，咱逐家較用心落*去聽咧，下*昏暗咱來看這場布袋戲呢，真正值得咱一世人的回想。小弟的老師鄭武雄過去佇這个「名都戲園」咱佇咧看攏愛拍票乎，對這个二十箍五十箍，甚至到了艋舺佳樂戲園，一票攏百五箍以上乎…

下*昏暗上蓋價值就是我的老師鄭武雄當時所封的布袋戲尪仔，蓋寶天下，「佳樂戲園」提著冠軍的，連紲六個月抑按呢攏總爆滿，萬無德鬼谷王，下*昏暗佇現場這馬來現面，這身尪仔有偌濟錢？無價之寶。按怎無價之寶？萬無德鬼谷王若現面的時陣會帶來著咱逐家吉祥平安俗快樂，咱下*昏暗的節目，開搬進前，啊有咱這个特別來賓，定定佇咧看節目的表演，我个老師鄭武雄的師兄弟，也就是我的師叔，「玫瑰瞳鈴眼」咱電視界資深的學者、資深的演藝人員，早當時和這個『保鑣』，捌看過這个保鑣就早期的，保鑣的節目轟動南北二路，彼个大導演陳明華，抑彼个大導演蔡武雄就是我的師叔，鄭武雄的師小弟，來到現場，也欲來共逐家感謝一下，咱逐家來共同來關懷著地方的戲劇，拍噗仔，師叔，哎！

至今每當黑番現場演出《大俠百草翁》時，鄭武雄的遺孀及兒子都會來捧場，鄭武雄的兒子鄭成龍〔註112〕演出時，也請黑番擔任戲劇指導。因此，

〔註112〕整理自 2018.3.4 工商時報：鄭武雄先生生於民國二十六年，於民國一百年逝世於彰化員林，曾經希望其長子鄭成龍（本名林宏憲民國六十年出生），接下衣砵。林宏憲表示雖然自小到當兵期間都是需要幫忙家中演出，但一方面覺得演出辛苦，一方面也覺得，時代變化，布袋戲已無發展空間，因此投入資訊領域中，放棄布袋戲的演出。鄭武雄先生別世後，鄭成龍為了整理其父多達三千多集的著作和記錄，考入民俗研究所。民國 104 年鄭成龍發現得了鼻咽癌，治療康復後為了讓現在這個世代的人了解布袋戲文化，因此用了二年的時間重新學習，匯整父親著作的精華，重新編寫劇本，投入演出。https://m.ctee.com.tw/industrynews/2/43088　2018.3.10 查。並於 2018.3.10 電話訪問黑番。

雖然黑番一開始算是自學，而後吸取了各門派的優點，但他還是以身爲鄭武雄的徒弟爲豪。

　　　　阮先生這「閣派」的啊！認同，人嘛是認同咱是鄭武雄的師仔。
　　〔註113〕

　　金剛戲經常跨越年代、穿梭古今，黑番通常以明朝爲主題背景去編排劇情。他說，金剛戲總是「轉彎斜角（tńg-uan-tshuáh-kak）」，曲折離奇，演得「眞諏（hàm）」，亦即很誇張，不合常理，但是只要能轉得回來，不要太「離經」，太偏離常軌即可。早年吳天來、陳明華排戲時，會製造出一個問號（疑點），讓觀眾去猜，每到一個站眼，就會再出現提醒觀眾一次，但不會說出答案，讓觀眾一顆心懸著，想要知道謎底是什麼。有一次，最後的謎底是生殖器，但是主演並沒有直接說出這個答案，而是讓觀眾自己去體會。他說這種主題是「粗中帶幼，幼中帶藝術」，只能意會，不能言傳。像黑番就以「伊的物件（mih-kiānn）」、「牲體（sing-lé）」代稱生殖器。黑番說，另一個著名的布袋戲藝師吳清發〔註114〕曾提醒他，演布袋戲時要記住有三大「土」〔註115〕字別在台上說出來，這三大字就是膣（tsi）〔註116〕、羼（lān）〔註117〕、潲（siâu）〔註118〕。千萬別因爲演得太忘我，脫口而出，畢竟戲劇有其教化的意義在。

　　　　講金剛戲無朝代（tiâu-tē）的，阮是攏掠一個主體，掠一個明朝乎…
　　　　咱金剛戲是轉彎斜角，行有路著好，莫做了傷離經…咱布袋戲的劇
　　　　咱諏，諏了愛轉趕有路，早期的金剛戲講來嘛誠諏，你若講欲予諏
　　　　的，早期的金剛戲眞正嘛足諏的…〔註119〕

　　　　咱布袋戲的劇咱諏，諏了愛轉趕有路，早期的金剛戲講來嘛誠諏，
　　　　你若講欲予諏的，早期的金剛戲眞正嘛足諏的，吳天來，陳明華恁
　　　　彼陣仔排的，上早的金剛戲足諏的，幾千年前的老先覺，閣有排彼
　　　　个陰陽人，陰陽人這馬來講，泰國彼嘛算陰陽人。伊就用查埔身來
　　　　變做查某體，較早搬布袋戲都有法度排彼个這個戲文，尪仔名你毋

〔註113〕根據2016.7.26與黑番在員林「無極聖山堂」民戲演出時的訪談。
〔註114〕指的是彰化員林的「新樂園掌中劇團」團主，曾得過民族薪傳獎。
〔註115〕根據台日大辭典，指的是「m̄-bat禮儀規矩ê行爲，粗野的。」
〔註116〕根據「教典」，「女性生殖器」。
〔註117〕根據「教典」，「男性或雄性動物的生殖器」。
〔註118〕根據「教典」，「精液」。
〔註119〕根據2016.7.26與黑番在員林「無極聖山堂」民戲演出時的訪談。

知捌聽過無？「一个老先覺，蹛佇將近太陽三十步，面前冰屋是吾
〔註 120〕家，兄是天下之師，弟是武林之仇，一人雙體，毋是同胞
的兄弟俠，這個尪仔拄好雙面人，蹛佇將近太陽三十步，將近太陽
三十步，彼遮熱，毋是冰屋是吾家，名哪會號甲這馬？你共講按呢
真譀，啊毋過你講這馬的連續劇，你講彼「世間情」彼按呢敢無譀？
觀眾欲看這譀的，有當時仔你閣想倒轉來，欲，你就共戲搬甲譀譀
譀，一人雙體，一个人有當時仔伊會講這爿的話，有當時仔講這爿
的話，有當時仔伊會講老大的聲，尾仔講老細的聲按呢。這个人出
門伊咧揣一个冤仇人，百草翁攏共問，「啊你欲揣冤仇人，欲揣啥
物人？」「我欲揣的冤仇人就是武林失蹤俠」「這个失蹤俠是失蹤偌
久啊？」「失蹤俠已經失蹤一千年矣！」「揣一千年前的冤仇人？一
千年？啊這馬啥物朝代矣，你揣一千年？啊是啥物冤仇你揣這个人
揣甲遮爾兇狂？是共你倒會仔 hioh？」這个倒會仔就是講著錢嘛。
「錢閣趁就有！錢銀如糞土，錢按怎予倒去，我攏袂去計較錢。」
「hooh 你毋是計較錢，按呢我知，按呢可能去鵙著恁某？共恁某拐
去」「某是用錢娶來的啦，某若人愛，某予伊啦！咱閣來娶就有矣
啦！欲拐咱某，予拐就予拐。」「毋是為著錢也嘛毋是為著某，按呢
田園厝宅你就無重要，無，到底是啥物冤仇？」「冤仇就佮我有夠深
的深」「啥物冤仇你毋就講」「彼冤仇就……袂講得按呢」啊你這馬
拍出去已經有一个『問號』矣，遮的人客「啊毋是田園也毋是某团，
人講第一田園，第二某团，毋是田園，毋是某团，無這个不是同胞
的兄弟俠，這个人蹛佇將近太陽三十步，面前冰屋是吾家，聽是天
下之師，地是武林之仇，一人雙體，毋是同胞的兄弟俠，你佮這个
失蹤俠你到底啥物冤仇？」「冤仇就真深！」「啊啥物冤仇就袂講
得！」百草翁共問伊就毋講，啊毋講就無法度按呢。你這馬就一直
做、一直做、一直做按呢。這馬若有站眼，就閣共提出來講講咧。
百草翁就對遐瞪「啊冤仇就遮深，共你問你就死毋講，啊到底啥冤
仇按呢」但是到尾仔乎，你做一段期間，緣源一定愛講予人客聽，
拜託你講，尾仔逼甲無講嘛袂用得，應該這是愛保留，但是這種話
題是粗中帶幼，幼中帶藝術啦。就是這个兄弟俠，在有一个巧合的

〔註 120〕在本論文中以「我」代表白音「我」，以「吾」代表文音「ngó」。

時陣，去看著一个查*某囡仔足嬌的，這个查*某囡仔，號做「神劍
丹鳳白櫻桃」，生做按呢阿娜多姿，行著路像雲過月，彼講著話乎
誠幼秀，行著路輕盈的跤步，講偌嬌就偌嬌，啊這个兄弟俠看著這
个查某囡仔一下嬌乎，當然一个正常的查埔人，攏會『想入非非』
啦，看著這个「神劍丹鳳白櫻桃」遮嬌的中間，想欲去共米糕𣻸
（siûnn）〔註121〕，處在千鈞一髮的時陣，武林的失蹤俠到位，攑
著一支七達的神兵，當場看著兄弟俠挂欲作怪的時，刀攑出來，對
彼个物件就*按呢（tsuánn）共破掉按呢。毋才失蹤俠就*按呢無彼个
物件。怨嘆，物件去予失蹤俠共鑿掉去矣，查某按怎嬌，干焦有法
度欣賞爾，無法度做出著啥物越軌的行為，毋才會開始欲揣這个失
蹤俠，冤仇對遮來的。按呢對人客有一个交代。這个戲人頭仔佇咧
嫌疑嫌疑，乎，當時仔就是為著彼副「牪醴」喔！講彼副「牪醴」，
你聽有啦乎？戲咧做的形容，咱就無講出著彼號白話乎。阮員林嘛
有一个這个『阿發哥』（吳清發）曾經得著彼號「薪傳獎」，伊講咱
做戲佇台頂有三大土字咱莫講都可以，彼三大字就是膣（tsi）啦、屪
（lān）啦、潲（siâu）啦，咱莫佇台頂講這个話，按呢就真正就足
土的，但是咱這毋是佇台頂，這錄音無要緊。咱做戲嘛是一屑仔教
育性。〔註122〕

　　早期的戲園布袋戲，觀眾必須買票進場，因此劇情必須吸引觀眾，才能
讓觀眾每天無悔的掏錢。鄭武雄曾經在他的戲劇當中，安排一個角色接連幾
天肩擔豆花出來賣，觀眾不解其用意，直到觀眾習慣這個賣豆花的存在，而
且不以為意時，突然妖道現身，打翻擔子並喊了一聲「豆花捽倒擔」，觀眾當
場哈哈大笑。「豆花捽倒擔」為什麼會好笑？因為這是一首當時耳熟能詳的民
謠：「豆花捽倒擔，一碗二角半。燒燒一碗來，冷冷阮無愛。」因此，戲劇的
鋪排，是一幕一幕疊上去的，為了讓劇情達到高潮，江武雄可以連續很多天
都埋這個「哏」〔註123〕，直到最後破「哏」時，才能激發出最大的笑聲。

〔註121〕根據「教典」，指糾纏不清。常用來比喻男女關係紊亂、糾纏不清。
〔註122〕根據2016.7.26與黑番在員林「無極聖山堂」民戲演出時的訪談。
〔註123〕是滑稽有趣的意思。後來衍生成一種相聲術語，指相聲中的笑點。也能用來
　　　　直接指某個笑話。相聲術語中的包袱是指在前期的表演中埋下好笑的伏筆和
　　　　進行鋪墊，最後點破笑點使人發笑稱作抖包袱。人們在談吐中總會有許多
　　　　「哏」，就像相聲時一樣會出現的笑點或搞笑的台詞、用語。

因為做戲攏愛予觀眾有一个『問號』，彼个『問號』伊欲解開著伊的問號，像下晡我講按呢簡單一个劇，到底啥物冤仇？為著伊的物件去予人割掉的冤仇，但是彼會用得講得無？就袂用得講啊！佇彼『模擬兩可』的中間，用彼个百草翁的笑詼的，「是按怎袂講得？你嘛來講！」「啊就袂講得，你干焦叫我講」彼个足自然的反應，阮先生咧做彼豆花擔，逐工咧擔彼豆花擔，逐工的，擔擔擔，一个生理人，咧賣豆花，豆花擔，逐工擔擔擔，有一工，雄雄妖道仔一下圍過來，翻一个身，喝一句講「豆花捒倒擔」，規个棚跤的人客笑甲 kuâinn kuâinn 叫。伊干焦為著這句「豆花捒倒擔」，欲予人客笑，已經疊幾若工的戲。但是彼个劇你有看，你這句話會好笑。你若干焦講「豆花捒倒擔」會好笑無？聽就那咧聽，毋知彼个劇，這个戲未出來，頭前已經佈劇攏佈好矣！〔註124〕

在劉信成的訪問裡，黑番也提到過鄭武雄如何讓自己的劇引來觀眾最大的笑聲：

> 鄭武雄的戲很有誘惑力，給你非看不可，他在口白講得很自然、他的笑詼（tshiò-khue）是恬恬（tiàm-tiam）的做、恬恬的做，會讓全場的觀眾雄雄（hiông-hiông）來場大笑。別人的好笑只是笑在嘴唇皮上，鄭武雄的戲會讓你笑到哇哈哈哈的大笑，看鄭武雄的戲會讓你狂笑。在笑的人是很自然的放輕鬆在笑，看鄭武雄戲的人若晚上在睡覺時，都會爬起來笑一笑，又倒下去睡。所以這鄭武雄真屬害（頁 115）。

又例如，戲劇一開始有人說看到一團忽明忽滅、紅色的火，觀眾不以為意，直到接二連三出現的每個人，都說看到紅紅的火時，觀眾就會覺得奇怪，「到底是啥物火咧？」觀眾就會議論紛紛，這時已經引起觀眾看戲的動機，為了解開最後的謎團，而聚精會神的看戲。

> 喔！去佗位仔攏有彼紅范范的火。啊彼火按呢 kiap 咧 kiap 咧，連鞭有看*見，連鞭無看*見，這馬這个咧講你袂感覺嫌疑，這馬閣做成半點鐘仔，喔，佗位仔一个所在，東南派的後山，彼个東北樹林迌，哪有看著紅范范的火按呢，彼毋知啥物火？哎，有夠奇怪，已經有第二个講矣，閣來，佇劇的中間，第三个講，按呢彼个嫌疑就

〔註124〕根據 2016.7.26 與黑番在員林「無極聖山堂」民戲演出時的訪談。

走出來矣。嫌疑，做戲的，台頂咧嫌疑，台跤的觀眾嘛咧起嫌疑，
「呃，你看會啥物火啊？啥物火？彼敢會鬼仔火？」「哭枵，啥物時
陣矣，猶閣有鬼仔火？」人客就會會（huē）〔註125〕劇情，按呢咱
彼號佈劇因子就已經走出來矣。當然這个一个新的校場出來，離不
了有火，這个火是火坑，抑是火島，離不了這字「火」字，就是咱
這个劇欲做後壁幕欲排起來矣。〔註126〕

　　鄭武雄的兒子林宏憲，曾經在「FACEBOOK」發表對父親所編排戲劇的
感想。由他的描述，讓我們知道師承鄭武雄的黑番，何以能駕輕就熟的演出
笑詼劇：

什麼叫意想不到的劇情？一個好的編劇能成功傳達的意境是什麼？
今天一如往常的在開車上班路上聽著爸爸 40 年前演出的帶子，眞
的一環接一環，完全料想不到。聽著聽著，我不得不讚嘆我爸的編
劇能力，這次讓我又哭又笑，讓我不得不以我有這樣父親爲榮。我
今天聽到的感覺，就如同他帶領著觀眾去爬山，當你以爲你到頂
了，以爲這裏風景最美，但結果不是。他會帶著你又到了另一個高
峰，讓你看到更不一樣的風景，當你又以爲這才是主要的風景時，
結果又不是。會這樣一山高過一山的帶你去看最美的景，但告訴
你，那也都不是他要說的意境。最後你會看到，原來帶你上山只是
一個方法，最後是讓你從山上，一路快樂的往下如同坐溜滑梯般輕
鬆快樂的下來，重點是這樣的過程在短短 20 分鐘讓你感受完。一
個好的編劇要能成功傳達一個境界，我覺得從我父親身上我的體會
是，見山是山，見山又不是山，見山還是山的意境，最後只是博君
一笑。以前見爸爸的演出宣傳單寫：博君一笑，笑滿堂。本來以爲
那只是一些廣告詞，但我眞的體會到那不是一個廣告形容詞，而是
一個動詞，是眞的能讓人記住一輩子的動詞。〔註127〕

　　黑番認爲金剛戲的排戲其實並不容易，不是死了一個角色再出現一個角
色就好，他強調，在主情節之外時，必須同時設計很多副情節，每一齣戲至
少要鋪陳三五條路線，要會「生根淀藤」（senn kin thuànn tîn），當其中一個劇

〔註125〕談論的意思。
〔註126〕根據 2016.7.26 與黑番在員林「無極聖山堂」民戲演出時的訪談。
〔註127〕林宏憲 2017 年 6 月 30 日發表於個人臉書。

情演到差不多時，就必須再從其他的劇情延伸更多的劇情出來，讓整齣戲可以不斷延續下去，就像樹的根會不停的長出來一般。早期內台戲演出時，一個晚上要演五幕的戲，一幕一幕慢慢解開謎底，然後再衍生出新的劇情，似乎永遠沒完沒了。不過他也強調，當主演已經想不到該怎麼延續劇情時，就該結束這齣戲了，而不是「穩戲勢拖棚」，硬要拖下去，劇情不合理，對社會無法交代。黑番認為〔註128〕，戲劇必須富含教育意義，必須有理，因此以筆者第一次觀賞黑番所演出的活戲為例，他臨機在劇情中加入他從通訊軟體「LINE」中收到的防止詐騙訊息，而筆者剛好也在前一天收到同一則訊息，因此能夠心領神會，會心一笑。而不曾接收過這個資訊的觀眾，黑番則透過這種不露痕跡的方式將新知融入在戲劇中，教育了民眾。

> 金剛戲真正欲排帖的無簡單，好比講，我請一身的來共損死，這個死我閣來請別身，彼款戲毋是戲，三歲囡仔都會曉做矣。愛會曉生根淡藤，像這連續劇有當時仔內底排劇嘛是有袂穩（bái）的，嘛有真勢（gâu）的，伊就排這路，排這路，一部戲排三路出來抑是排五路。兩部已經欲收縮啊，你愛閣生根出來。可比講「世間情」來講，這個兄弟仔這劇已經破啊，你這馬換假人的查某囝按呢，愛做較高潮咧，這個中間，你愛閣生根淡藤出來，予彼個劇一直共延續落去，按呢戲才袂斷去。做甲導演攏無膏趄，愛準備予煞戲矣。無你導演佇趄烏白變，你會予人點名做記號。不答不七，穩戲勢拖棚，拖甲這啥物劇？這敢對社會有一個交代？袂使失去著一個理。上好有法度附帶著教育，下晡講你昨昏看著彼個新聞就共提起來台頂用，彼無逐家主演有法度按呢啦，我的感覺是按呢。〔註129〕

最後，黑番歸納鄭武雄編劇的原則，就是「巧合」、「湊巧」、「陰差陽錯」（這個部分將在第四章的第三節討論），他認為戲劇在編排時必須曲折、有技巧，因此，很不簡單。

> 伊的戲我共看，阮先生的戲，攏是巧合，伊的戲就是「巧合」、「湊巧」「陰差陽錯」，逐部戲我共感覺攏按呢…〔註130〕

〔註128〕根據 2016.7.26 與黑番在員林「無極聖山堂」民戲演出時的訪談。
〔註129〕根據 2016.7.26 與黑番在員林「無極聖山堂」民戲演出時的訪談。
〔註130〕根據 2016.7.26 與黑番在員林「無極聖山堂」民戲演出時的訪談。

> 彼喔！彎彎幹幹，鋩鋩角角，愛排甲足順，無簡單。〔註131〕

　　在這一節裡，可以發現黑番從師父鄭武雄的戲齣裡，學到了戲劇的編排方式，還有笑詼劇的運用，這些技巧為他日後金剛戲的演出，帶來了深遠的影響。

二、自學古冊戲

　　黑番的布袋戲演出，除了師承自鄭武雄的金剛戲之外，古冊戲的部分多半是自修而來的。他曾對劉信成（2014）說：

> 我的古冊戲是這樣的，攏是自己學的，以前那些老一輩的在搬我攏有在看，其實我看的攏是只看他的「點」而已。前面的點我們看一下，接下來就要自己去找古冊了。人家先生沒有放給你整齣戲的啦！我先生較有在演的就是那部《孫龐》，但孫龐也只有二天而已，接下來就沒戲齣了，如果要看他的續集就得到書店自己買書回去看（頁116）。

黑番也對筆者說：

> 阮老師攏做金剛戲的，古冊攏家己看的，像講一寡這，這攏內底面換出來的一寡重要的，咱共古冊內底面乎一寡大條小條，恁有名但是冊內底面無名，這愛對別本冊揣出來。咱字捌了淺，遮的字是對《彙音寶典》共呼音過來的。就是毋捌閣硬欲愛共記記起來。〔註132〕

　　黑番說〔註133〕，因為師父鄭武雄較擅長演出金剛戲，因此古冊戲幾乎都是「自學」而來，從章回小說裡找出重要的劇情出來編排演出，有的角色沒有姓名，就從其他的書挪過來使用，遇到不會的字就去查《彙音寶典》，最重要的還是要靠自己多充實，多看、多閱讀。黑番在他十七、八歲四處為人作嫁當主演時，因緣際會，一個後場打鼓兼教唱曲的老先生建議黑番，如果要學戲就要從《三國》〔註134〕學起，因為《三國》的字眼極深，只要能把《三國》學好，其他的戲也就難不倒他了。

〔註131〕根據2016.7.26與黑番在員林「無極聖山堂」民戲演出時的訪談。
〔註132〕根據2015.8.20與黑番於其員林自宅的訪談。
〔註133〕根據2015.8.20與黑番於其員林自宅的訪談。
〔註134〕指的是《三國演義》。

「看你這猴囡仔乎，咧做戲閣原也火侯袂穩，你《封神榜演義》乎，這齣戲較莫做。啊你若欲，你去研究《三國》，《三國》你若有法度研究乎，按呢每一部戲攏考你袂倒啦！」我問講啥原因，伊講《三國》的字眼較深。啊，有影，《三國》的內底面，伊的字眼有影有較深。〔註135〕

黑番聽了覺得很有道理，便去書局購買《三國演義》（圖2-27）的古書回來研究。然而買回的這本《三國演義》竟沒有卷頭詞〔註136〕，黑番只好再去書局尋找其他版本，找到後再抄錄下來（圖2-25）。有了卷頭詞，黑番才發現自己根本不會念，只好再去找這位後場的老先生求救。老先生告訴他，必須去找「漢學仔先」〔註137〕學習。黑番聽從建議，跟著「漢學仔先」學習《彙音寶鑑》裡八音和十五音的呼音（hoo-im）〔註138〕法，並錄音下來。學會使用這本工具書後的黑番，從此便不用再擔心有看不懂的字了。

此外，黑番將小說買回後，會非常細心又用功的將不會的字音一一用切音法記錄下來（圖2-26），所以黑番收藏的每一本小說，都有密密麻麻、使用不同顏色的筆寫下的註解。黑番不但努力把字音記下來，甚至為了對故事有更多的了解，還用圖像式的思考法，把三國相關的位置圖給畫下來，足見其用心的程度（圖2-28）。

伊是專門後場咧拍鼓的。拍鼓的閣咧教唱曲的。伊佇遐咧講遐的話，咱聽有道理。自按呢閣去蹈冊局，才去買著一本冊，彼本冊無《三國》的卷頭詞，尾仔才閣去揣路邊擔的，才去反著，反著彼本爛的古冊，才有卷頭詞。就佇遐一字一字，毋捌字，「今這字欲按怎讀？」啊毋捌的中間，去問彼個老歲仔，伊講「你去揣漢學仔先，

〔註135〕根據2015.8.20與黑番於其員林自宅的訪談。
〔註136〕《三國演義》卷頭詞是「滾滾長江東逝水，浪花淘盡英雄。是非成敗轉頭空，青山依舊在，幾度夕陽紅？白髮漁翁江渚上，慣看秋月春風。一壺濁酒喜相逢，古今多少事，都付笑談中。」此闋詞的作者為明代楊慎，到了清初，毛宗崗修定《三國演義》，才將此闋詞加入，此闋詞並非羅貫中之作品。
〔註137〕台灣在清朝和日本時代，民間學漢字的所在叫漢學仔，有漢學仔先教小孩讀書識字，用的文本有《千字文》、《昔時賢文》、《三字經》、《百家姓》、《弟子規》、《幼學瓊林》、《千家詩》、《唐詩三百首》、《千金譜》等。摘自台語百科。http://taigi-pahkho.wikia.com/wiki/%E6%BC%A2%E5%AD%B8%E4%BB%94 2018.5.28查。
〔註138〕根據「教典」「根據反切發出聲音以切得某字之音。」

教你呼音，呼彼个十五音佮八音」按呢。「你若看無，伊會共你
教」，伊才去錄一塊錄音帶予我，彼塊錄音帶頭仔足寶惜的，這馬
嘛無去矣。八音佮十五音佇咧錄，佇咧咧聽，像咱國語的拼音按
呢，十五音的字母。〔註139〕

這首詩詞這个，是別本古冊內底面有，這本無，這首詩應該可能捌
聽過，《三國》卷頭詞。啊有的人講我咧吟這首詩乎祙稞聽啦，「滾
滾長江東逝水（kún-kún tiông-kang tong sē-suí），浪花淘盡英雄
（lōng-hua thô tsīn ing-hiông），是非成敗轉頭空（sī-hui sîng-pāi
tsuán-thiô khong），青山依舊在（tshing-san i-kiū tsāi），幾度夕陽紅
（kí-tōo sik-iâng hông）。白髮漁翁江渚上（pik-huat hî-ong kang-tsú
siāng），慣看秋月春風（kuàn-khàn tshiu-guát tshun-hong），一壺酹
酒喜相逢（it-hôo tók-tsiú hí siang-hông），古今多少事（kóo-kim to-siáu
sū），多付笑談中（too hù siáu-tâm tiong。」「話講天下大事，分久
必合，合久必分，漢朝自高祖斬白蛇起義，一統山河，後來光武中
興，傳位獻帝，但獻帝虛弱不振，國中諸侯大張旗鼓，逐鹿中原，
三分天下，歷史上稱爲三國，請看《三國演義》。」大概仔，這我
家己烏白想的啦，我想講三國可能是按呢。這个圖我家己 tshá 的，
曹操算北方毋。曹操佇北方逐，算講看看這本冊了後的體會家己去
寫的，按呢會較好記啦，啊就彼西蜀，這馬佇成都嘛！你看『變臉』
就攏佇逐。

　　當然黑番不以沿襲舊有的劇種爲滿足，仍不時有新的想法出現。他不認
爲〔註140〕古冊戲就應該死板沒有變化，完全是看主演的功力展現。例如，他
就構想把《孫臏鬥龐涓》和《烽劍春秋》兩齣戲融合，再創出新戲《孫臏鬥
海潮》。他認爲一齣戲裡同時安排兩條路線，比較不單調，又有對比，演起來
應該很熱鬧。此外，黑番希望古冊戲也能帶給觀眾輕鬆和笑料，例如他覺得
李長眉、矮仔毛遂這兩個角色，也可以學習鄭武雄的金剛戲裡，百草翁那種
鬼頭鬼腦的講話方式。因此就如劉信成（2014）所說，由於師父的拿手戲齣
都是金剛戲，故黑番從師父那裏所學到的都是金剛戲，所以他演古冊戲時，

〔註139〕根據 2016.7.26 與黑番在員林「無極聖山堂」民戲演出時的訪談。
〔註140〕根據 2016.7.26 與黑番在員林「無極聖山堂」民戲演出時的訪談。

都帶有金剛戲的味道（頁115）。

其實，戲咧做乎，是愛介在主演的變化，我這馬有計畫欲錄孫臏鬥海潮。彼就《鋒劍春秋》，因為我《孫龐》錄了，佇這個做戲界的市場大家的反應無甲偌穤，這馬就是欲共錄『總合』起來，佇這個《孫龐》的戲文，和秦四郎攏仝條地的。我想講欲共濃縮做一套。同齊去矣！按呢會閣較鬧熱。無你佇《孫龐》內底面，根本就無一个海潮啊，嘛無金子陵，嘛無王翦，攏差不多攏仝彼个年代爾。孫臏佮龐涓來這个雲夢山拜師遮開始行，另外王翦佮金子陵，怹兩个嘛是一路欲去海東琉璃谷雲空洞，欲去拜海潮聖人，這會用得同齊落*去行，戲愛有兩月的對比，按呢彼个戲做落來，會鬧熱，較袂誠『單調』按呢。〔註141〕

這月的戲文行一站仔，來到遮就暫時「喔，孫臏佮龐涓兩个人拄好佇這个朱仙鎮，結拜了後，一路上前往雲夢山，這段咱就暫時按下。另外這月面的王翦，就蹛佇啥物所在，為著前途，離鄉背井，受人指導，欲去海東琉璃谷雲空洞，欲來拜這个海潮聖人為師，海潮聖人是未有天地的一个未來過去攏了解的老先覺，知影講有一个王翦，王翦伊的本命元神就是雷 pōo 普化天尊落*去轉世投胎的，師徒見面的時間已經到，來到啥物所在，拄著困難重重，較緊的，派一个金子陵去遐共救。清彩嘛有插花仔相拍。你有武戲毋才會鬧熱。「王翦正在燃眉之急的時陣，金子陵到位共救。」中央。就有彼个武戲矣！才轉去…當然怹兩个嘛愛想一寡予怹兩个有戲文。另外這个孫臏佮龐涓這月，孫臏就規條路攏欲共孫臏害，這大家戲攏知影，但是漢文咧做的戲嘛較無遐好做，愛用口白形容會到的按呢。〔註142〕

《烽劍春秋》內底站眼嘛足濟足好笑的，像李長眉、矮仔毛遂，騙藥丹這啦乎，這種戲若阮先--的咧做足笑詼的，閣用阮彼个百草翁鬼頭鬼腦按呢彼種氣口來做，感覺袂穤。阮老師的戲較重這个笑詼的。〔註143〕

〔註141〕根據 2016.7.26 與黑番在員林「無極聖山堂」民戲演出時的訪談。
〔註142〕根據 2016.7.26 與黑番在員林「無極聖山堂」民戲演出時的訪談。
〔註143〕根據 2016.7.26 與黑番在員林「無極聖山堂」民戲演出時的訪談。

　　因此，黑番的古冊戲不但不會過於艱深或嚴肅，反而因為承襲了鄭武雄編演笑詼劇的方法，而有了自己的風格。

三、布袋戲的視覺突破

　　黑番除了傳承師父鄭武雄的金剛戲，並自修古冊戲之外，他對於布袋戲的創新也有一套自己的想法。除了一般金剛布袋戲團常見的聲光效果，黑番還不斷的求新求變，希望為布袋戲注入活水，增加更多的觀眾。員林鎮志（2010）就說明了黑番掌中劇團的特色：

> 黑番掌中劇團的特色在表演時的聲光效果，結合高科技設備、開發新型布袋戲道具、增設自動化大型舞台設備，演出者之間的默契與科技化設備的靈巧運用，為傳統戲曲注入一股科技現代化的新動力，讓觀眾得到不同以往的觀感（頁536）。

　　黑番認為〔註144〕，如果布袋戲永遠都只是讓戲偶在那邊硬碰硬、打打殺殺，觀眾看久了會覺得疲乏。因此，他總是不斷想辦法創新。在大型演出時，因為助演人數較多，人手足夠，為了吸引觀眾注意，他就會穿插一些民俗技藝雜耍的表演，如布袋戲偶撐竹竿轉盤子、吹氣球、耍齊眉棍、射弓箭等。

　　2009年，黑番跟著台灣戲劇協會到中國四川參觀交流時（圖2-29、圖2-30），看到了川劇「變臉」〔註145〕的表演，覺得非常驚奇，於是想到可以將「變臉」的技術，運用在自己的戲劇當中，臉孔總是千變萬化的「千面人」身上。一開始是黑番的徒弟黃盟傑先學，在戲劇中扮演真人「變臉」，後來黑番又想到可以運用在布袋戲偶上。從此，大型演出時，真人和戲偶會同時出現、同時變臉，同時擔任「千面人」這個角色。這個嘗試顯然非常成功，報章〔註146〕、

〔註144〕于雯洪於2015.4.24發佈之「紀錄片製作——獨角戲」
　　　　https://www.youtube.com/watch?v=MMKY7REBmj4　2018.3.9查。

〔註145〕「變臉」是一種源自於川劇的藝術。「變臉」神奇之處，在於短時間內變出多款面譜。川劇的演員運用「變臉」絕活，能不換場就變出五種臉相，不管喜、怒、哀、樂、或是驚訝、憂傷都可以在一剎那間變化出來，使得演員能夠將劇中人物的內心起伏，藉由臉相的轉變，表現得更為淋漓盡致。如果加上換場，川劇演員更可以再增加七到八個臉相來，增加戲劇的張力和震撼性。

〔註146〕1.2012.10.28蘋果電子報，鄧惠珍報導《一轉身換臉譜　布袋戲也變臉》
　　　　https://tw.appledaily.com/hot/realtime/20121028/149163　2018.3.10查。
　　　　2.2012.10.29蘋果電子報，鄧惠珍報導《布袋戲也能「變臉」！》

電視〔註147〕都來採訪，觀眾的反應也出奇的熱烈。

> 布袋戲就是柴頭尪仔落去刻的，啊你像按呢佇咧搬的中間，欲吸引著一寡人客，你一定愛去創新，愛去『突破』，你干焦**有拄有佇**遐咧舂佇遐咧搉，按呢人客咧看會疲勞，啊你若較有創新咧，「唉，你共看，hooh hooh，彼布袋戲尪仔，竟然會曉弄彼个**砸仔**（phiat-á），就是弄彼个盤仔，啊這馬佇咧弄這个盤仔的中間，咱做主演就是閣介紹落去，帶動著彼个觀眾恁的注意，伊注意的中間，就是伊的精神會寄託對咱遮來，啊一幕一幕弄**砸**仔了，啊閣來看是歕一下仔雞胿咧，布袋戲尪仔竟然會歕雞**胿仔**，啊這个雞**胿仔**閣會共歕甲破去，啊甚至乎這布袋戲尪仔閣會弄這个齊眉棍，上彼號就是這个『變臉』，佇阮這个戲劇內底面有這个布袋戲反派的主角，號做「千面人」，這个算講一個真歹的角色，啊「千面人」欲按怎將這个尪仔共造作予伊有法度做甲這句「千面人」，就是『變臉』嘛，這个面，一面變過一面，就是「千面人」，啊拄仔好有一个真巧合的場面，咱有接觸著這个『川劇變臉』，恁大陸『四川』是用人，恁彼旪用人變，啊咱這旪，咱台灣人嘛誠巧啦乎，啊就按呢慢慢研究的中間，布袋戲尪仔就有法度落*去做甲『變臉』，啊這『變臉』出來的效果乎，當然咱的觀眾佇咧看咱的戲講「hú！」神秘人物千面人欲現面，啊欲現面的中間，這个千面人伊閣有法度一擺變落，規十个面孔，欲呈現佇咱觀眾的目睭，欲予恁按呢聽會著欲閣看會著，所以人客對著咱的布袋戲乎，恁欲頭共咱看甲尾，恁乎絕對無冷場的啦！〔註148〕

然而，隨著時間流逝，會布袋戲偶「變臉」的戲班越來越多，黑番感嘆的說，現在已經不稀罕了。可見今日的新，很快會成為明日的舊，紮實的戲劇基本功加上不斷的創新，想辦法走在時代的尖端，才能讓劇團永續經營下去。

> 開錢去偷學的。彼片仔內底有。有幾若尊攏有「變臉」的…〔註149〕

---

https://tw.appledaily.com/forum/daily/20121029/34605255/　2018.2.2　查。

3.2012.10.29 聯合報，何炯榮報導《黑番的戲偶　能變十多張臉》。

〔註147〕民視新聞採訪　https://www.youtube.com/watch?v=ed0U94cB76o　2018.3.9 查。

〔註148〕于雯洪於 2015.4.24 發佈之「紀錄片製作-獨角戲」

https://www.youtube.com/watch?v=MMKY7REBmj4　2018.3.9 查。

〔註149〕根據 2015.8.20 與黑番於其員林自宅的訪談。

> 09 年的時乎，我片仔內底有一塊大同夜市仔彼塊。彼塊是 2009
> 年，彼是「變臉」，彼陣仔足濟人看戲的，彼陣仔較稀罕，彼陣仔
> 人嘛有咧變，但是布袋戲咧變算足少的。2009 遐，布袋戲咧變的
> 誠少。彼『民視』嘛有共阮採訪。〔註150〕

　　此外，黑番也很得意自己的不墨守成規。他說〔註151〕大約在 1984 或 1985
年時，他開始從幕後走到幕前擔任主演，可算是彰化縣的第一人。江武昌
（1995）說，以往布袋戲的主演者總是躲在幕後講口白，但是放錄音帶演出
的一人布袋戲班太過盛行，有些戲班為了表現實力，表示是現場演出、現場
口白、現場後場演奏，因此將後場移到前場，主演也到台前講口白（頁 61）。
黑番此舉可說是為了顯示自己的功力，證明自己能用「肉聲」，現場搬演活戲。
不過當年黑番的大膽嘗試並沒有得到同業的認同，因為不是每個主演者都有
這樣的功力和膽識，而他這種創新演出的方法，雖然起初受到同業的嫉妒，
不過後來卻成為知名的主演者必須要能做到的基本能力。

> 布袋戲的布景進前就是銀幕的頭前，號做幕前，佇遐咧講口白，起
> 初佇這個 73 年 74 年時，轉來阮彰化縣咧演出的時，阮真濟同業的
> 逐家攏嫉妒，按怎講嫉妒？做布袋戲就攏覗佇後月佇咧搬的，哪有
> 來頭前？按呢。恁無彼个膽識徛來頭前，所以恁會就*按呢誠反
> 感。人的反應足正常的啦！「m̄，徛來頭前佇咧搬布袋戲彼个氣味
> 『味道』無仝款」，創新！〔註152〕

　　將主演者移到台前，可說是目前文化場的主流。而這樣的改變，也就是
把原本口白與木偶之間緊密配合的情形，直接呈現在觀眾面前，也就代表觀
眾不只是在欣賞布袋戲的演出，同時也在注意主演者如何與舞台上的木偶搭
配（陳龍廷，2007：222）。根據筆者的觀察發現，當主演者出現在台前時，
他的功用已經不只是戲偶的代言人，他負責各角色的口白也擔任旁白，同時，
他也身兼主持人，這時他所代表的是他自己。如果主演者的五音不夠分明時，
觀眾便很容易受到干擾，無法進入狀況，專心於欣賞戲劇的演出。因此，主
演移到台前這種創新，或許可以讓不熟悉布袋戲的觀眾一時感到新鮮，讚嘆
主演者不須劇本即能演出活戲，還能一人道出各角色的口白。但同時，也讓

〔註150〕根據 2015.8.20 與黑番於其員林自宅的訪談。
〔註151〕摘自 2018.3.29 電話訪問。
〔註152〕根據 2016.7.26 與黑番在員林「無極聖山堂」民戲演出時的訪談。

觀眾失去想像的空間，無法細細的品味一齣好戲。但無論如何，從這段訪問即能發現黑番的自信與膽識，當同業對於創新還裹足不前時，他卻已邁開步伐，甚至還遙遙領先，這就是他能戲約不斷的主因。

四、即興創作

在傳統布袋戲中，藝師需具有「編、說、演、唱」的能力。但隨著時代潮流的演進，後場樂師逐漸取代前場藝師演唱，歌手制度也隨之出現，到後來甚至全部被唱片所取代，藝師已經不再需要「唱功」。電視布袋戲興起後，「編、說、演、唱」這四項技能也開始分工，主演只需負責「說口白」即可。傳統外台布袋戲雖然分工沒有這麼細密，但在大型布袋戲偶出現後，主演也無法一人又撐偶又說口白，因此「演」的這個部分，也開始交給二手師傅負責。從此，主演最主要的功能就是編劇及口白了。根據研究，台灣的一般傳統布袋戲演出通常並沒有固定的文字劇本，常見的都是簡略的綱要「抄本」，不然就是將老藝人口述表演內容整理，並不等於西洋戲劇概念底下的「劇本」。憑藉簡陋的故事綱要，創作出一齣表演，就是民間藝人所宣稱的「做活戲」、「腹內戲」（陳龍廷，2013：88）。有些漢學基礎不錯的布袋戲老藝師會自己記下本事或大綱，以供演出時參考或用以備忘（張溪南：2004，頁19）。鄭慧翎（1991）曾舉例表示，許王有一整冊筆記，每頁只標明戲名、劇中人物名字、使用的戲偶腳色、以備需要時查閱（頁65）。由於布袋戲大多沒有劇本，故語言的變動性極大。通常由演師憑個人才情與功力，隨著劇情變化發展，配合人物年齡、個性、際遇、心境、身分不同，而做恰如其分的演出（頁77～78）。演師通常不屑照本宣科的「笨」演出方式，故用作備忘的「劇本」，多只寫下劇中人物名字及使用戲偶腳色，或是故事情節（頁 172）。根據筆者實際訪談黑番，他也表示自己的演出並沒有所謂的劇本，只有簡略的提綱（圖2-31、圖2-32），並提供給筆者觀看。此外還有一些手抄本（圖2-5），則是他學徒時期抄下的演出本。

事實上，「抄本」僅能讓我們了解其手寫抄錄的特色，而「提綱」，即指所抄錄的內容為故事綱要，可能更貼切在表演藝術的特質。在日治時期，掌中戲班的抄本可以說是為了方便主演演出或傳授徒弟使用的重點綱要，因此保留了許多空白。這些空白意味著舞台表演最重要的，是師承習得的套語（見本論文第三章）等舞台經驗，及依此而揮灑開來的舞台空間。到了戰後，抄

本幾乎只記錄故事綱要，而將四聯白等套語另獨立抄錄成冊（圖 2-33）。這意味著有了故事綱要，經驗老到的主演便能了解如何使用四聯白、典型場景等套語，組合爲一齣戲劇表演。此外，抄本大多使用擬音字，主要是爲了讓主演能在極短時間內念出正確語音即可，也代表了這是爲了口頭表演所使用的底本，而非爲了閱讀所使用的文本。即使抄寫者以對話的方式記錄，最重要的還是主演自己的發揮（陳龍廷 2013：91-95）。鄭慧翎指出，台灣布袋戲用台語演出，編演者自然以台語記錄情節及對話，不過並非用羅馬拼音，而是用國字和近似語音來記錄（頁 173）。黑番也表示，舊時大部分的主演學歷都不高，不太能閱讀漢字，也不太會去深究自己所唸出來的口白有何意義，通常聽到師傅說什麼，徒弟就趕快記下來，下次自己演出時就如法炮製的說出來，因爲是聽聲音記字，遇到不會的字就隨便找個同音字記下來。因此觀察手抄本時，會發現很多使用錯誤的漢字。〔註 153〕

　　曾經爲「新興閣」創作出《大俠百草翁》的排戲先生吳天來曾經說過，編劇的秘訣是讓主演與角色融爲一體，發揮戲劇效果（林明德，2003：83）。依照陳龍廷（2013）的研究，戰後商業劇場時代曾經出現排戲先生，其職責是協助主演共同參與創作，必須隨時與主演互動，並考慮主演的特長，觀察觀眾的反應，編排出適合主演表演的角色類型及劇情。所以他認爲，布袋戲簡單的情節綱要，已能夠提供整體表演進行的戲劇方向與基礎架構，而且保留相當多的空白等待主演在正式演出時，自由編出台詞，並視情況需要增減情節，（陳龍廷，2013：103-104）。

　　到了今日，不再有排戲先生，因此一個優秀的布袋戲的創作，主要依靠的是主演平日所累積的戲劇涵養、根據提綱提供大致的方向，最後再靠主演的臨場反應，而不是依賴已經完成的戲劇劇本再照本宣科表演出來。就如黑番所說，現場演出時必須視觀眾的反應隨時刪改劇情。如果觀眾喜愛你的劇，就會乖乖坐著捨不得離開，這時就按照原來的步調演下去就好；反之，如果觀眾不專心看戲，動來動去，開始聊天，聊的又不是劇情，甚至漸漸離場，這時主演就該檢討。一個好的主演，必須能留住觀眾，不能以爲自己口白好，就一直講，必須取捨，否則這樣只能吸引內行人，而吸引不了大多數只是來湊熱鬧的觀眾。

　　但是你一直講口白，偌勢（gâu）講，正港內行人咧共你欣賞聽爾。

〔註 153〕摘自 2017.12.19 電話訪問。

你外行的講你囉嗦，講遐長，來轉，無愛共你看。有當時仔看袂用得，愛剪著愛剪。你戲咧做，是講早期就按呢，毋是這馬。早期若出來咧搬現場的，毋是錄音的，現場的金剛戲，戲咧搬，人客若咧徙振動，阮攏知影。人客若有認真咧共你看戲，坐咧就神神神〔註154〕，袂共你徙跤，你就照按呢慢慢仔做就著矣！你若感覺人客遮看退看，抓咧、抓咧，佮隔壁講話，講話，若咧會（huē）你的戲齣閣好，「這馬我看天下敢死俠會衝去會衝去喔！」若咧會戲乎，這兩个袂走，伊若按呢看咧看咧按呢，「欲去拍麻雀未？」彼兩个差不多欲走啊！就是咱的劇留您袂牢。留袂牢咱台頂袂使做死訣的戲，愛活用。按呢才有法度共人客騙咧騙咧，騙到咱的時間到，結束矣，毋才袂講頭仔咧共你看戲一百个，做甲煞戲賰二十个。講這實在的，阮老師鄭武雄講，來咱的棚跤，若有十个觀眾，你做甲煞戲若有八个，按呢成功。若有十个觀眾，你做甲煞戲賰兩个，你家己愛檢點，彼兩个算講無聊度時間的，彼六个較巧的走去矣！你有法度做甲講人客留會牢，無要緊，你慢慢仔來…〔註155〕

　　一個布袋戲主演，能從完全固定的表演，轉變為能夠隨機應變的境界，主要的關鍵還是「腹內好」。也就是能靈活運用已學過的各種「腳色」（kioh-siàu）的類型表演、及各種戲齣的表演類型。布袋戲的活戲，其創意是不斷的刪改、擴增、組合，最後的表演結果可能是一開始排練時不曾想到的、是不斷生成和演變的。不同的布袋戲主演，各有其不同的性格、偏好，因而他們個人所關注的角色，及其相關的精彩段落，可能是他們歷經長期舞台的磨練累積而來，不同的主演有其主客觀的因素影響他們的表演。因此，一齣成功的布袋戲即興演出並非任意胡亂的表演，除了口白從主演的特質與腹內戲的學習出發，編劇則結合了表演大綱的戲劇方向再以角色塑造的概念為核心，才有可能發展出生動活潑的「做活戲」（陳龍廷，2013：128-129）。

　　因此，以下就以黑番現場演出的文本，來證明其即興創作演出的功力，而在第三章則詳細說明黑番如何將習得的套語靈活運用。首先是筆者第一次拜訪黑番時，他當場一個人又講口白又操偶，江太太則負責配樂，演出一場活戲給陳龍廷教授和筆者欣賞。演出前，筆者自我介紹曾就讀黑番家鄉的「員

〔註154〕聚精會神的意思。
〔註155〕根據2016.7.26與黑番在員林「無極聖山堂」民戲演出時的訪談。

林高中」。演出時，黑番馬上融入劇情裡，說金光兒就是因為讀「員林高中」，才會這麼聰明。筆者沒想到黑番會突然插進這句話，聽了倍感親切，會心一笑。就像吳明德（2005）所說，一個布袋戲藝人畢生的修為就是展現在「即興演出」的功力上，「即興演出」，常常是觀眾看戲時「意外」又「主要」的審美享受（頁 342）。

> 嘿嘿嘿嘿嘿，就共你講乎，彼啥人的囝 hânn，頭腦咧天壽仔的好，莫怪讀「員林高中」的。哈哈哈哈，頭腦講偌好就偌好。你看老奸臣敢有轉去矣？老奸臣若有轉去乎，我就愛緊出來矣，抑若無，咱講照實的，這便所是講偌臭…〔註156〕

而以下的對話，則是百草翁怕被打，於是假裝昏倒，黑番便與台下觀眾互動，不僅故意問說陳教授是否有看到教主打他，也拿自己的名字「黑番」來開玩笑。

> 教主：狗奴才我手骨攑懸，工夫未下（hē），百草翁當場就*按呢倒落*去。來人啊！怎啥物人有動手啊？『陳教授』你有動手無？烏番你有動手無？攏無人動手，攏無人動手，你是按怎就*按呢抨落*去？
>
> 百草翁：哭枵，我叫是你拍落*去矣啦！
>
> 教主：假鬼假怪，百草翁，來路共我鬧起來啊！〔註157〕

此外，黑番在外台民戲的演出時，會配合演出的地點、時機而有不同的口白，如 2016 年 12 月 25 日在員林「三聖宮」演出時，劇目雖然也是《大俠百草翁》，但是口白內容卻是繞著「三聖宮」打轉。黑番因為站在舞台上面對著觀眾講口白，因此他的身分有時脫離戲偶，像主持人說著旁白，有時又會轉換成戲偶的口白，但不論如何，黑番總保持著其妙語如珠，「練痟話」的風格，與台下的觀眾互動。例如，劉伯溫怎可能到黑番家中聊天？還算出黑番 108 歲那年會騎腳踏車跌倒？事實上，一般人要活到 108 歲的可能性微乎其微，因此可以看出黑番雖然在詛咒自己，但是詛咒 108 歲的自己根本無傷大雅，只是玩笑話。其次，劉伯溫以神機妙算知名，因此黑番就以其所做之「劉伯溫懺」〔註158〕來開玩笑。最後才又回到當天戲劇的主軸「三聖宮」。

〔註156〕根據 2016.7.26 與黑番在員林「無極聖山堂」民戲演出時的訪談。
〔註157〕根據 2016.7.26 與黑番在員林「無極聖山堂」民戲演出時的訪談。
〔註158〕即「劉伯溫救劫碑文」。

黑番：各位咱這馬所看，風度翩翩、氣宇昂揚，若親像神仙下降，這啥物人？這個人就是大明朝神機妙算劉伯溫，共咱拍噗仔一下。親愛的觀眾朋友，恁知影劉伯溫伊的神算有偌準無？佇遮講予咱做參考。頂個月劉伯溫經由著東山，小弟黑番蹛佇東山，走去阮兜泡茶，劉伯溫先生對我黑番落讖，我 108 歲彼年我袂使騎鐵馬，我若騎鐵馬會去跋倒去，實在是有夠準，所以風度翩翩、氣宇昂揚的劉伯溫，步步來到東南派協助了！

千毒靈公：紅面的千毒靈公。

萬毒魁公：啊我萬毒魁公。

千毒靈公：講啥物龜龍罩體隱者就是神機妙算劉伯溫，算伊黑番會準，抑若算我敢會準？

萬毒魁公：嘿嘿，會準袂準共試看覓咧就了解。

千毒靈公：按呢好，來去，極加是死爾，看覓咧啊！來來來來，劉伯溫讖 hânn？劉伯溫這个人有夠天壽，古早古早造流年，有路無人行，有厝無人蹛，各位，這個流年是啥物人造的，恁知無？這篍天壽仔劉伯溫，劉伯溫讖，莫怪講這个高速公路有車咧走，無人行啦；抑紲落*去有厝無人蹛，一寡遐起厝的，對過劉伯溫真感慨，厝起起咧賣袂出去，攏是劉伯溫讖來帶衰的。

劉伯溫：朋友，你佇咧講話火藥味帶真重，劉基共你開金言，落金口，鄭武雄臨終的時陣，有一句的讖語，「三聖宮」做福醮，你這個黑番，烏面的會當振興，你這個紅面--的，哈，明仔載的太陽你看袂著了，呀！善哉善哉，崑崙劉基開殺戒！

萬毒魁公：慢且！恁頭家黑番，你唱烏的好，紅的就共摒掉，抑我青的咧？青的，青的，青的，五色的當中就是黃紅青白烏，抑若五行就是金木水火土，抑若五方就是東西南北中，來來來來來，劉伯溫，你的劉伯溫讖真準，你共報一下仔六合彩的明牌，你若報會準，我共你『謝謝』，抑你若報袂準，這聲劉伯溫我共你拆 khang35 pang51。

劉伯溫：朋友，你血氣方剛，講著話大氣喘，講著話前氣接袂著後
　　　　氣，善哉善哉，看佇三聖宮做醮的場面，予你破功就好
　　　　啦！〔註159〕

　　當天「三聖宮」演出戲偶射箭時，因爲操偶的師傅失誤沒有把箭射出去，黑番馬上展現臨機應變演活戲的功力，先告訴觀眾說，是因爲觀眾沒有鼓掌，才會失敗。同時開玩笑說，這兩個師傅表現失常，必須回去跟戲神「西秦王爺」懺悔跪拜。這時，氣球突然又無故爆破，黑番馬上轉換語氣說，由於功力太過高強，所以箭沒有射中，氣球也能破。後來，黑番發現熟識的江武昌老師也出現在台下看戲，於是黑番又馬上將江老師融入在口白中，黑番即興演出的能力由此可見一般。

黑番：目睭擘金乎，若欲錄影的，共看覓咧，攏無剪接的攏無剪
　　　接的。咱就是無拍噗仔所以才『NG』乎，無拍噗仔才
　　　『NG』，無*要緊啦乎，無*要緊啦，來，江武昌教授原也
　　　來到現場，佇咱江武昌教授的面頭前漏氣，這兩个轉去扣
　　　錢，扣錢，跪王爺跪王爺，來，穿弓弓箭準備好勢，目睭
　　　擘金，斟酌看來，一个手去，呀哈！射無著，竟然閣會
　　　磅，按呢才有稀罕，拍噗仔一下！入去內底跪，去跪王
　　　爺，跪王爺！

公野山：啊！，嘿呸！

武安侯：大哥，大哥，神龍大司馬公野山！

公野山：小弟，通知不老生緊走，雲海宮到底遮是啥物箭法？看箭
　　　　去予*人射甲半路就滴落*去，竟然我會中傷？半路箭會刣
　　　　死人才有驚人，通知著不老生緊走！呀！

武安侯：可憐我的兄弟，早當時入到崑崙山龍武宮拜師劉伯溫先
　　　　生，所學的劍法，竟然在過江武昌教授的面頭前漏氣，我
　　　　面子何存？我面子何存？〔註160〕

　　一個優秀的布袋戲主演必得擁有豐富的戲劇涵養，因此黑番只需要簡單的提綱便能演出一場活戲。他會依照當天演出的場合、天氣、環境，改變劇情的內容，會隨時視觀眾的反應決定劇情該繼續、該刪減或增添，也會與台

〔註159〕摘自 2016.12.25 員林「三聖宮」的文化場《大俠百草翁》表演文本。
〔註160〕摘自 2016.12.25 員林「三聖宮」的文化場《大俠百草翁》表演文本。

下的觀眾互動，在無形中製造笑料。因此，在台前講口白的黑番，有時就像是一個綜藝節目主持人，隨時觀察現場的狀況，掌握全局，充分展現其臨機應變即興創作的能力。

第四節　黑番的戲劇語言特色

一、黑番的家鄉腔調

　　根據陳龍廷（2008）的研究，著名的主演，幾乎都是全台灣到處巡迴表演。如果主演的口白無法讓觀眾輕易聽懂，那麼即使再精彩的口頭表演也無法讓觀眾滿意。當他們到某處未曾造訪過的戲園表演時，通常都會刻意避免自己原有的地域性的腔調，以免被當地人嘲笑，或被先入為主的成見所排斥，因此會努力學習當地言語腔調。依照他的田野調查，台灣中南部的布袋戲藝人幾乎都相當自覺各地言語腔調與自己習慣口音的差異，可以精準抓住各腔調的特色，輕鬆模仿表演出來。當他們實際口頭表演時，偶而也會出現這些特殊腔調，甚至刻意將特殊腔調當作戲劇人物的招牌特色。他們的最高標準，就是讓觀眾聽不出他們個人成長地區的特殊腔調，達到所謂的「無腔」（bô-khiunn）的境界。所謂的「無腔」，其實是指掌中班主演的口音，「幾乎」無法讓一般觀眾聽出有奇怪的差異性存在。在布袋戲藝人不斷將各地言語腔調融合的結果，「不漳不泉」的台灣混合腔的產生，似乎是一種語言接觸的自然傾向（頁72）。黑番出身於彰化員林地區，主要民戲表演的活躍地區以彰化縣、南投縣境內為主，所錄製的布袋戲則銷售全台。本節將探討身為一個到處演出的布袋戲主演，黑番所使用的語言腔調是否就是他從小習慣使用的漳州腔？抑或為了配合觀眾，而改變其原始的腔調？黑番以何種腔調的台語活躍在布袋戲場域中？

（一）漳州腔

　　根據涂文欽（2008）的研究，清代漢人移民台灣，主要來自於中國閩、粵兩省的居民，其中閩南人主要來自於福建省泉州府及漳州府。施添福（1987）在《清代在台漢人的祖籍分佈和原鄉生活方式》中提及：

> 漳、泉、客三籍居民的空間分佈具有明顯的集中現象。泉州人主要
> 分布於西部沿海平原和台北盆地；漳州人主要集中於西部內陸平

原、北部丘陵和蘭陽平原一帶；而客籍居民則聚居於台灣西部的北側和南側的丘陵、台地及近山的平原地帶（頁1～2）。

由於客家人多居住在交通不便的山區，較能保存原鄉的口音；閩南人大多居住在交通便利的平原地區，彼此間交流較頻繁，經過三百多年來的發展後，不同的閩南語次方言透過彼此間的接觸與融合，漸漸發展出一種「不漳不泉」、「亦漳亦泉」的台灣閩南語方言，即俗稱的「漳泉濫」。因此，台灣已沒有一個地方可歸類爲純粹的漳州腔或泉州腔，重點只在於混合比例的多寡而已（施添福，1987：1-2）。日人小川尚義（1907）在其主編的《日台大辭典》中，繪製了〈台灣言語分布圖〉，就將台灣漢語方言分爲泉州、漳州及客家話三種。根據小川尚義當年的調查，在花壇、社頭、田中、二水靠八卦山一帶爲使用「漳州腔」的地區，彰化縣西半部沿海地區及芬園、北斗、溪州東半部地區爲「泉州腔」的使用地區，最重要的是員林郡、北斗郡，即現在的大村以南，經員林、永靖、埔心、田尾、社頭、竹塘、埤頭南部、溪洲西半部尚爲「客語區」。然而，到了1990年，洪惟仁調查時，上述「客語區」的居民已不會說客家話，而將其歸爲「偏漳腔區」。

涂文欽（2008）根據語料所建立的「彰化縣閩南語的方言變項與變體類型表」（圖2-34），有更清楚的分析，他將漳州腔次方言依《十五音》「嘉」韻ee [ɛ] 之有無與否，分爲「老漳腔區」與「偏漳腔區」兩個二次方言區。下述以涂文欽所製作的表格爲本，再以黑番的錄音檔文本舉例對照，證明黑番大致上的語言，以漳音爲主。

1. 聲 母

〈入入〉字類的老漳、老泉都一樣讀成「j」，但泉腔方言傾向於變成新泉音「l」。根據這個變項可以把新泉腔和老泉腔、漳腔分別出來，因爲泉州市腔、新安溪腔和新同安腔都唸成 l，老安溪腔、老同安腔及漳腔方言唸成 j。偏泉腔則讀 j 或 l。黑番在這個部分都讀做 j，如：

在下龐涓，字（jī）宏道。〔註161〕

2. 韻 母

表格中 2-5〈居居〉、〈居踞〉、〈科伽〉、〈科檜〉等單元音央元音韻類可將泉州市腔、老安溪腔、新安溪腔、老同安腔等四個次方言與新同安腔、偏泉腔、

〔註161〕摘自摘自《孫龐演義》錄音布袋戲文本第一集。

漳州腔等三個次方言區分出來，因爲前四者都保留有央元音，而後三者已喪失央元音。如：居（ki）、據（kì）、女（lí）、書（si）、火（hué）等，都是漳腔。

（1）龐涓：細漢的時陣，我家門居（ki）住在魏國宜梁（liâng）城的牆（tshiâng）街…

（2）齊宣王：爲今天下共分七國，秦國、楚國、燕國、韓國、趙國、魏國、齊國，各據（kì）一方…

（3）魏惠王：Hm̀…，孤王有意將過皇女（lí）瑞蓮，婚姻兩字來頂對於你。

（4）齊宣王：卿家說之有理，待孤王在此書（si）寫降書（si）降表啊！

（5）魏惠王：卿家，敵軍侵犯吾國，救兵如同救火（hué），欲如何呢？〔註162〕

其次，表格中6〈雞稽〉和9〈恩巾〉兩個字類能將老安溪腔區分出來，因爲尙保留 ere 及 irn 等央元音韻母的只有老安溪腔。雞（ke）、稽（khé）、恩（in），都是漳腔。

（1）魏惠王：駙馬龐涓，如何說道刣雞（ke）教猴呢？〔註163〕

（2）西道公：喔！原來是萬歲毒君赤蜘蛛？稽（khé）首！〔註164〕

（3）孫臏：來了。參拜恩（in）師。〔註165〕

在鼻音韻類中，表格10〈青更〉、11〈箱薑〉能清楚區分漳泉。10〈青更〉泉音 讀 inn，漳音讀 enn；11〈箱薑〉泉音唸 iunn，漳音唸 ionn。如下例的更（kenn）、傷（sionn），都是漳腔。

（1）魏惠王：今五更（kenn）早朝，辦理國政。眾卿，有何國事參問？〔註166〕

（2）敢死俠：恁爸兄弟佇咧做，若用呸--的就傷（sionn）濟矣！〔註167〕

〔註162〕以上五則實例，皆摘自摘自《孫龐演義》錄音布袋戲文本第一集。
〔註163〕摘自摘自《孫龐演義》錄音布袋戲文本第一集。
〔註164〕摘自《大俠百草翁》錄音布袋戲文本第一集〈百草翁重出武林〉。
〔註165〕摘自《孫龐演義》錄音布袋戲文本第二集。
〔註166〕摘自摘自《孫龐演義》錄音布袋戲文本第一集。
〔註167〕摘自《大俠百草翁》錄音布袋戲文本第一集〈百草翁重出武林〉。

表格 12-14〈氋經〉、〈關官〉、〈關觀〉三個字類則能將同安腔、安溪腔和漳腔區分出來。12〈氋經〉字類 中，新舊安溪腔與偏漳腔均唸成 ing，同安腔則唸 ainn，而員林、永靖一帶地區則讀成 eeng [ɛŋ]，這部分在下一段討論；13-14〈關官〉、〈關觀〉若出現 uainn 變體的是同安腔，若出現 uinn 變體的則是安溪腔；而 13 和 14 字類讀不同音者則爲漳腔。下例中的橫（huâinn）、關（kuainn）、關（kuan），即是漳腔的表現。

(1) 須文龍：Hiô 啦，彼免戰牌俗見笑牌就全款！橫（huâinn）直乎，拍輸咱，才掛彼个垃圾牌區，請王駕定奪！〔註 168〕

(2) 百草翁：按呢駛恁婆仔咧！這个大門共恁 mē 關（kuainn）牢咧乎！〔註 169〕

(3) 空空子：莫遮歹，乎！我今仔日來揣你，事關（kuan）重大！
〔註 170〕

表格 15〈毛扛〉和 16-17〈梅糜〉、〈科糜〉三個韻類保留了鼻化音是漳腔，發生了「去鼻化」者爲泉腔，其中 17〈科糜〉泉音有方言差，但和 5〈科檜〉字類並行。毛（moo）、媒（muâi）妹（muāi），皆是漳腔。

(1) 總飛神：…講啥物伊號做袂生毛（moo）〔註 171〕，尾仔共問講伊，講已經有生毛（moo）矣！〔註 172〕

(2) 蘇代：…魯王爺爲媒（muâi〔註 173〕），將過小妹（muāi）婚姻兩字，頂對南郡王孫臏…〔註 174〕

表格 18-21〈高高〉、〈香姜〉、〈卿經〉、〈卿巾〉四個字類亦是重要的方言特徵，可清楚將漳泉腔作分別。下例中，將（tsiang）、相（siàng）、相（siang）、約（iak）、向（hiàng）、掌（tsiáng）皆爲漳音。

(1) 魏惠王：徐將（tsiang）軍出陣需要小心。

(2) 鄭安平：…老夫，鄭安平，在魏國魏王駕下，官拜左班丞相（siàng）之（tsu）職。〔註 175〕

〔註 168〕摘自摘自《孫龐演義》錄音布袋戲文本第一集。
〔註 169〕摘自《大俠百草翁》錄音布袋戲文本第一集〈百草翁重出武林〉。
〔註 170〕摘自《大俠百草翁》錄音布袋戲文本第一集〈百草翁重出武林〉。
〔註 171〕台羅拼音將 monn 省略爲 moo。
〔註 172〕摘自《大俠百草翁》錄音布袋戲文本第一集〈百草翁重出武林〉。
〔註 173〕台羅拼音將 muâinn 省略爲 muâi。
〔註 174〕摘自《孫龐演義》錄音布袋戲文本第十四集。
〔註 175〕摘自摘自《孫龐演義》錄音布袋戲文本第一集。

（3）西道公：予你了解著我堂堂是雲海宮的掌教，海天王西道公
的威力！一掌（tsiáng）予你去！呀！

（4）西道公：天下敢死俠是一个少年輩，按怎功夫遮爾厲害？待
吾（ngóo）向（hiàng）前，看（khàn）來！

（5）空空子：…趕緊咧！趕緊相（siang）請著紅扇書生啦！

（6）空空子：喔？天下敢死俠，你已經共揖轉--來？觀看敢死俠
的傷痕（siang-hûn）沉重。

（7）空空子：本山人空空子，牽引著百草翁到西山西北海救人，
大約（iak）差不多成功矣！〔註176〕

　　從以上的分析，可知黑番受其出身背景所在地影響，有濃厚的漳音。然
而如前述，偶爾也出現「漳泉濫」的現象。如以下的例子中，「思念女徒」的
「女」，他講泉音「lú」，然而後面的「女徒你在哪裡？女徒你在何處？」的「女」
又講漳音「lí」，在短短的自白裡，同時出現了漳腔和泉腔。

　　　慈悲姑：一日思想一日深，相思孤鳥宿山林，此地雖為風光好，思
念女（lú）徒一片心啦。本道姑殘忍娘慈悲姑正是，居住
在過聖天峰的後山，事隔十二年囉，女（lí）徒你在哪裡？
女（lí）徒你在何處？

（二）永靖腔

　　依龔煌城、姚榮松、洪惟仁（1993）《台灣地區漢語方言調查計畫第三年
期——台灣中部閩南語方言調查研究報告》的調查，彰化縣漳州腔主要分布
在由彰化市、員林、社頭、田中這一條等語線以東的平原及山區。但花壇、
芬園屬泉州腔。彰化市在彰化境內，受到鄰近泉州腔鄉鎮的包圍，但與台中
縣、南投縣的漳州腔相連，聲調只有三個調階。員林區包括員林、大村、埔
心、永靖等四鄉鎮，此區是台灣漳州腔中最具特色的方言區，這一帶的方言
俗稱「永靖腔」。洪惟仁表示，該區音韻系統雖已漳州化，但還保留潮州音的
特色。其特色有二：一是《十五音》「經」韻唸 eeng [ɛŋ]（簡寫成 eng），如
冰、冷讀成 peng、leng。不過，年輕人已進一步變成 en。二是十五音「薑」
韻唸 ionn，不唸 iunn。另根據陳嬿庄（2003）的研究，所謂的「員林腔」或
「永靖腔」的語音特色如下：

〔註176〕摘自《大俠百草翁》錄音布袋戲文本第一集〈百草翁重出武林〉。

1.所有台灣閩南語讀爲「ing」的字，永靖腔讀爲「eng」。

2.所有台灣閩南語讀爲「ik」的字，永靖腔讀爲「ek」。

3.（1）有人將「貓仔」讀爲「$ngiau^{44}$　a^{53}」，「娘仔」讀爲「$nia^n u^{44}$　a^{53}」。

（2）「椅」字讀作「i^{n2}」。

（3）「誰」的讀音爲「$tsia^{24}$」。

（4）有人將「入字頭」讀爲「語字頭」。

（5）「帚」字老人多讀爲「siu^{53}」、「$tsiu^{53}$」，較少讀「$ts^h iu^{53}$」。

（6）「後生」、「擤」、「柄」、「省」、「姓」、「平」、「青」等字讀「e^n」韻母。

（7）「綴」、「退」、「會」、等字的讀音與內埔腔一樣。

（8）「梁」、「羊」、「兩」、「搶」、「張」、「鴦」、「楊」讀做「io^n」。

（9）「傷」、「相」、「鄉」、「公」、「量」、「將」等字的韻母讀做「iang」。

（10）「恩」字讀作「in^{44}」。

（11）「糜」字讀作「$mua^n i^{24}$」。

（12）「雨」字讀作「$no^{.n33}$」。（頁280）。

上述3的第（6）、（7）、（8）、（9）、（10）點已經在上一段已討論過，漳腔（內埔腔）即有這些情形，不獨有永靖腔有這種特色。至於第（2）點，莊文岳（2013）也說，「永靖腔有鼻化增生現象」，例如「椅仔」（$i^2 a^2$）說成「$i^{n2} a^2$」，「uai」說成「uain」。如下例中，黑番將「椅」說成「ínn」，將「異」說成「īnn」。

　　百草翁：喔，空空子你是咧共怎 mē 激氣口 hioh？彼椅（ínn）頭仔
　　　　　　拖起來用頓的，啊無你是咧火大是咧氣按怎，你嘛講予我
　　　　　　了解一下。〔註177〕

〔註177〕摘自《大俠百草翁》錄音布袋戲文本第二集〈三教等聖旨令〉。

魏惠王：先生妄絕，將來他鄉異里（īnn-lí），再走揣賢人未慢。
〔註178〕

第（3）點，將「誰」說成「tsiâ」，黑番也有如此情形，如下述：

百草翁：百草翁就……啊，咱借問咧，你欲揣誰（tsiâ）hânn？〔註179〕

第（5）點，將「掃帚」兩字說成「sàu-tsiú」，如下述：

百草翁：人食五穀欸，不管時若欲放就欲放。出去！出去！出去！
你若欲出去就出去；你若毋出去，小等咧我用彼號掃帚
（tsiú）頭，搵雞膏奶就*按呢共你屏出去！〔註180〕

從以上的對照中可以發現，黑番的確符合了學者的研究，大部分的語言都使用他原生的腔調，即漳州腔及永靖腔。而第 1 及第 2 點，更是學者們辨別「永靖腔」最大的依據，黑番也有自覺到這一點。黑番表示〔註181〕，他的錄音帶銷售全台，所以在他的口白裡必須盡量將「永靖腔」去除，以免讓使用其市面帶演出的主演困擾。

> 員林的腔口我有共捻一寡掉，咱永靖佮員林的腔口乎，像你咧講就
> 無人知影你永靖腔，但是咱若講對國語去就袂矣…我錄音帶內底嘛
> 有錄啊，永靖伯仔…咱這錄音帶出去是全省咧用的，盡量共修整
> 矣，尾仔欲改這个，我毋才所有的永靖腔口共拈拈對彼个永靖伯
> 仔…欲講永靖腔，字尾愛平平…喙舌會『拉平』，收集著一寡彼永
> 靖講的腔口按呢…這齣就是我做彼號包公，做彼个「包公審烏盆」。
> 〔註182〕

雖然平時演出時，黑番會盡量避免「永靖腔」出現，但另一方面「永靖腔」卻又極具辨識性，對外地人來說有其獨特與趣味的一面，對本地人來說又極富親切感。因此，他使用「永靖腔」來製造一位叫做「永靖伯仔」的小人物，收錄在錄音布袋戲《包公傳奇》裡，穿插在劇情當中。如此一來，在外地使用黑番錄音的戲團，不會顯得突兀，觀眾都能聽懂，而「永靖腔」既獲得保留又製造了「笑果」，可謂兩全其美。

〔註178〕摘自《孫龐演義》錄音布袋戲文本第三集。
〔註179〕摘自《大俠百草翁》錄音布袋戲文本第三集〈南北斗九牛元祖〉。
〔註180〕摘自《大俠百草翁》錄音布袋戲文本第一集〈百草翁重出武林〉。
〔註181〕根據 2016.7.26 與黑番在員林「無極聖山堂」民戲演出時的訪談。
〔註182〕根據 2016.7.26 與黑番在員林「無極聖山堂」民戲演出時的訪談。

永靖（ián-tsiān）我有出一个尪仔乎，號做「永靖伯仔」。啊我攏講永靖腔。「人攏叫我永靖伯仔，我就蹛永靖，阮永靖有一个王爺宮（kian），啊王爺宮，烏番佇遐佇咧搭布景（kián），啊彼个布景破去，攑釘（tian）仔來釘（tiàn）。」〔註183〕這全部攏永靖腔口。你共綜合做一个咧聽，閣真有鄉土味。俗閣有力按呢。〔註184〕

值得注意的是，筆者在收集黑番演出的文本時，發現他發「eng」的音時較近似於「en」，以台羅標示則是「ian」，但是沒有發出介音「i」，故以下所記錄之「ian」的音，實際上都是「en」。以下是《包公傳奇》第六集裡，「永靖伯仔」的對白，可以發現黑番讓所有的韻腳都是「ian」（少掉介音 i，因此聽起來就是 en），而親切（tshin-tshiat）聽起來像「tshin-tshet」，熱情（jiàt-tsîng）聽起來像「jèt-tsên」，對話裡面的想（siōnn）、張（tionn）等，都是典型的「永靖腔」：

張三：（唱）一天（thian）過了又一天（thian），身（hian）軀無洗全全鉎（sian），走去溪仔（khe-á）邊共洗三遍（piàn），毒死（thāu-sí）的烏仔魚萬萬千（tshian）。楞鬼查某囡仔會掠轉煎（tsian），食了無死的嘛會拖屎連（liân）。

張三：嘿嘿嘿嘿，逐家相捌無？我張（tionn）三，外號人攏叫我號做永靖（ián-tsiān）伯仔，啊我永靖伯仔較早蹛佇 lih 永靖，啊這馬徙來佇這定遠（tiān-uán）縣遮啦，若講著阮永靖人乎，上介（siāng-kài）親切（tshiat），阮永靖人上介熱情（jiàt-tsiân），阮永靖有一間（kian）王爺宮（kian），抑嘛有媽祖宮（kian），彼媽祖宮若咧做布袋戲攏倩洪國禎（kok-tsian），我捌去看洪國禎咧搭布景（kián），布景破去閣攑釘仔（tian-á）來釘（tiàn），啊彼棚跤閣有人佇咧賣枝仔冰（pian），啊嘛有人佇咧賣龍眼（liân-kián），彼枝

〔註183〕文史工作者邱美都也曾在部落格寫過這一段：在地名句「永靖枝仔冰冷冷定定」，後人喜歡接句，頗富趣味。員林東山黑番布袋戲團主江欽饒，1959 年出生，十五歲起跟著大俠百草翁鄭武雄學戲，他曾到永安宮前演布袋戲，隨性接句：「永靖枝仔冰冷冷硬硬，阿賜伯仔去王爺宮，看黑番搭布景，佈景破去，攑釘仔來釘！」http://ylcmd.blogspot.tw/2013/10/blog-post_1311.html 2018.3.7 查。

〔註184〕根據 2016.7.26 與黑番在員林「無極聖山堂」民戲演出時的訪談。

仔冰冷冷**冇冇**（lián-lián　tiān-tiān），嘩！偌好食咧你敢知？啊，恁知影我張三永靖伯仔咧創啥無？啊恁若毋知共恁介紹，我永靖伯仔乎先（sian）斬後奏咧啊。

後場：Hooh！你永靖伯仔按呢官做大喔！

張三：咧哭枵！啥物咧做官？

後場：啊無你講先斬後奏？

張三：毋是啦，啊煞毋知咧剉柴的啦，啊就按呢乎，彼斧頭（pó-thâu）夯咧來山頂遐乎，鏨鏨（tsām-tsām）剉剉咧，啊人就*按呢囊（long）入去灶空，按呢號做「先斬後奏」〔註185〕。啊今（tann）今仔日（kin-á-jit）無代誌做，三想（siōnn）四也想，去予我想著三年前（tsiân），三年前地方有一個號做趙大（tāi）的，人攏叫伊趙大漢的，彼陣仔伊無錢（tshiân），來共老歲仔借錢，老歲仔可憐伊囡細漢，姑不而三將我才借伊錢，抑伊今仔日有錢伊若毋還我，我招一寡兄弟來共反（pián），我講的講事實的，來來來來，來趙大恁兜共伊討三年前欠我的四百文錢啦。〔註186〕

綜上所述，居住在彰化員林地區的黑番，平時說話時帶著「漳州腔」及特殊的「永靖腔」，然而在「漳泉濫」的情況下，有時會夾雜著泉州腔。因為「永靖腔」腔調特殊，為避免造成困擾，他會盡量避免使用，但是他會為特殊人物設計專屬的「永靖腔」口白，讓不懂的觀眾感到有趣，讓懂的觀眾感到親切。

二、黑番的布袋戲口白特色

布袋戲的欣賞應可分為視覺和聽覺兩部分，但爬梳相關的論文及著作，會發現大多數的論述是專注於視覺的部分，如舞台、布景、道具、木偶等為大多數。而聽覺部分如主演的口白、後場音樂等因為不容易分析，相關論述極為稀少。然而一齣布袋戲的表演，視覺可以展現的部分猶如其骨架，而口白部分才是其靈魂所在。主演的口白如果無法掌握整齣戲的節奏，五音無法清晰分辨，其他視覺能欣賞的硬體部分再強，也無法長久吸引觀眾（陳龍廷，

〔註185〕「奏」台語音同「灶」。
〔註186〕《包公傳奇》錄音布袋戲文本第六集。

2015：139）。然而目前台語逐漸流失，以往的布袋戲都是口頭傳承，頂多留下提綱，即便有手抄本，在傳統布袋戲藝師普遍學歷不高，漢字使用未標準化之下，也通常是記錄同音字。因此，過往要分析布袋戲的口白，不是一件容易的事，相關的論述也就相對的稀少。但筆者身為教育工作者，對於語言的傳承更有一份責無旁貸的心情，因此將田野調查而來的影音資料，參考教育部公布的標準化漢字以逐字稿的方式，詳實記錄下來，對於有爭議的漢字或語助詞則以台灣閩南語羅馬字拼音方案輔助書寫，希望對母語傳承能盡一份心力。

　　布袋戲不同於歌仔戲或其他戲劇，需要其他角色及演員共同創作完成，布袋戲的靈魂人物就是所謂的「主演」，他一人須擔任起一齣戲的所有角色。布袋戲主演「五音」的訓練也就是最核心的關卡。在布袋戲的表演特質上，主演者的情緒、性格思想都要完全投注在木偶上，主演者必須與劇中角色、戲偶三者合而為一。布袋戲的活戲，可以說是以主演為核心的表演的，主演必須扮演各種人物的口白，除了操作自己手中的戲偶、指揮操作後場樂師，還要有二手師傅幫忙操其他的偶。不過因為主演工作太過繁重，演變到後來，主演只專責口白。因此，一齣戲的成敗，與主演的口白表演是否成功有極大的關聯性（陳龍廷，2013：106）。

　　就如吳明德（2005）所說，在布袋戲表演的諸多元素中，第一關鍵就是「口白」，「口白」的重要性就如棒球賽中的主力投手，投手可以隻手撐起球隊的勝負，布袋戲主演則是一口掌握戲團的興衰（頁178）。吳明德（2004）也說，布袋戲口白要有「偶味」、「布袋戲腔」，因為木偶沒有表情，所以演師必須用聲音來誇張偶的情緒，藉聲音「具像化」讓觀眾立即了解木偶角色的生命情境，讓原本觀眾無法「看」清楚的那些「幽微」、「昏暗」情緒，能被「聽」出來，因此布袋戲的口白必須放大處理。它的口白必須更加強烈誇張。尤其在語音的轉折、斷連處透過口白聲音力度的強弱、速度的緩疾、音調的抑揚長短，明確傳達出偶的喜怒哀樂，讓觀眾都能被木偶散發出來的情緒所籠罩，而且一聽就能知道是布袋戲的「氣口」（頁141）。鄭慧翎（1991）也說，布袋戲的表演全靠演師「一口道盡千古事」；而縱使操作技巧再精良，木偶的動作也不易如真人豐富，所以布袋戲的語言技巧，較之真人演出的戲劇更形重要，是布袋戲藝術的一大精華，因此她也引用李天祿所說「布袋戲的口白是比劇情重要的表演」（頁172）。傅建益（2000）則從口白內容說明

其重要性：

> 口白是布袋戲表演中相當重要的一項特色，也是演師藝術造詣高低的主要評判標準，爲了突顯此一特質，民間尚有「千金道白四兩技」的說法。另外，布袋戲口白中還蘊含了許多雋永且充滿智慧的諺語、俚語、雙關語、歌謠和寓言，它不僅是俗民生活的最佳寫照，更是民間文學的眞實呈現（頁68）。

而口白技巧的訓練，可說由「五音」的聲音訓練所發展出來。所謂的五音，指的是「大花」、「小花」、「小生」、「小旦」、「公末」等五種「腳色」（kioh-siàu）的聲音。也就是說，布袋戲的表演特質在於主演一個人表演所有角色的聲音（陳龍廷，2015：153-155）。然而，確定一個偶用什麼腔調、音質、力度、速度來講口白，雖然可藉「五音」的訓練來得到基本定型音，但要發揮得淋漓盡致，造成萬人空巷的轟動，則是一種優異的個人天賦。這種「聲音」的編織和配置能力，就是憑藉個人的「感覺」去揣摩（陳龍廷，2015：142）。布袋戲的活戲，可說是以主演爲核心的表演，甚至以他所說的口白爲核心，指揮操作木偶的助手及後場樂師的整體搭配，因而主演在舞台現場的臨場應變能力，就非常重要（陳龍廷，2013：126-127）。所以，五音的作用，除了剖析的性格和傳達其內在的心理情緒外，還能解決主演與助手之間的默契困境，避免演出時的不協調感。如果聲音不加以分別，那麼主演和助演無法完全溝通，口白和木偶動作的契合度也會遭受破壞，而無法完美演出（傅建益，2000：72）。黑番曾說一齣戲好看，除了戲排得好，最重要的是要能表現出來。如果兩個戲偶在對話，聲音都是一樣的，讓觀眾搞不清楚誰在講話，這樣的戲看起來很容易疲勞。如果五音無法分明，最起碼這兩個戲偶也要能區分出「硬軟話」才行，所以能五音分明的演出一齣戲，很不簡單。

> 戲會好看，排劇了愛會嬌。上重要的，講話，嘛愛形容出來。你平平攏用口白咧講的，對白上重要。兩粒尪仔咧講，你講的俗我講的，是攏我咧講無毋著，但不而過，你愛分會開啊！啊你分袂開無
> ＊要緊，最起碼你愛硬軟話，硬軟話予人分會出佗一个咧講的。有的就咧做，就你講的嘛彼號聲，伊講的嘛彼號聲，濫濫摻摻做一个，看戲的人，眞疲勞啦！毋知講佗一个尪仔咧講的按呢，算一个

眞，做戲，會用共形容一句話，嘛是無簡單。〔註187〕

　　黑番說，聲音需要常常使用，才會好聽，當聲音好聽時，經過麥克風的傳播會更好聽。尤其進錄音室錄音時，必須先讓喉嚨熱起來，否則會像被痰卡住一樣，很不順。當喉嚨熱起來以後，講「幼口」〔註188〕的聲音時會更甜美。他還說明了當喉嚨夠滑潤時，適合表演女聲，當喉嚨乾燥時就比較適合演『粗口』。他說當他聲音夠滑潤時，會有「司奶氣」〔註189〕，連自己都很愛聽自己的口白。

> 做戲愛一直做去乎，聲才袂縛牢咧，這馬按呢雄雄乎，下晡按呢差*
> 不多四十五分，無到一點鐘，我共看差不多四十五分的款，因爲咱
> 的嚨喉乎，這馬著愛彼个燒，燒，燒甲，那講會那回復，回倒轉來
> 的時，聲就足嬌的。聲嬌的時，過mai51 ku11（マイク　麥克風）猶
> 閣較嬌。你若欲入去錄音室，開始欲錄音，像這馬入去彼，聲出來
> 攏袂好聽。若親像咱佇講話中間，咱的嚨喉，有一个痰含（kânn）牢
> 咧，誠袂順，**抔抔**（khê-khê）就著矣！啊你講甲這个嚨喉燒來，毋
> 管是幼口啦抑是粗口啦，按呢咧形容出來攏加誠好聽。啊你若講甲
> 這嚨喉順順仔，講彼號幼口乎，講查*某囡仔聲，較會甜啦。欲講查
> *某囡仔聲，著愛嚨喉內底按呢會絲黏，絲黏按呢袂講焦燥焦燥。焦
> 燥焦燥按呢咧講按呢乎，粗口粗口。啊你若嚨喉眞『潤滑』的時，你
> 講彼聲聽著誠甜。咱家己本身都愛聽啊講。我嘛誠愛聽我的口白
> 講。下晡頭一段錄音彼，孫錦恁某陳明珠，彼佇錄音室錄的聲，會
> 較嬌，較有彼个「司奶氣」。你啊佇外台的，呲（tshū）大聲，袂好
> 聽。〔註190〕

　　不過他也說，在錄音室的表演不太同於外台，在外台演出時，聲音必須要大，聲音一大，自然就不好聽了。但如果太小聲，連自己都聽不到，演戲會受到束縛，因爲連自己說什麼都聽不到，怎可能有完美的演出。畢竟在外

〔註187〕根據2016.7.26與黑番在員林「無極聖山堂」民戲演出時的訪談。
〔註188〕根據劉信成（2014）的歸納，一、粗聲（tshoo-siann）：即粗口（tshoo-kháu），
　　　　聲音低沉、渾厚、有力。泛用於一般較爲粗獷、大剌剌的、或陰沈的大花（淨）
　　　　角。二、細聲（iù-siann）：即細口（應爲幼口 iù-kháu），聲音柔軟、細嫩，
　　　　似小嗓所發的假音。用於旦角及僮子（小孩）角色（頁193）。
〔註189〕就是一種「撒嬌」的口氣。
〔註190〕根據2016.7.26與黑番在員林「無極聖山堂」民戲演出時的訪談。

台演出時，會受到周圍環境的影響，有時廟裡在誦經，有時有其他的表演在拚場，自然得提高自己的音量，除非拿錄音帶出來播放演出，可是這樣就顯得對這個場面不夠重視。

> 你佇現場咧講乎，成本愛較大聲一屑仔，你若傷細聲，咱家己本身聽無乎，按呢咧講足歹講的，縛牢咧。有當時仔，廟裡內底，咧做（醮）、咧誦經乎，抑若講，恁做戲的，會用得較細聲咧無？會啊，足簡單的啊，用錄音的就較細聲矣！按呢就無重視矣嘛。無重視做戲，咱就用錄音的就好。啊無你若講按細聲，咱咧做，誠艱苦做。家己聽無，你就毋知咧講啥，規氣咱就用錄音的按呢乎錄音侍候啦。〔註191〕

黑番引以自豪的，還有自己的聲音非常神似其師父鄭武雄，不但觀眾聽不出來，甚至連師兄弟也聽不出來。黑番曾得意洋洋的告訴筆者，個性調皮的他有一次假冒師父的聲音打電話給師兄弟，竟成功的騙過大家。1985年時，黑番曾經在彰化縣埔心鄉一個叫做太平的小村莊，以每天一萬元的代價在「鳥仔巢（siū）百姓公」廟〔註192〕演出，一連演了兩個月，觀眾都以為主演是鄭武雄。後來，黑番自己整團後，鄭武雄自己無法消化的演出，也都是讓黑番去做，到了這時，黑番即使打著鄭武雄的名號演出，觀眾也不在意了，因為黑番自己已做出了口碑。

> 對十一月十六開始做，做甲欲過年啊，十二月二四，廟埕逐工的，廟埕逐工的攏百外个，百外个。無生理擔仔做甲有生理擔仔。人講這實在無簡單，阮咧做，人攏叫是阮先生咧做。啊就我的聲佮阮先生全款。〔註193〕

> 甲尾流，人的體力總是有限，甲尾流，伊有引著戲乎，掛伊的khang35 pang51，攏我去做，人客完全攏知。〔註194〕

〔註191〕根據2016.7.26與黑番在員林「無極聖山堂」民戲演出時的訪談。

〔註192〕根據彰化縣埔心鄉公所網站記載：從前的太平地區大致包括現在的太平、經口兩村，有前莊、後庄之分，前庄以張、邱姓為多；後庄以徐、張為大姓，大多數來自廣東省。過去前莊以鳥群棲息之地取名「鳥巢」，後庄以地方不平靜得名「賊霸厝」。日治時期以其盜賊已除，地方平靜，正名「太平」。https://web.archive.org/web/20090420063134/http://www.pusin.gov.tw/village_info/index_09.php　2018.3.4　查。

〔註193〕根據2016.7.26與黑番在員林「無極聖山堂」民戲演出時的訪談。

〔註194〕根據2016.7.26與黑番在員林「無極聖山堂」民戲演出時的訪談。

> 江欽饒師父鄭武雄在當時布袋戲界裡，其做戲的口碑是眾所皆知
> 的，不論在人物的口白上、或神秘氣氛的營造等金光戲的效果，在
> 在皆受到當時觀眾的喜愛與歡迎，尤其是《大俠百草翁》角色的塑
> 造，並不亞於、也不同於當時的同門師兄弟鍾任壁（劉信成，
> 2014：115）

　　黑番的布袋戲之所以能長期受到許多觀眾的支持愛護，除了能掌握觀眾
的喜好，讓戲齣顯得機智有趣外，和他本身的口白能力，還有對故事的演繹
能力，說起話來猶如在「講古」的才華密切相關。在他的表演中，口白總是
非常淺顯易懂而不詰屈聲牙，加上口齒清晰，五音分明，因此台下的觀眾就
算沒有字幕輔助，也可以聽得清清楚楚，完全沒有語言習慣上的落差。

三、小人物的語言類型

　　不同的布袋戲主演，本就有不同的性格、偏好，因此他們關注的角色，
及其相關的精采段落，都是歷經長期的舞台磨練所累積出來。有些擅長「小
生、小旦、三花」詼諧、調笑、愛情等「三小戲」，有些則擅長「大花、老
生、正旦」武打、公堂審問、宮廷戲等的「三大戲」。台灣布袋戲的起源雖
眾說紛紜，但學者大致可以同意來自兩百年前中國的潮州、泉州、漳州等
地，經過一連串的演變，變成台灣在地的文化。而表演的劇目也從取材自
章回小說的古書戲、吸收民間曲館表演劇目的正本戲到後來天馬行空的劍
俠戲、金剛戲。「古書戲」亦稱為「古冊戲」、「小說戲」，主要指改編自章
回小說的戲碼。再因章回小說的性質，歷史的又稱歷史戲；俠義的稱為劍
俠戲；辦案的稱為審堂戲或公案戲等，《孫龐演義》就是其中經典的戲齣。
金剛戲可說是後來布袋戲進入戲園售票演出，在戲班主演、排戲先生、與
觀眾三方面互動下，所誕生的情節創作。《大俠百草翁》這個劇目也在此時
跟隨排戲先生吳天來在西螺「新興閣」誕生。黑番師承鄭武雄，而鄭武雄
則傳承自著名的西螺「新興閣」。新興閣派的風格，比較偏好武打的「三大
戲」，對於歷史的典故掌握很熟練（陳龍廷，2015：84）。然而根據陳龍廷
的研究，嘉義「光興閣」的鄭武雄，其門徒劉祥瑞，還有外號「黑番」的
江欽饒等，卻是擅長「三花戲」的箇中翹楚，尤其「百草翁」，更成為招牌
人物（陳龍廷：2013：128）。所謂「三花」，是台灣傳統戲曲中的「丑角」，

是劇中甘草人物，以製造笑料為主，如果劇中人沒有「三花」腳色，情節將變得枯燥無趣。陳龍廷（2008）表示，「布袋戲的口頭表演，三花腳色最自由、最能夠講笑話，常常讓人想起鄉下老阿伯講的台語那種熟悉的感覺。」做為鄭武雄的門徒，黑番自認口白及台辭特色與師父非常相近，再加上黑番的人格特質及領悟力，自出師整班後便時常以重新改編、自創劇本的《大俠百草翁》闖蕩江湖並深受好評，不但錄製了《大俠百草翁》的錄音帶販售，更每每在大型的文化場演出這齣經典招牌戲。

黑番本身個性幽默、說話詼諧，因此非常擅長運用甘草人物來「練痟話」，這樣的口白特色尤其適合「三花」的腳色。在他的演出中，三花腳色常不按牌理出牌，對話內容穿梭古今，並即興搭配「孽譎仔話」、「俗諺」、「答喙鼓」，讓觀眾拍案叫絕，笑聲不斷。在《大俠百草翁》中，貫穿全劇的「三花」角色百草翁，其武功高強，屬於代表正義一方的東南派（相對於西北派）。雖慈悲為懷、忠厚老實，但有時仍不免貪生怕死，喜愛貪小便宜。他說話時就像鄉下鄰居的老伯伯在聊天一般，讓觀眾感到親切可愛，沒有距離，而他性格中的小缺失不但無傷大雅，反而製造出不少的笑料。當然，除了百草翁之外，劇中也不時出現其他「三花」腳色，如百草翁的兒子金光兒，年紀輕輕，但機智過人，雖然有時會製造麻煩，但父子間的對話常讓觀眾忍俊不住。在古冊戲裡，為免劇情太過嚴肅沉重，黑番通常也會安排「三花」的腳色，如《孫龐演義》這齣戲裡，孫臏一直遭受到龐涓用計謀害追殺，使觀眾一直處於心驚膽戰之中，因此「朱亥」這類「三花」的腳色就顯得更為重要，讓這齣文戲較多的戲齣不會顯得過於沉悶或緊張。以下就黑番所創作的三花腳色常用的語言類型舉例分析：

（一）孽譎仔話

台語將歇後語稱為孽譎仔話（giảt-khiat-á-uē），是將一句話分成兩部分來表達某個含義。前一部分是隱喻或比喻，後一部分是意義的解釋。就是把真正想表達的意旨藏起來，不直接明說，改以幽默的方式來呈現一段話語的前半段，然後，再讓聽者或讀者就意義的關聯性，或是語音的相近性，去揣測其真正的意思。此用法在修辭學中稱為藏詞，是漢語的一種文字遊戲。

黑番的三花腳色時常使用孽譎仔話夾雜在口白中，如下述百草翁在短短的自白裡，便用了兩個：其一，「火燒豬頭面」，指的是臉被烤熟了，所以原本的意思是台語的「熟面」，也就是熟識的面孔。其二「猴坐著黏糍」，指的

是猴子屁股不小心坐在黏蒼蠅的黏蠅板上，比喻分不開、走不了。黑番雖然活用孽譎仔話，但是又怕觀眾聽不懂，因此在說完孽譎仔話後，接著馬上說出答案，不致讓觀眾需動太多腦筋看戲，但一意會過來，又會覺得俏皮、可愛、有趣。

> 外口面哪會欶欶叫。駛恁婆仔，毋敢又欲閣落西北雨矣 lioh？恁 mē 頭殼共探（tham）對（uì）山跤去，共看覓咧，唉 sioh！啥貨！山跤遐今仔彼「火燒豬頭面」，熟似！熟似。哎，這个敢是老奸臣空空子 hânn？抑我覕佇遮就攏無人知，空空子哪會趒--來？東南派一定發生代誌，無才調解決，欲叫我出去做肉砧就著矣。我寧可莫佮伊見面。啊無我若佮伊見面拄好親像彼个「猴坐著黏黐」，剝袂離哩咧。叫阮囝共騙講我無佇咧。按呢乎才會頭直路直。內底的天壽囝共我來一下。〔註195〕

以下這則對話，是朱亥要求龐涓拿錢出來賠償，龐涓假裝不知道，裝瘋賣傻，台語叫做「伻生」（tènn-tshenn）。火金蛄是螢火蟲的意思，這個「伻」，音同「瞪」，都是「tènn」，後者表示用力大便的樣子。螢火蟲發出的光是青色的，「青」台語音同「tshenn」，螢火蟲發出的光也像星星，「星」音也同「tshenn」，不管指的是「星」或「青」，都好像從屁股用力大出來的一樣，用「瞪青」（tènn-tshenn）「瞪星」（tènn-tshenn）的同音字來代表「伻生」（tènn-tshenn）。

> 龐涓：朱大人是欲 tiuh 啥？
>
> 朱亥：Hm̀，哎？你毋通尻川挾火金蛄欲共恁 mē 伻生喔！我原本講乎，有法度來喝退燕國的軍兵，抑你欲二十兩銀輸我。抑尾仔講我欲用頭殼佮你落注，你講二十兩銀傷俗，抑你用一百兩就*按呢佮我落注。有無？左班丞相鄭安平原也做見證人喔，一百兩銀 tiuh 起來。

（二）俗　諺

「俗諺」是流傳於民間，言簡意賅的語句。反映了人民生活的實踐經驗，一般都是口語形式留傳下來的通俗易懂短句，通常含有豐富的知識、經驗，有思想，有教育意義。如下述自白，同樣是出自百草翁，「生雞卵的無，放雞

〔註195〕根據 2016.7.26 與黑番在員林「無極聖山堂」民戲演出時的訪談。

屎的有」指的是一個人成不了大事，專扯人後腿。百草翁用華語「沒有」代替「無」，用「一大拖」來代替「有」，都是爲了製造笑料。下述自白中黑番突然講到「掮水請--伊」，其實完全是即興的演出。演出當天，筆者與陳龍廷教授前往南港「善南宮」拜訪黑番，他特地準備了兩瓶冰涼的礦泉水給我們飲用，隨後在現場「肉聲」演出時，就故意提到請喝水的這件事，暗喻教授和筆者是他的好朋友。

> 好朋友就掮水請伊，抑若歹朋友，像空空子這來，「生雞卵的『沒有』，放雞屎一大拖」的，這來遮乎，穩當東南派發生代誌，欲叫咱爸仔囝做肉砧。〔註196〕

　　以下這段也是，百草翁自認沒有能力救敢死俠，而且害怕又被空空子給耍了，因此說出「無彼號尻川莫食彼號瀉藥」，也就是別「自不量力」了。

> 我富死矣，空的做頭前，我做後爿，我準備欲來共扛。恁阿媽咧十八歲猶未嫁，欲留咧嫁美國仔。我一下欲出門好佳哉我擋仔就*按呢共踏牢咧。這箍老奸臣知影講我百草翁眞想欲坐轎，抑按呢乎，用轎來共恁 mē 騙 lioh！hooh！好佳哉我欲出門，雄雄閣予我想著，莫莫莫莫莫，「無彼號（lō）尻川莫食彼號（lō）瀉藥」。〔註197〕

　　以下這段話是空空子說的，他雖然不是「三花」的腳色，但是黑番戲劇的特色，就是劇情和對話詼諧、生動，讓原本不屬於「三花」的空空子也說出如「三花」般逗趣的話語。除了招牌上這句「男人之禁地，女人較濟無問題」，可以看出修道人百草翁六根未清淨，仍然偏好女色外，「食菜是食菜，食甲肚臍爲界」，更說明了百草翁雖然表面上吃素，但「食甲肚臍爲界」，以肚臍爲界線的下半身則仍未清淨。

> Hooh hooh，騎乘（khî-sīng）來到這个所在，頭前面這个山頭就是最深山最古洞，頭前原也有徛一塊 khang35 pang51，徛一塊牌匾，哈哈，你這个修道人眞亂來，hânn，啥物徛一个「男人之禁地，女人較濟無問題」。百草翁，無彩講你是食菜人。我看你「食菜是食菜，食甲肚臍爲界」，爲著東南派的天下敢死俠被禁，我馬上入到最深山請你百草翁下山 nah。〔註198〕

〔註196〕摘自《大俠百草翁》錄音布袋戲文本第一集〈百草翁重出武林〉。
〔註197〕摘自《大俠百草翁》錄音布袋戲文本第一集〈百草翁重出武林〉。
〔註198〕根據 2016.7.26 與黑番在員林「無極聖山堂」民戲演出時的訪談。

　　以下是朱亥的自述，他因為被龐涓陷害，就用俗諺「人若衰，種匏仔生菜瓜，抑種豆花就生苦瓜」來形容自己的處境，並用「一條腸仔直溜溜，週尻川」來形容自己直腸子，不會說謊。

> 人若衰，種匏仔生菜瓜，抑種豆花就生苦瓜，彼我朱亥講偌衰就偌衰。駛恁婆仔咧，龐涓講伊會觀星望斗，觀恁阿媽咧十八歲猶未嫁，欲嫁留咧嫁美國仔啦，觀星望斗。咱直直共國王講孫臏就曲去矣，抑駙馬講伊會觀星望斗，孫臏無死，本命元神燦爛輝煌。抑按呢乎，國王問講你有看著孫臏墓無？咱就古意人，一條腸仔直溜溜，週尻川，咱就袂曉講白賊。佇彼銀鑾寶殿咱若講，有喔，有喔！彼孫臏的墓我有看*見囉！按呢凡勢這逝路咱毋免行，但是白賊話咱就袂曉講，姑不而三將，這逝路著愛行，恁退的扛轎的，會忝無？〔註199〕

（三）答喙鼓

　　這裡指的是兩人之間的鬥嘴或爭辯。小人物在鬥嘴時，會出現不按牌理出牌的機智語言，這也是「三花」的特色。如以下總飛神和百草翁的兒子金光兒的對話，不管總飛神說什麼，金光兒雖然小小年紀卻都有辦法應對，甚至利用話術更占上風。對話一開始，總飛神說怎麼有「小娃娃」（sió-ua-ua），金光兒回「我恁阿爸」（a-pa），這裡兩人尾音都用了 a 韻，接著總飛神說「小孩子」（tsú），金光兒又回「駛恁老母」（bú），尾音又用 u 韻。這兩者的對話其實沒有什麼意義，只不過用同韻字來製造諧音的喜感，而且金光兒兩次回話都佔了上風。接著總飛神問金光兒名字，金光兒回答自己「姓 a，名 pa」，不疑有他的總飛神跟著複誦，反而變成叫金光兒「a-pa」，即「阿爸」，金光兒三度佔上風。後來總飛神說「我一个大人欲拍死著你一个猴囡仔，若親像桌頂拈柑遐簡單」，沒想到金光兒還回答「我一个囡仔欲損倒著你一个大人，若親像骹邊佇咧抓癢（tsiōnn）遐簡單」。原本「桌頂拈柑」已經是形容輕而易舉，沒想到金光兒能說出更簡單的事，即「骹邊抓癢」。總飛神不得已，只好搬出自己是「老先覺」，沒想到金光兒不甘示弱，說「我是小先覺呢」，總飛神只好再說「我轟動武林，驚動萬教」，金光兒也說「我轟動便所角，威振妓女戶」。接著總飛神說「你咧講話真誇口」，金光兒回「你咧講話真猖

〔註199〕摘自《孫龐演義》錄音布袋戲文本第三集。

獗（tshiàng-kuat）」。最後總飛神無話可說，只能吐出「你真可惡！」，沒想到金光兒還回「等咧我招阿央共你褪褲。」，「惡」（ònn）又對上了「褲」（khòo）。本來是互相嗆聲（tshiàng-siann）的兩人，氣氛應該是緊張的，然而黑番總有辦法將緊張的氣氛用「三花」詼諧的話語帶過，最後竟然演變為提到總飛神沒有穿內褲。總飛神說：「啥？欲共我褪褲？天氣炎熱，我無穿內褲。若予你褪落*去到地，大人走東西，小弟仔幌南北。」這裡的大人指的是總飛神本人，「小弟」當然指的是其生殖器了。這樣幽默的語言雖然帶進了令觀眾害羞的生殖器，卻又沒有明白說出，反而使能意會到其中奧秘的觀眾哈哈大笑。

在這整段對話的過程中，不管總飛神怎麼說，金光兒總能搬出另一套說詞講贏他，說不過金光兒的總飛神，在最後只能希望以打鬥取勝，這樣的對話會帶來喜劇的效果，因表面上金光兒只是個小孩，與總飛神相比，算是個弱者，人們總是同情弱者，當弱者反過來贏了強者，就造成了趣味性。這部分在第四章將有詳細的說明。

> 總飛神：啥貨（siánn-huàinn）？戰場來一个小娃娃（ua-ua）？
>
> 金光兒：我恁阿爸（pa）！
>
> 總飛神：小孩子！
>
> 金光兒：我咧駛恁老母！
>
> 總飛神：Hânn？啊你開喙，垃圾話就到位！佗位的母成因仔，遮爾無教育？你啥物人你啊？
>
> 金光兒：若毋捌我，自吾介紹。我姓阿！
>
> 總飛神：名咧？
>
> 金光兒：名叫 pa！
>
> 總飛神：a-pa？
>
> 金光兒：喂！
>
> 總飛神：a-pa？
>
> 金光兒：喂！戇囝！
>
> 總飛神：Hânn？講話偏我，你到底啥物人，你啊？
>
> 金光兒：你干焦看我的面，你嘛知影講註冊商標。
>
> 總飛神：喔好！共看一下真，佮東南派百草翁生做一模一樣矣。按呢可能你就是百草翁恁後生。小百草翁金光兒。

金光兒：『答對了！衛生紙兩張』。

總飛神：啥（sànn）啥啥啥啥？我提你衛生紙欲創啥？

金光兒：喔…，犯著咧緊，佫好用咧囉！毋免用屎扒，毋才有清氣款。

總飛神：喔好！百草翁共我蝴蝶總飛神裝痟的，hánn！講啥物伊號做袂生毛，尾仔共問講伊，講已經有生毛矣！抑金光兒你來到這個所在，我共你損死！你若死，恁老爸自然無囝，伊家己嗑頭自殺。

金光兒：啊你敢損我會死？

總飛神：哈哈哈哈…，我一个大人欲拍死著你一个猴囡仔，若親像桌頂拈柑遮簡單。

金光兒：啊我一个囡仔欲損倒著你一个大人，若親像骹邊佇咧抓癢（tsiōnn）遮簡單。

總飛神：我是老先覺呢！

金光兒：我是小先覺呢！

總飛神：我轟動武林驚動萬教。

金光兒：我轟動便所角，威振妓女戶。

總飛神：你咧講話真誇口。

金光兒：啊你咧講話真猖獗（tshiàng-kuat）。

總飛神：你真可惡！

金光兒：等咧我招阿央共你褪褲。

總飛神：啥？欲共我褪褲？天氣炎熱，我無穿內褲。若予你褪落*去到地，大人走東西，小弟仔幌南北。可惡啊！〔註200〕

（四）自創語言

　　三花腳色的特徵就是不按牌理出牌，專門製造笑料，黑番除了依據上述的孽譎仔話、俗諺、答喙鼓之外，自己也會編出一些有趣的的語言。如以下對話裡「無啥行，無啥走，已經轉來到英雄館的門跤口。」沒走路、沒奔跑，是如何到達英雄館的？這種沒有邏輯的話語，只是為了讓「走」、「口」押韻，增加句子的變化性。「你龜咬鱉，閣鱉咬龜，咧龜龜鱉鱉喔！」這句話亦同。

〔註200〕摘自《大俠百草翁》錄音布袋戲文本第一集〈百草翁重出武林〉。

通常指一個人鬼鬼祟祟，會說「龜龜鱉鱉」，像烏龜伸頭縮頭一般，但是黑番又加上了「龜咬鱉，閣鱉咬龜」，讓戲劇語言更加的豐富。

> 百草翁：無啥行，無啥走，已經轉來到英雄館的門跤口。
>
> 空空子：是啦！你我兩人已經轉來到東南派。
>
> 百草翁：哎喲？你龜咬鱉，閣鱉咬龜，咧龜龜鱉鱉喔！
>
> 空空子：百草翁啥物代誌咧龜龜鱉鱉？〔註201〕

又如以下的對話，百草翁要空空子有話快說，原本應該是「有尿緊漩（suān），有屎緊放」，但是黑番故意講反，變成「有尿緊放，有屎緊漩」，來製造笑料。

> 空空子：你莫遮爾歹，乎！我今仔日來揣你，有重要的問題，抑我話講講咧，你毋免共我趕，我家己就會來走矣。
>
> 百草翁：好啦！有啥物話欲講緊講，啊若有尿緊放，有屎緊漩（suān），莫囉嗦！〔註202〕

而下述的朱亥，他明明要說龐涓在「臭彈」吹牛，卻還要再加一句『中華民國萬萬稅』和「臭彈免納稅」，來增加趣味性。而且，向來大家都說「歕雞胿」，黑番卻自創了一句「歕鐵桶」，無非也是要以不可能的行為來增加喜感。

> 龐涓：哈，被禁在監獄，聽小獄官說道，敵軍侵犯吾國，魏國宜梁城無良將。欲講我龐涓若自由的身軀，莫講你田忌單人自己，縱然你有千軍萬馬，干焦我出陣就有辦法將過敵軍制服。
>
> 朱亥：駛恁婆仔咧啊！人講『中華民國萬萬稅』，抑拄好干焦臭彈免納稅。喂，死犯龐涓啊。
>
> 龐涓：喔？原來朱大人？
>
> 朱亥：我問你咧！你講你若出陣有辦法將敵軍制服。無你是咧歕雞胿，抑歕鐵桶 hânn？若是歕鐵桶撞（tōng）袂破，抑若歕雞胿手，針揙來 pok 一下就破矣喔！〔註203〕

以下朱亥所說，「好佳哉」就是好話，因為「好佳哉」代表事情未發生，

〔註201〕根據 2016.7.26 與黑番在員林「無極聖山堂」民戲演出時的訪談。

〔註202〕根據 2016.7.26 與黑番在員林「無極聖山堂」民戲演出時的訪談。

〔註203〕摘自摘自《孫龐演義》錄音布袋戲文本第一集。

或幸運逃過一劫；「欲會知」表示事情發生了，如果「早知道⋯」，代表的是後悔。這兩個詞在日常生活中時常被拿出來使用，但是黑番能發現這兩個詞應用方式的差異，並拿出來對比，可發現他對語言的敏感度，並運用自如。

> 朱亥：哈，好佳哉，好佳哉。Hooh hooh，「好佳哉」就是好話，抑
> 　　　若講「欲會知」乎，彼就是歹話。

　　黑番因個性幽默詼諧，因此在他的演出中，總是不須刻意，便能出現各種三花特質的小人物，這些小人物沒有高尚的情操，或許還貪小便宜，貪生怕死，就像平常會出現在市場的婆婆媽媽，或隔壁鄰居般，用著親切自然的話語跟我們聊天。這些小人物說話沒有既定的方式，甚至不按牌理出牌，讓人無奈又忍俊不住。黑番善用各種民間俗諺、孽譎仔話，甚至「答喙鼓」，來形塑穿插在每個情節當中的小人物，雖然小人物不一定是主角，但畫龍點睛的他們，卻是成功的撐起了黑番的戲齣，讓觀眾忍不住期待這些小人物又會製造出什麼笑料。

第五節　小　結

　　黑番從國小時接觸布袋戲開始，他不停的吸收、沉潛、自學，培養自己的實力，拜師學藝後，除了培養更多的基本功，也從師父鄭武雄那裏學到編劇的技巧和經營觀眾的態度。整班後，面臨布袋戲生態的逐漸沒落衰敗，九二一大地震之後，連主要收入的來源酬神戲也大幅減少，戲金多年來更是維持平盤，甚至下跌，也造成布袋戲的演出方式從有後場師傅的鑼鼓班，演變到普遍使用錄音播出的一人戲班。這幾年，再從極低潮期碰到民間本土化的浪潮，讓政府開始補助文化場的演出，看似讓布袋戲有回春的機會，卻又因為經濟的不景氣，讓文化場的酬勞也每況愈下。雖然世道有興衰，然而黑番卻不因此而氣餒，隨波逐流，反而是存著「山不轉路轉」的心態，提升自己的競爭力，因此迄今仍有應接不暇的演出機會。因此，我們可以發現一個藝師的成功，在於永遠不滿足現狀的從業態度，不間斷的思考如何創新劇本、創新演出，如何精益求精，以吸引更多的觀眾。黑番除了最基本，維持劇團生存的外台布袋戲外，還以他優美的口白、卓越的編劇能力，錄製錄音布袋戲販售，讓自己的影響力擴大到全台灣。此外，

黑番也不會畫地自限，認為自己只能搬演布袋戲，因此他受到講古的邀請時，也願意嘗試，並在準備充分後信心滿滿的演出，同樣獲得好評，拓展了自己的演藝之路。近年來，行有餘力的黑番，更會進行公益的演出，不求報酬，只希望為社會盡一份心力。

黑番的布袋戲作品主要分為金剛戲和古冊戲，因其師父鄭武雄擅長演金剛戲，故其金剛戲文本來源，主要是承襲自師父鄭武雄，還有學徒時期，觀賞師父演出後寫下的手抄本，加以改編後演出。而古冊戲來源，則多半是靠自修「三國志」等章回小說而來。黑番的布袋戲團除了重視口白以外，也注重舞台效果，除了讓布袋戲偶展現雜要的特技與台下的觀眾互動，到中國四川交流後，更讓布袋戲偶與真人結合演出「變臉」，在布袋戲場域中，求新求變，做出有別於其他布袋戲團的特色。

一般的布袋戲演出並沒有所謂的劇本，主演所憑藉的都是簡要的故事大綱或提綱，再依個人才情與功力，隨著劇情變化發展，而做恰如其分的演出。黑番吸收其他布袋戲團的優點，並隨時觀察時事，將其融入布袋戲的劇情當中。為了配合請主的要求，黑番會讓戲劇的劇情圍繞著主題打轉，而外台演出時有各種無法預測的狀況發生，不像錄音、錄影可以隨時重來，主演要隨時注意台下觀眾的反應來修正自己的演出，這時就考驗主演即興演出的能力。因此，要了解黑番的口白藝術及編劇才華，最好的方法便是親自田野調查，觀察黑番現場演出的布袋戲。然而目前外台布袋戲在戲金有限的狀況下，演出的主流是播放錄音的演出，要看到主演親自肉聲演出的口白表演，只有在大型的文化場。不過，雖然播放錄音帶的演出與活戲表演，在表演形式上看似不相容，但如果以最核心的口白創作而言，卻多少仍是延續這種即興的傳統（陳龍廷，2013：131）。而實際田野調查時也可以發現，黑番在錄製錄音布袋戲時，並沒有完整的劇本，依舊是依循簡單的提綱便能完成一齣戲。

黑番是彰化員林人，當地人除了較多有漳州腔外，還有一個特殊的腔調俗稱「永靖腔」，黑番的布袋戲雖然主要在彰化、南投縣境內演出，當地人對於這個腔調可說是非常的熟悉也感到親切。然而黑番的錄音布袋戲銷售全台，為了不造成使用他錄音的主演困擾，他主動避免使用永靖腔，而為了這個特殊的腔調創造了一位三花人物「永靖伯仔」，集中讓他使用永靖腔，用這個腔調所創作的語言來製造親切感及笑料。

　　布袋戲的靈魂人物就是所謂的「主演」，他一人須擔任起一齣戲的所有角色。主演者的情緒、性格思想都要完全投注在木偶上，主演者必須與劇中角色、戲偶三者合而為一。因此一齣戲成功與否，與主演的口白表演有極大的關聯性。而口白技巧的訓練，可說由「五音」的聲音發展出來。不同的布袋戲主演，有不同的性格、偏好，因此他們關注的角色，及其相關的精采段落，都是歷經長期的舞台磨練所累積出來。黑番本身個性幽默、說話詼諧，因此非常擅長運用甘草人物來「練痟話」，這樣的口白特色尤其適合「三花」的腳色。黑番所創造的三花角色，會利用孽譎仔話、俗諺、答喙鼓和其他自創的語言來製造笑料，黑番布袋戲之所以能長期受到許多觀眾的支持愛護，和他本身卓越的口白能力與編劇才華密切相關，掌握觀眾的喜好，讓戲齣顯得機智、有趣是其戲齣最吸引人的地方。

圖 2-1　年輕時的黑番留著一顆黑人爆炸頭（2018.6.20 擷取自江武昌的個人 FB）

Asida 1997-5 於彰化孔廟

圖 2-2　年輕時的黑番和黃海岱的合影（2018.6.20 擷取自江武昌的個人 FB）

圖 2-3　黑番請師傅將自己外表的特色畫在布袋戲舞台上（照片由黑番提供）

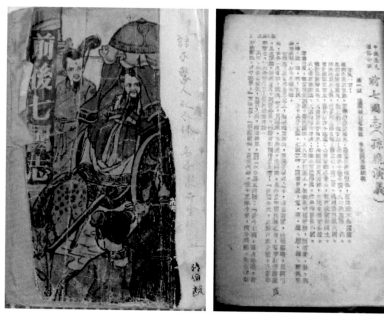

圖 2-4　《孫龐演義》的原型《前後七國志》（2015.8.25 黃如莉攝於黑番自宅）

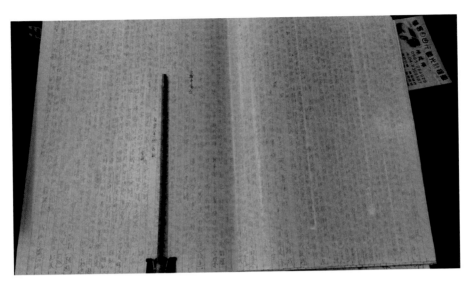

圖 2-5　黑番的手抄本及演出時搭配提綱的道具（2015.8.25 黃如莉攝於黑番自宅）

圖 2-6　黑番在「大光興」時期的印製的名片（2018.12.1 照片由黑番提供）

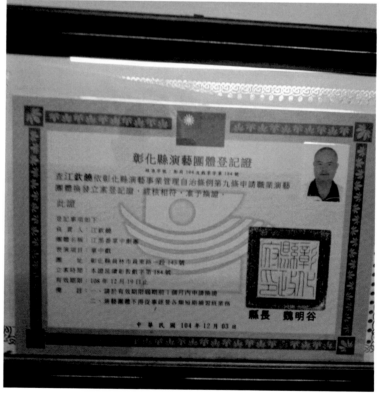

圖 2-7　黑番的職業演藝團體登記證（照片由黑番提供）

圖 2-8 黑番奪得「最佳主演獎」（照片由黑番提供）

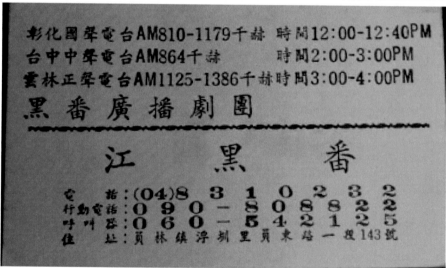

圖 2-9　1995.3.31 黑番在彰化縣大村鄉北勢村福天宮的演出,掛名在「國聲電台」
　　　　之下(江武昌拍攝)及黑番早年印製的名片(2018.12.1 照片由黑番提供)

圖 2-10　黑番錄製《少林演義》的情形（2016.6.20 照片由黑番提供）

圖 2-11　黑番放在 youtube 上的試聽帶〔註204〕

圖 2-12　2013 年受邀在「礦溪美展」頒獎典禮講古〔註205〕

〔註204〕擷取自 https://www.youtube.com/watch?v=aVWE89i9Zmw　2018.6.20 查。
〔註205〕擷取自 102 年度傑出團隊徵選影片。

圖 2-13　黑番在網路上關於「講古」的宣傳廣告〔註206〕

圖 2-14　獲得礦溪演藝獎——傑出演藝團隊（照片由黑番提供）

https://www.youtube.com/watch?v=EdlFygw43zQ　2018.6.20　查。

〔註206〕擷取自 https://www.youtube.com/watch?v=yq2DDqFins4 礦溪頒獎典禮江黑番
掌中劇團受邀講古

圖 2-15　2011 年「傳藝飄香處處聞・四面八方大匯演」海報

圖 2-16　參與 2015 年彰化縣藝術巡演活動（照片由黑番提供）

圖 2-17　筆者與黑番在「三聖宮」演出前合影（2016.12.25 黃如莉攝影）

圖 2-18　2017 年傳統戲曲縣內巡迴演出（照片由黑番爺提供）

圖 2-19　2017 媽祖繞境祈福活動宣傳海報（照片由黑番提供）

圖 2-20　黑番運用小貨車搭戲棚演出（2016.7.26 黃如莉攝於員林「無極聖山堂」）

圖 2-21　黑番一人演出布袋戲（2016.7.26 黃如莉攝於員林「無極聖山堂」）

圖 2-22　2017.10.23 在嘉義的護理之家講古（照片由黑番提供）

圖 2-23　2017.9.20 在新竹「竹科國小」的「布偶戲劇工作坊」擔任講師
　　　　（照片由黑番提供）

圖 2-24　1994.2.22 黑番在彰化田尾的演出〔註207〕

〔註207〕相片擷取自：https://www.youtube.com/watch?v=MBvv9u6ATrA　2018.3.1 查。

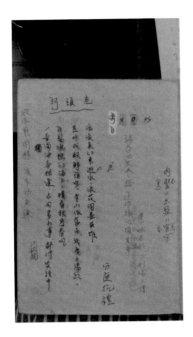

圖 2-25　《三國演義》的卷頭詞
（2015.8.25 黃如莉攝於黑番員林自宅）

圖 2-26　黑番以各式方法註記的字音
（2015.8.25 黃如莉攝於黑番員林自宅）

圖 2-27　黑番《三國演義》的參考來源
（2015.8.25 黃如莉攝於黑番員林自宅）

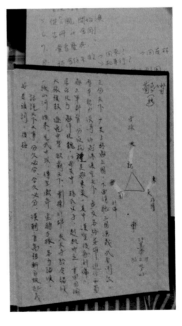

圖 2-28　黑番繪製的三國位置圖
（2015.8.25 黃如莉攝於黑番員林自宅）

圖 2-29　黑番 2012 年到中國交流觀摩〔註 208〕

圖 2-30　黑番參加第 21 屆「國際木偶聯合大會」（照片由黑番提供）

〔註 208〕相片擷取自 102 年度傑出團隊徵選影片（彰化員林黑番掌中劇團）：
　　　　https://www.youtube.com/watch?v=yq2DDqFins4 2018.2.27 查。

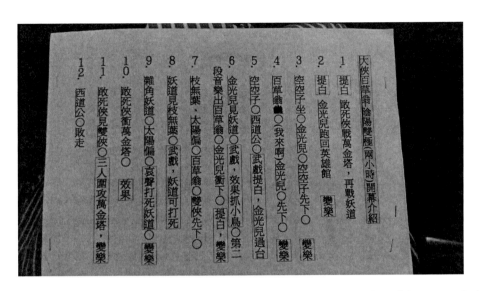

圖 2-31　黑番錄音布袋戲《大俠百草翁》搭配之提綱（2015.8.25 黃如莉攝於黑番員林自宅）

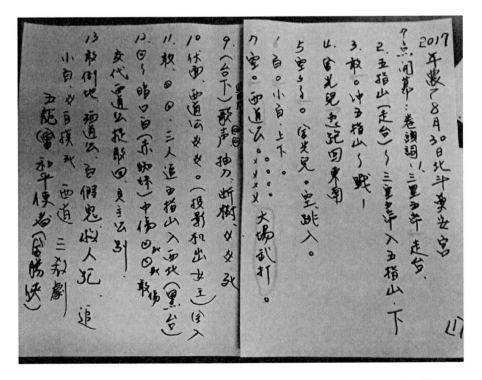

圖 2-32　2017 年北斗「奠安宮」《大俠百草翁》演出提綱（照片由黑番提供）

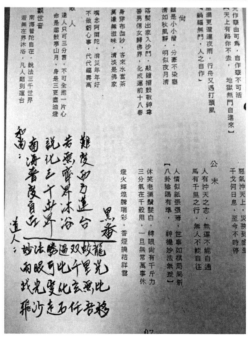

圖 2-33　黑番使用的四聯白

方言變項	泉腔			漳腔			涵字例
字類/變體	老泉	新泉1	新泉2	老漳	新漳1	新漳2	
1.入入	j	l		j	g		日字裕熱汝
2.居居	ir	u		i			薯鼠女據汝去佇
3.居據	ir	u		u			自思史
4.科伽	er	e		e			退短
5.科檜	er	e		ue			揣回火未過卜稅
6雞稽	ere	ue		e			鞋雞街初節
7杯稽	ue			e			買賣批八
8.箴箴	irm	im		om	am		森蔘
9.恩巾	irn	un		in			芹斤根銀
10 青更	inn			enn			生青病更暝
11 箱薑	iunn			ionn			想娘尚癢
12 飯經	uinn	ainn		ing			千間前還反㑩
13 關官	uinn	uainn		uainn			關橫
14 關觀	uinn	uainn		uan			縣慣懸
15 毛扛	ng			onn			毛兩
16 梅糜	hm			muenn	muainn		媒
17 科糜	ber	be	bue	muenn	muainn	mainn	糜妹
18 高高	oo			o			保島
19 香姜	iong			iang			將相約
20 卿經	ing			eeng	ing		冰冷
21 卿巾	ing			in			興證識室
22 三兼	tsam			tsiam			針
23 江姜	sang			siang			雙
24 弍驚	kann			kiann			囝
25 陰平本調	22	33		33			豬根酸
26 陽平變調	11			22			紅皮鋤
27 陰上變調	23	22		33			滾起洗好
28 陰陽去本調	混同	分別		分別			拜敗繼陣
29 陽入本調	230	30		120	220		白額著毒縛

圖 2-34　彰化縣閩南語的方言變項與變體類型表（擷取自涂文欽 2008 碩士論文 P55）

第三章　黑番的套語分析

　　布袋戲藝人演出時雖然不依靠固定的文字劇本，但他們仍須依賴一定的基本套式，即所謂的「戲套」來引導或制約「口承文本」的演出。所謂「戲套」，是指在不同的戲中所出現相同的口白或動作範式，是一套經過布袋戲藝人長期的舞台實踐所累積沉澱而形成的演出常規，已經變成布袋戲演出時的慣用「公式」（包括公式套語與公式動作），它讓沒有或不願遵循書寫文本的演師有了舖衍劇情的基本憑藉，不致弄混了演出時的秩序或邏輯。「戲套」產生的原因，乃是為了補救師→徒口語傳承時不能避免的「聽覺遺忘」（吳明德，2005：333）。聲音瞬息即逝，又沒有視覺上的書寫文字作為紀錄的工具，所以知識的儲存主要靠記憶，為了避免遺忘只能藉助類似公式的思考方法，將知識組合成為一個一個的單元，幫助記憶，又使之重複，使即使忘了前部分，後部分也能提供相同的資訊。因此「公式套語」和「重複資訊」便成為口語社會裡的主要知識儲存方式（容世誠，1997：275-276）。

　　吳正德（1991）認為布袋戲不需要劇本，就是因為有「戲套」，也就是公式。大套是整個故事情節的安排，中套是劇情中的某一段，而小套是動作上的公式。一般的演出就是大套中套小套，一個套一個，串在一起，也就是說，只要熟悉各種戲套，任何情節故事都可演出，但演得好不好就看功力了（頁12）。吳明德（2005）曾以許王的《二才子》舉例說明，大套就是劇情大綱，接著再細分十一個中套，即「分場綱要」來設定每場戲的演出情節。每場戲的人物都會有一套符合身分與情緒的制式動作、口白等戲劇套式，謂之小套。套式機動靈活，端賴演師視情況「加」、「減」使用（頁335～338）。吳明德（2015）認為基本套式的運用，端賴平時扎實的訓練與背誦，演出時方能規矩合宜，

不致方寸大亂。因爲野台布袋戲不能剪接鏡頭，無法使用詳細的劇本，頂多只能以分場綱要提示演出順序，這就是所謂的「戲骨」，而人物對話的內容，則由演師背誦基本套語外，大部分憑機智臨場做「爆肚式」的補充，所以同樣的戲在不同的時地演出，對話內容難免有增刪，這就是所謂的「戲肉」（頁341～342）。陳龍廷（2013）則認爲布袋戲的「主題」像是肌肉，而套語則是皮膚毛髮，「主題」也稱作「典型場景」，指的是一個彈性的創作單位，這些表演的精采片段，可能出現在同一位主演的不同戲齣，他們從表演經驗裡鍛鍊出彈性的創作單位，在歷經傳統帶家齣的洗禮後，再行創作出新的戲齣（頁126～128）。

吳正德及吳明德所說的「中套」即類似於陳龍廷所說的「典型場景」或「主題」。陳龍廷（2013）指出布袋戲的彈性創作單位，及常見的口頭表演主題，至少包括文戲、武戲、笑詼戲。其重要功能在於戲劇氣氛的轉換。布袋戲主演因傳承不同，及其性格偏好，因此各有所長（頁192）。而吳正德及吳明德所說的「小套」指的就是每個角色出場時的制式動作及口白，意即「套語」。一個經過千錘百鍊的民間藝人，在缺少劇本，僅有提綱的狀況下能有精彩的演出，一定是有許多層面都有套語。陳龍廷（2015）表示，口頭文學存在的套語，本身具有重複性、穩定性的詞組，使他在現場表演的壓力之下，仍可以快速、流暢地敘述。套語，就是以一種讓表演者容易記憶、讓聽眾產生強烈印象的方法創造的說話方式。即興表演的能力，可能必須奠基在這些固定的套語之上，在該傳統允許的範圍內做有限度的變化（頁140）。因此，雖然布袋戲的口頭表演有許多固定的套語，但是在固定的套語中仍然存在一些變化。在本章節中，以黑番的古冊戲《孫龐演義》及金剛戲《大俠百草翁》爲例，分析人物初登場和戲劇進行中，套語有何不同，他如何將傳承而來的套語在戲劇裡巧妙的運用及變化。

第一節　初登場的套語

陳龍廷指出，獨白是觀眾瞭解戲劇世界中的人物內心思想經驗，最重要的線索。在表演中，爲了讓觀眾瞭解這些戲劇角色心中眞正的思維狀況，因而發展出獨白形式的語言。中國宋、元之際發展出「南戲」，劇本開頭有一段介紹創作意圖和敘述劇情梗概的開場戲，其「副末開場」、「家門大意」的形

式，大多為中年男子形象的副末腳色，陳述一齣戲的開場詞，及分擔輔佐的戲分（陳龍廷，2015：140。引自清木正兒，1930「1982」：521）。而清代京劇的劇場形式，則保留念誦「引子」之後，接著念定場詩，然後自報家門（姚一葦，1984：38-40）。戲劇的獨白，最重要的是角色向觀眾自我介紹，首次出台時，都必須以詩詞吟詠，讓觀眾在很短的時間內就瞭解舞台上的角色，民間藝人都稱這種四句為一個單位的韻文為「四聯白」（陳龍廷，2015：147）。布袋戲深受北管戲曲表演風格影響，相當重視「套語」的形式，因此戲劇人物上場時大都會唸「四聯白」。日治時代的掌中戲班結合北管子弟戲，並沿用通稱為「正本戲」的北管戲劇本，布袋戲除了戲曲音樂受到了影響外，也運用了「四聯白」。當時的「四聯白」聽起來，可說是混雜了北京話和台語的怪異語音。清代當時的官話與現在的北京話相近，台灣民間稱之為「正音」，並非一般台灣人所能聽懂。雖然如此，讓觀眾覺得與劇中人物之間相隔甚遠的語言，或許反而有一種權威的感受。專演詼諧戲齣的三花，他所常用的語言則是全台語白話，也讓一般人不那麼排斥北管戲。曾經看過多次，或熟悉相關歷史及演義故事的觀眾，或許並不一定能聽懂官話，但卻能憑藉著舞台上出現的人名、對白透露的事件，就能很快了解故事內容，此時套語的使用，只保留裝飾或襯托的功能，或表演者想要塑造的人物出場架勢（陳龍廷，2015：139-144）。

「四聯白」，大都是四句為一個單位。一般而言，四聯白因角色地位、境遇的不同，而有不同的內容。民間藝人也有說「念便套--的」，意思是前人早已寫好，只要先行記誦，就可以直接套用的。後來布袋戲師傅逐漸將以官話發音的四聯白，改為台灣話，讓觀眾感到更親切。有些布袋戲藝人，則會使用唐、宋的詩句，或寺廟的對聯，以免讓人覺得千篇一律，缺乏創意，而且四聯白也不再侷限以四句一個單位，兩句為單位的「聯白」越來越多，一方面增加了戲劇進行的節奏，一方面也廣泛運用民間熟悉的《千家詩》（陳龍廷，2015：152）。同樣的，沈平山（1986）也說，「四聯白可四言、五言、七言，兩句、四句、六句（也可省略），而引意亦可簡可繁（頁141）。可見所謂的四聯白，到後來已經不拘泥在四句的形式上了。

布袋戲用「四聯白」的套語形式來介紹戲劇人物，以口頭表演而言，這種固定的語言相當於出場人物的臉譜，憑著主演口頭表演不同的聲音和固定套語，觀眾便能辨認舞台上出現的人物（陳龍廷，2015：141）。傅建益（2000）也認為，在野台布袋戲中最吸引人的口白，莫過於角色上場時所吟誦的「四

唸白」〔註1〕，不管是道身世、抒胸懷，主要作用在於說明角色的身分、處境、技能、事業或企圖，能讓觀眾迅速認識此一角色，了解劇情的大概輪廓（頁70）。沈平山（1986）認為，一般來說，完整的人物出場套式：

> 共分四節，一氣呵成：（1）引子（出入場，先用一段樂曲引路，使戲情入景）。（2）四六念白（詩讚）、順口白。（3）自介（自報姓名、身分、地位）。（4）引意（說出心內事）（頁141）。

陳龍廷（2015）則選擇了1906年的員林潮調布袋戲班「龍鳳閣」詹柳械家的籠底戲手抄本，及1970年代黃俊雄灌錄的黑膠唱片《六合魂斷雷音谷》表演文本，觀察其基本戲劇結構的異同之處，歸納出布袋戲人物出場的表演語言結構：

> 基本上可歸納為上台引、四聯白、獨白、對話等四部分。獨白通常包括自稱、姓名、社會地位、戲劇動機等內容（頁146）。

根據陳龍廷（2015）的研究：布袋戲的四聯白，通常以戲劇的角色（kak-sik）來分類，如皇帝、奸相、文官、巡按、狀元、武將、書生、隱士等，呂理政將之歸納為十八類（1991：227-230），沈平山則歸納出十六類（1986：140-157）。而陳龍廷則以布袋戲表演特質來分類四聯白（頁142）。因為主演者最重要的，就是扮演各種不同角色的口白，一齣戲的成敗，就在於布袋戲的口頭表演是否成功。在研究中，發現布袋戲有些相當簡要的套語，卻同時運用在古冊戲或金剛戲裡，甚至也不限定是哪個腳色。戲劇在進行當中，可以發現四聯白的作用，除了初登場時可以用來介紹角色的性格及背景外，有時在戲劇進行中，也用來介紹角色內心的情緒或未來劇情的走向。本節將舉例說明黑番如何將套語靈活運用在他的戲劇當中，不同的戲劇腳色，又會使用哪些不同的套語，其相關性及差異性為何？戲劇主演如何讓戲劇腳色一出場，便讓觀眾對該角色留下深刻的印象？其中，「上台引」也稱「出場引」，通常是隨著戲曲音樂吟唱的詞句，在黑番的戲齣裡使用的部分，並非他親身所唱或編，而是後來配樂時加上去的，因此本論文暫不予討論。

〔註1〕根據陳龍廷（2015）的說法，「四聯白」（sì-liân-pèh），也有寫成「四唸白」（sì-liām-pèh）（沈平山，1986：140）。他認為這是田野報導人的語音與變調習慣，還有紀錄者認知有所差異才產生的書面差異。兩種寫法都有道理，一則強調聯句的形式，另一則強調表演形式屬於「念」而非「唱」。此外，報導者的語音與變調習慣，也可能造成這樣的後果。通常北台灣的布袋戲師傅念「liân」的變調語音，聽起來是「liàn」，因此很可能聽者就紀錄為第七聲的「liān」，就會出現「四唸白」的寫法（頁147）。

一、大　花

根據陳龍廷（2015）對大花的定義：

> 大花，通常也稱「花面」（hue-bīn），指木偶臉上有「拍面」（phah-bīn）
> 的行當，都是代表極有個性的角色，無論是色彩與花樣，都容易給
> 人深刻的印象，因此大多是布袋戲中比較性格剛猛、粗獷豪放或陰
> 險狡詐的人物（頁156～157）。

以《孫龐演義》的文本裡田忌、鄒忌、蘇代等三人爲例，出場都是先講
四聯白，再來自稱，說出自己的姓名、社會位置或官職，最後說明戲劇動機。

1. 田忌：手掌王軍令，教場點萬兵，何人逆吾令，定斬啊（介）不
留情（介）！老夫啊（介），田忌（介）。在齊國臨淄皇
兄駕下，身爲魯王之（tsu）職。爲今天下共分七國，七國
乃表面上合和（hap hô），但奈各國之主完全有（iú）野心，
欲來併吞六國，統一全天下（介）。爲了天下間混亂，前
日我皇兄在臨淄開設和平大會，來招待列國諸侯，希望列
國母通動起干戈（下略）。〔註2〕

2. 鄒忌：官居帝王殿，富貴甚顯然，何人逆我令，定斬啊（介），
不留情（介）！老夫（介）鄒忌（介）啊。齊國國王駕下，
官拜太師之職。老夫可說一人之下，萬人之上的官職啦。
在朝廷內閣會使講老夫若講一句，國王聽一句；我若講兩
句，國王聽一雙啦（介）。今日五更早朝，左右，大轎拍
進，上朝面君啊！〔註3〕

3. 蘇代：官居帝王邊，富貴甚顯然，何人比得我（介），快樂啊
（介），似神仙（介）。老夫（介），蘇代啊（介），在
朝爲官，官拜右相之職。聽我母親說道，昔日魯王爺陪同
南郡王孫臏前來拜相。魯王爺爲媒，將過小妹婚姻兩字，
頂對南郡王孫臏，而且也收下聘禮，選定著良辰吉日，南
郡王以及著小妹完婚拜堂。今在府門閒日無事，小坐。
〔註4〕

〔註2〕摘自摘自《孫龐演義》錄音布袋戲文本第一集。
〔註3〕摘自《孫龐演義》布袋戲錄音文本第十一集。
〔註4〕摘自《大俠百草翁》錄音布袋戲文本第一集〈百草翁重出武林〉。

下表是將上述的四聯白與其他文本相似的四聯白相較：

表 3-1 大花初登場的四聯白一

戲劇人物	四　　聯　　白
田忌	手掌王軍令 Tshiú tsiáng ông-kun līng, 教場點萬兵 Kà-tiûnn tiám bān-ping, 何人逆吾令 Hô-jîn gik ngó͘ līng, 定斬不留情 Tīng tsám put liû tsîng.
鄒忌	官居帝王殿 Kuan ki tè-ông tiān, 富貴甚顯然 Hù-kuì sīm hián-jiân, 何人逆吾令 Hô-jîn gik ngó͘ līng, 定斬不留情 Tīng tsám put liû tsîng.
蘇代	官居帝王邊 Kuan ki tè-ông pian, 富貴甚顯然 Hù-kuì sīm hián-jiân, 何人比得吾 Hô-jîn pí tit ngó͘, 快樂似神仙 Khuài-lȯk sù sîn-sian.
《天寶圖》的花登雲	身居帝王邊 Sin ki tè-ông pian, 富貴甚顯然 Hù-kuì sīm hián-jiân, 誰人比得吾 Suî-jîn pí tit ngó͘, 快樂似神仙 Khuài-lȯk sù sîn-sian.
《二才子》的大夫侯沙利	身近帝王邊 威風勢凜然 誰人比得我 快樂賽神仙

從田忌的四聯白「手掌王軍令、教場點萬兵」裡的「王軍令」、「點萬兵」，可以看出他是位武將。而鄒忌的聯白則說，他身處帝王身邊，享盡榮華富貴，可以看出是朝廷裡的文官。這兩人一武一文，身處地位都是一人之下萬人之上，因此可以誇口說，只要違反其命令者，一律處斬。蘇代的四聯白前兩句和鄒忌相似，可是在《孫龐演義》的文本裡，右相蘇代的角色地位不重，只是因為孫臏娶了蘇代的妹妹蘇瓊英，而引發了鄒忌的兒子和孫臏的衝突。蘇代在文本中並不是一個貪官或小人，而且與鄒忌不合，因此在他的四聯白中，最後兩句看得出來，他是一個安於現狀的榮華富貴，沒有野心的人。根據陳

龍廷（2015）的研究，屬於大花的角色類型，包含奸相、貪官、或落山為寇的綠林英雄等（頁 156），在他採集的《天寶圖》中，意圖謀反的宰相花登雲也有相似的四聯白，顯示出他一個政治野心家的個性。同樣的，許王在《二才子》裡大夬侯沙利，也有相似的四聯白（吳明德，2005：298）。因此，可以發現主演時常會使用此聯白在「大花」上。不過，也同時可以發現，雖然田忌和鄒忌可算是「大花」，而蘇代則不屬於之，但是類似的套語卻可以被三個戲劇角色所共用，足見藝師可憑自己的需要靈活使用套語。

　　而出面幫助孫臏復仇的廉剛將軍及白起將軍的套語順序則是先說四聯白、再自稱、說出自己的姓名及戲劇動機。就劇情發展來看，廉剛和白起已經不是第一次出現的戲劇角色，因此不用再說出官職，只需自報姓名再說明戲劇動機即可。

　　1.廉剛：　頭戴青龍盔（Thâu tì tshenn-liông khue），身穿麒麟甲（Sin tshuan kî-lîn kah），沙場干戈動（Sa-tiûnn kan-ko tōng），一將啊（介）擋萬勇（介）（It tsiàng tòng bān-ióng）。末將（介），廉剛啊（介）。威震在趙國咽喉要害百翎關，日夜不斷佇咧操演軍兵，提防著燕國易州以及魏國宜梁城大軍侵犯著我趙國百翎關。閒（hân）日無事，關中小坐。

　　　　　〔註5〕

　　2.白起：　雙手拍開生死路（Siang-tshiú phah-khui senn-sí lōo），翻身跳脫啊（介）是非門（Huan-sin thiàu-thut sī-hui bûn）！老夫（介）白起啊（介），欲來離開著乞食寮。龐涓帶動一班軍兵圍困，在亂戰中，狂風暴雨到位。我會當自然而得脫身，可能就是孫臏先生從（tsiâng）中解圍。歸回到西秦了後，將今日所發生之事，向國王稟明。去囉！〔註6〕

　　廉剛說道「頭戴青龍盔，身穿麒麟甲」，從這簡短的聯白可以看到文字敘述之美，「頭戴」對「身穿」，「青龍盔」對上「麒麟甲」，由他形容的這一身打扮，可以想像他是一位武將，「沙場干戈動，一將啊擋萬勇」而「沙場」、「干戈」等，也都跟戰爭有關，最後一句「一將啊擋萬勇」，說的是廉剛對自己的自信，「一將」指的是他自己，憑他自己就可以對付上萬的勇士。這樣的聯白，

〔註5〕摘自《孫龐演義》布袋戲錄音文本第十五集。
〔註6〕摘自《孫龐演義》布袋戲錄音文本第七集。

讓觀眾一聽就能感覺出廉剛的驍勇善戰。同時可以發現，黑番的念白裡「一將」他念的音是「it tsiàng」而非「it tsiòng」，是很明顯的漳州音。白起的聯白，一樣是對仗工整的句子，「拍開」對上「跳脫」，「生死路」對上「是非門」，從「雙手拍開生死路」、「翻身跳脫是非門」這簡短的兩句，就可以看出白起一身的好本領。

此外，白起尚有以下這則來自《千家詩》，明世宗所作的詩〈送毛伯溫〉的四聯白，筆者試著與陳龍廷（2015）討論過的 1960 年代廖英啓所灌錄的《孫臏下山》，其中的戲劇角色王翦，和 1999 年張益昌所灌錄的《西漢演義》，其中的戲劇角色劉邦，及吳明德（2005）收錄許王在《南陽關》第二場齊國公韓擒虎出場坐台時所云的四聯白為例（頁 302），來做比較。

表 3-2 大花初登場的四聯白二

版　　本	四　　聯　　白
《孫臏下山》的王翦	大將奉征膽氣豪 Tāi-chiòng hōng-cheng tám-khì hô, 腰橫秋水雁翎刀 Io-hôaiⁿ chhiu-súi gān-lêng-to, 風吹鼉鼓山搖動 Hong chhoe gô·-kó· san iâu-tōng, 電閃旌旗日月高 Tiān-siám seng-kî jit-goa̍t ko.
《西漢演義》的劉邦	大戰西秦膽氣豪 腰橫秋水雁翎刀 風吹鼉鼓山河動 電閃旌旗日月高
《孫龐演義》的白起	身居帥位膽氣豪 Sin-ki suè-uī tám-khì hô, 腰間秋水雁翎刀 Io-kan tshiu-suí gān-lîng to, 風吹號鼓山搖動 Hong tshue hō-kóo san iâu-tōng, 電閃旌旗日月高 Tīng-siám sing-kî jit-gua̍t ko.
《南陽關》的齊國公	大將南征膽氣豪 腰橫秋水雁翎刀 風吹鼇鼓山河動 電閃旌旗日月高

根據陳龍廷的研究，這首〈送毛伯溫〉原詩如下（葉國良，1988：458-459）：

大將南征膽氣豪　　腰橫秋水雁翎刀

風吹鼉鼓山河動　　電閃旌旗日月高

　　天上麒麟原有種　　　穴中螻蟻豈能逃

　　太平待詔歸來日　　　朕與先生解戰袍

　　陳龍廷表示，這首〈送毛伯溫〉，是布袋戲的大將軍上場時，偏好的四聯白，是民間最耳熟能詳的作品，而且是以台語的文言文來吟詠，因此，布袋戲的主演大多偏好將這首詩與大將軍的凜然氣勢結合再一起。一般只擷取前四句當作大將軍的四聯白，應是為了避免原詩中的帝王口氣與戲劇中的表演情境無法吻合。根據他的研究，使用前四句當做四聯白的戲齣不勝枚舉，但是通常會稍微配合戲劇需要而更改。這三個人的版本第一句都與原詩不同。《孫臏下山》，又名《秦始皇吞六國》，是閣派布袋戲的帶家齣（tuà-ka-tshut），1960 年代由廖英啓灌錄、鈴鈴唱片出版的黑膠唱片。以戰國名將王翦而言，在戲中，他奉秦始皇之命，併吞六國，而不只是「南征」而已，將詩句改動為「奉征」似乎有些道理。張益昌灌錄的《西漢演義》，其中劉邦出場的四聯白的頭一句，「大戰南征」改為「大戰西秦」。放在故事的楚漢相爭背景，似乎也是合情合理（頁 167～169）。而《孫龐演義》裡身為統兵馬大元帥的白起，將四聯白修改為「身居帥位膽氣豪」，更是適切。第二句的「腰間」稍不同於其他版本的「腰橫」，但同樣是在腰間配帶著雁翎刀，「秋水」則是比喻具有光芒逼人的劍氣〔註7〕。第三句原詩是「風吹鼉鼓山河動」，「鼉」是一種動物，其皮可製鼓〔註8〕。但根據陳龍廷（2015）的記載，廖英啓的讀音是「gôo-kóo」，或許是「鼉」這個字一般人讀不出來，只好以「鰲」「gô」代替（頁 167-169）。而黑番的版本，他認為〔註9〕「號」是號角的意思，是一種信號。不論是號角或是鼓，都是在戰爭中可能用到的東西，算是合理。最後一句，則三個人的

〔註7〕根據教育部重編國語辭典修訂本，來源是：唐·白居易〈李都尉古劍〉詩：「湛然玉匣中，秋水澄不流。」元·王實甫《西廂記·第一本·第一折》：「萬金寶劍藏秋水，滿馬春愁壓繡鞍。」
http://dict.revised.moe.edu.tw/cgi-bin/cbdic/gsweb.cgi?ccd=tEeM7l&o=e0&sec=sec1&op=v&view=0-1　2017.12.7 查。

〔註8〕根據教育部重編國語辭典修訂本：動物名。爬蟲綱鼉科。長約二公尺餘，背部暗褐色，有六橫列角質鱗，具黃斑和黃條。腹面灰色，有黃灰色小斑和橫條。尾部有灰黑相間的環紋，四足，前肢五指無蹼，後肢四趾具蹼，穴居於池沼底部，以魚、蛙、鳥、鼠為食。為大陸地區特產動物，分布於長江下游、太湖流域一帶。皮可製鼓。也稱為「鼉龍」、「靈鼉」、「豬婆龍」、「揚子鱷」。
http://dict.revised.moe.edu.tw/cgi-bin/cbdic/gsweb.cgi?ccd=M4ag7r&o=e0&sec=sec1&op=v&view=0-1　2017.12.7 查。

〔註9〕2017.12.7 視訊訪問。

版本相同。因此，雖然主演繼承套語的遺產，還是可以就戲劇情境而略加修改加以創新。布袋戲引用古詩為四聯白，是在製造一種特殊人物出場的氣氛，因此任何的套語只要大意明瞭，很難說哪一則套語是最正確的標準範本（陳龍廷，2015：167-169）。

以上都是將軍及丞相或太師等位居官職的人所用的四聯白，不免有些文謅謅，而綠林好漢的四聯白又是如何？如吳獬及袁達本來都是落草為寇，直到遇到孫臏，才被孫臏收服，拜孫臏為師，因此這兩位的四聯白是非常口語化的。

天烏地暗我敢行，	Thinn oo tē àm guá kánn kiânn,
雷公爍爁我毋驚，	Luî-kong sih-nah guá m̄ kiann,
歹心毒行我無做，	Pháinn-sim to̍k-hīng guá bô tsò,
刣人放火上出名。〔註10〕	Thâi-lâng pàng-hué siōng tshut-miâ.

吳獬說「天烏地暗我敢行，雷公爍爁我毋驚」從這兩句可以看出吳獬天不怕地不怕，但後兩句「歹心毒行我無做，刣人放火啊上出名」卻又顯示出矛盾之處。既然不做「歹心毒行」，那怎麼又會去「殺人放火」呢？所以吳獬這個角色說的話是不太正經，且要故意製造笑料的。

目中無王法，	Ba̍k-tiong bô ông-huat,
橫行天下間。	Huâinn-hîng thian-hā kan,
斗膽敢犯吾	Táu-tánn kànn huān ngó,
性命歸陰山。〔註11〕	Sènn-miā kui im-san.

戲劇中，袁達角色的設定是一個力拔山河、孔武有力的人物，他的心中並無王法，任何意圖侵犯袁達的人，全部會讓他們性命歸陰。這則聯白非常囂張跋扈，然而短短四句就把袁達的性格表露無遺。

下列這則聯白非常簡短，卻能看出民間藝人的文字美感，「拳打」對「跤踢」，「天邊雪」對「陸地霜」，不但可以輕易看出南斗武聖人的好身手，也能在極短的時間內讓觀眾印象深刻。

拳打天邊雪，	kûn tánn thinn-pinn suat,
跤踢陸地霜〔註12〕。	Kha that lio̍k-tē song.

〔註10〕摘自《孫龐演義》布袋戲錄音文本第十一集。
〔註11〕摘自《孫龐演義》錄音布袋戲文本第十二集。
〔註12〕摘自《大俠百草翁》錄音布袋戲文本第二集〈三教等聖旨令〉。

　　而下列這則聯白則來自萬歲毒君赤蜘蛛，前兩句就把最狠的話摺出來，只要侵犯到他的人，全部不讓他們留下性命。雖然第三句沒有押韻，長度也不同，卻是最重要的自我介紹。這則聯白搭配主演的口白回音及聲光效果，警告意味濃厚，讓人不寒而慄。

　　　　殺人警告命不留，

　　　　犯吾之人命皆休，

　　　　吾是萬歲毒君赤蜘蛛，

　　　　不服來生再報仇。〔註13〕

　　綜上所述，「古冊戲」大花的聯白都有一股豪氣在其中，文官、武將的四聯白較爲文謅謅，而綠林好漢則顯得白話多了，給人一種天不怕地不怕的感覺。而金剛戲「萬歲毒君赤蜘蛛」這個大花四聯白，加上具有回音效果的配樂，則讓人不寒而慄，而成爲他的註冊商標，角色未登場，觀眾心裡已經做好準備。

二、三　花

　　根據陳龍廷（2015）對於三花的定義：

　　　　三花，布袋戲藝人有時也稱爲「小花」。木偶造型上可細分爲：小笑、笑生、三花笑、紅鬚笑、長鬚笑生等（呂理政，1991：61）。三花的音色特質，就是以充滿笑容的嘴型來念白，而且某些涉及他內心騷動的辭語，偶爾還會伴隨忍俊不住的笑聲。屬於三花的角色類型相當多，包括幽默的小生意人，專門解決戲劇情節中疑難雜症的「老鳥狗」、或胡作非爲的「Siáu 公子仔」等。三花使用的四聯白相當口語化，念白常需要特殊的節奏感，甚至不侷限於四句的形式，而以「念 khó 仔」liām-khó-á）的形式來代替（頁 157～159）。

　　三花的「腳色」，在劇情中有畫龍點睛的效用，只要三花角色一出現，原本過於沉悶或過於緊張的劇情便能瞬間得到化解，因此三花的戲偶本來就是咧嘴笑的樣子，藝師在表演三花的角色時，也是以這樣咧嘴的方式說口白。在黑番的演出中，不管是古冊戲或金剛戲，當「三花」腳色出現時，時常出現類似的套語，先是自我介紹，再說明戲劇動機。以下面四則套語爲例，其中兩則是《孫龐演義》中朱亥和毛遂的口白，另外兩則分別是錄音布袋戲《大

〔註13〕摘自《大俠百草翁》錄音布袋戲文本第一集〈百草翁重出武林〉。

俠百草翁》第一集〈百草翁重出武林〉和筆者第一次拜訪黑番時，他現場臨機演出的一場《大俠百草翁》活戲：

（一）朱亥：生理在半天（thian），性命在眼前（tsiân），抑這馬佇遮坐，小等咧敢（kánn）會拖（thuà）屎連？哈哈哈哈哈哈，啊逐家有相捌無？抑若毋捌自吾介紹，我姓朱，名叫亥（ai），抑嘛有人叫我朱亥（hâi）。啊咱這个中國字就真歹讀，也有這个漳音，猶嘛有這个泉音。Hannh，有當時仔按呢乎，『迷迷糊糊』抑全也（tsuân-á）〔註14〕『搞不清楚』。我佇這个魏國，國王駕下官拜下大夫之（tsu）職。啊你都知咱這古意人乎，抑按呢乎，「做官清廉（liâm），食飯攪鹽」。啊五更早時分乎，來！扛轎的啊！轎擔咧，準備『上朝』（sâng-tshâu）面君，來去來去啊！〔註15〕

（二）毛遂：生理在半天，性命佇目睭前，這馬佇遮徛，小等咧拖屎連。哈哈哈哈，『兩鬢』（liáng-pīn）徒，逐家有相捌無？抑若無相捌，自吾介紹。我金眼毛遂啦，抑人共*我綽一个外號，號做赤跤大仙。抑若講我金眼毛遂乎，一生的當中，我的特色就是加別人一肢手就著。哈哈哈哈哈，就咱若想欲愛人的物件乎，只要講咱若想會到，啊咱就愛會到。…（略）今我就有練這个掩身術，乎，掩身草共插咧，準備共拚對龐府內底面來偷草人，行！〔註16〕

（三）百草翁：嘿嘿，生理講在半天，抑性命講佇目睭前，這馬佇遮佇咧徛，凡勢〔註17〕小等咧就*按呢拖屎連〔註18〕。哈哈哈哈，咱人袂使掛這个無事牌，親像今仔日，哦…，紅膏赤日頭，抑雄雄來一陣西北雨，按呢乎作業攏誠歹作業就著。…（略）抑阮老師二度風塵，叫我講風塵事毋通干涉，若干涉風塵事乎，真正講的乎，性命會打折啦。抑我

〔註14〕本論文對話裡的「全也」（tsuân-á）指的是「就按呢」連音。
〔註15〕摘自摘自《孫龐演義》錄音布袋戲文本第一集。
〔註16〕摘自《孫龐演義》錄音布袋戲文本第十八集。
〔註17〕根據「教典」，「凡勢」音讀「huān-sè」，也許、可能的意思。
〔註18〕根據「教典」，「拖屎連」音「thua-sái-liân」，被折磨得很淒慘的意思。但是黑番唸「thuà-sái-liân」應是發音差的緣故。

母才會阮囝炁咧，來蹛佇這个最深山最古洞的鴨母寮豬哥
窟啦。

（四）百草翁：（唱【老人阿哥哥】）

三叔公啊九嬸婆　眞正老風騷，

別項舞步無愛學　愛跳阿哥哥。

音樂節奏無清楚　跤步踏袂合，

二个跳甲花膏膏　抱咧玲瓏遨。

百草翁：生理在半天，性命佇目睭前。這馬佇遮佇咧徛，小等咧敢

會拖屎連？

後場：欲死矣 hioh ？

百草翁：咧哭枵，遮歹喙，啥物欲死矣囉！咱人袂使掛無事牌，孔

子公嘛毋敢收人的隔暝帖。哈哈，逐家毋知有相捌無乎？

若無相捌，自吾介紹。我就是號做大俠百姓（pah-sènn）

公。

我們在上列的獨白套語中會發現，當三花的腳色出場時，通常自己會先
發出笑聲，接著問「逐家有相捌無？」這時，不一定會有另一個戲劇角色來
回答這個問題。也許他是以觀眾爲對話的對象，或以後場爲對話對象，有時
甚至是自問自答：「抑若毋捌，自吾介紹」，再趁機引出戲劇動機。這樣的安
排無非是希望比純粹的獨白多一點變化，創造出更多的戲劇效果。問完這句
後，戲劇角色才開始自我介紹，說明自己的身分地位，再說明自己內心的想
法及要做的事。而且在對白中一定會出現幽默的話語，讓觀眾心情得到放鬆，
劇情就在一收一放中緊抓住觀眾的心。布袋戲套語裡的對白，也就是對話，
是指兩人或兩人以上的談話。一般人的談話經常是各說各話，沒有固定主旨，
隨時可以終止，如果不是當事人，旁觀者可能不明白它們談的眞正意義。而
戲劇的對話有因果關係，基本上有交互動作與反應，因此可說是戲劇進行相
當重要的重心（陳龍廷，2015：148）。從以上百草翁的套語可以發現，雖然
四聯白大致相同，但是主演有時用自問自答的方式引出戲劇動機，有時則是
以對話的方式引出戲劇動機，主演可以隨時依據現場演出的情形決定套語的
使用。如以下四則相似的四聯白：

表 3-3 三花初登場的四聯白一

戲劇人物	四　　聯　　白	
朱亥	生理在半天 性命在眼前 這馬佇遮坐 小等咧敢會拖屎連	Sing-lí tsāi puàn-thian, Sènn-miā tsāi gán-tsiân, Tsit-má tī tsia tsē, Sió-tán--leh kánn-ē thuá sái liân?
毛遂	生理在半天 性命佇目睭前 這馬佇遮徛 小等咧拖屎連。	Sing-lí tsāi puàn-thian, Sènn-miā tī bȧk-tsiu tsiân, Tsit-má tī tsia khiā, Sió-tán--leh thuá sái liân.
百草翁（一）	生理講在半天 性命講佇目睭前 這馬佇遮佇咧徛 凡勢小等咧就*按呢 拖屎連	Sing-lí kóng tsāi puàn-thian, Sènn-miā kóng tī bȧk-tsiu tsiân, Tsit-má tī tsia tī leh khiā, Huān-sè sió-tán--leh tsuánn thuá-sái-liân?
百草翁（二）	生理在半天 性命佇目睭前 這馬佇遮佇咧徛 小等咧敢會拖屎連	Sing-lí tsāi puàn-thian, Sènn-miā tī bȧk-tsiu tsiân, Tsit-má tī tsia tī leh khiā, Sió-tán--leh kánn ē thuá-sái-liân?

　　由於三花使用的四聯白相當口語化，念白常需要要特殊的節奏感，不侷限於四句的形式（陳龍廷，2015：157）。因此，我們可以發現這則四聯白，每句長短不太一樣，除了韻腳一樣，沒有任何的對仗，但是讀起來卻讓人感到親切可愛，尤其是「拖屎連」三個字。根據「教典」的解說，「拖屎連」是指「被折磨得很淒慘」。而根據「台日大辭典」，是指上廁所沒有結絕乾淨，於是乎，一邊走一邊還有點餘屎落出，是女人罵人的用語。另外也可能指一個人久病纏身，躺臥病床不癒，整身沾滿糞便屎尿。而「連」這個字的發音，在台語也接近「憐」，意思是說這種狀況總是悲慘的。朱亥在《孫龐演義》裡雖在朝為官，但實際上的性格就是一個跟你我一樣，帶著真摯情感的普通人，在孫臏不斷被迫害、想辦法脫困、使用各種奇門遁甲以力抗龐涓的狡詐的緊張劇情中，這個三花「腳色」朱亥，總是適時給予溫暖，還會偶爾會穿插製造笑料來緩和氣氛，因此他的聯白非常口語化，還帶著一點的戲謔。在這則四聯白裡，朱亥似乎暗示了每個人總是禍福相倚，現在看起來沒事，誰知道待會會出什麼事呢？朱亥最後用的是問句，因此有點提醒自己的意味。但毛

遂不同，他是在原著裡未出現，但曾經出現在《烽劍春秋》等關於「《孫臏鬥龐涓》」的戲齣裡，這角色的出現也可以說是一種互文性，對布袋戲齣熟悉的觀眾，必定能了解而會心一笑。毛遂在孫臏被龐涓使用「七箭定喉書」設計陷害將亡之際，偷偷潛入龐涓家中，滅了一切做法之物，解救了孫臏，孫臏為了答謝他的救命之恩，甚至跟毛遂義結金蘭。從毛遂的自我介紹當中，可以知道他是一個專門使用隱身術偷取別人財物的高手，而他的四聯白和朱亥的差別除了「性命在眼前」的「眼」，他說「目睭」，「佇遮坐」說「佇遮徛」，還有最後一句「小等咧拖屎連」，有別於朱亥的問句，他使用的是肯定句。或許是毛遂自覺暗路走多，總有遇到鬼的一天，也或者他的江湖經驗，讓他覺得人應該居安思危，隨時保持警戒心。至於百草翁，他說現在好好站在這邊，誰知道等一下會發生什麼倒楣或悲慘的事呢？不管是「凡勢」或是「敢會」都是「也許」的意思，這幾句話看起來有點悲觀主義，也隱含了百草翁在他師父二度風塵不真先的警告之下，不想多管閒事。然而劇情走向總是事與願違，越不想管事，事情越落在他頭上，也因此也製造了許多意想不到的笑料。

　　此外，屬於三花的角色類型很多，「『痟公子仔』也是古冊戲常見的角色。他們通常都有一個『偉大的爸爸』」，不是當朝宰相，就是最具權勢的國舅」（陳龍廷，2015：158）。以下是齊國國師鄒忌的兒子，也是國舅鄒諫所講的四聯白。這則四聯白有好幾種版本，根據陳龍廷（2015）所收錄，至少就有黃俊雄《六合魂斷雷音谷》版本、李天祿的另外兩個版本，茲羅列比較如下：

表 3-4 三花初登場的四聯白二

版　本	內　　容	
黑番《孫龐演義》錄音布袋戲文本第十三集	官家子弟樂逍遙， 人家良女個個嬌， 暗時若有查*某囡仔同齊睏， 勝過十五佇咧過元宵。	Kuann-ka tsú-tē lók siau-iâu, Jîn-ka liâng-lí kò-kò kiau, Àm-sî nā-ū tså-gín-á tâng-tsê khùn, Sìng-kuè tsảp-gōo tī-leh kuè guân-siau.
黃俊雄《六合魂斷雷音谷》	官家公子是樂逍遙 處處女子個個嬌 豈肯小爺同床枕 勝過夜夜佇咧祝元宵 〔註19〕。	Koaⁿ-ka kong-chú sī lók-siau-iâu， Chhù-chhù lú-chú kò-kò kiau， Khek-khéng sió-iâ tâng-tshṅg-chím， Sìng-kuè iā-iā tī-teh chok-gôan-siau.

〔註19〕參考陳龍廷，《台灣布袋戲的口頭文學研究》，成功大學台灣文學研究所博士論文，2006 年 5 月。原文使用教羅拼音。

李天祿 1995VI：138	官家子弟樂逍遙 人家美女個個嬌 若願與我同床會 風流做鬼也開心
李天祿 1995VIII：118	官家子弟樂逍遙 人家美女是個個嬌 若願與我同床會 肖金帳內作風流

　　鄒諫這則四聯白一開始就表明自己是官家子弟，由於家世顯赫每天無所事事，可以逍遙自在的到處遊玩，看到各種千嬌百媚的女人。第三句是講到他內心的願望，如果有「查*某囡仔同齊睏」，喜悅會勝過正月十五過元宵節。這裡的「查*某囡仔」指的是女孩子，「同齊睏」指的不是只有睡覺，台語的「睏」代表的也可能是發生性關係。鄒諫在路上偶然巧遇右相蘇代的妹妹蘇瓊英，被她的美貌吸引後，不管蘇瓊英已經和孫臏訂親，硬要強娶。這則四聯白可以顯示出鄒諫就是個喜歡玩樂的好色之徒。比較後發現，這四則四聯白要表達的意境大致相同，但李天祿版本的韻腳不太相同，而黃俊雄及黑番的版本則比較像七言絕句，只有第三句是不押韻的。由此可知，套語在流傳過程中會不斷的變化，就算同一個藝師每次使用同一個套語時也會稍作改變，有時加入虛詞，有時改一下用字。

三、生

根據陳龍廷（2015）「生」的定義：

> 生，屬於男性的行當類別，經常成為戲劇中的主角，他們的談吐應該也要文雅不俗，念白速度不疾不徐。依照年記的最年輕到最老的男性，木偶造型又可細分為：童生（花童、 花童仔生）、小生（生仔、武生仔、金面生仔）、老生（鬚文73、武鬚文、桃文、髯文、斜目、殘文）等（頁159，引自呂理政，1991：61）。

首先來看老生的定義：

> 老生，大多已經是中年以上的男子形象，在戲劇中經常出現的是留著五柳鬚的皇帝、仙風道骨的道人（陳龍廷，2015：161）。

　　古冊布袋戲常見關於皇帝或國王的獨白，為了顯示皇帝或國王尊貴的身分及飽讀四書五經，通常是道完四聯白後才自稱。如以下三則魏惠王的獨白，

都是先說一段四聯白，再加上一些國家現狀的描述，再說出戲劇目的。黑番在使用獨白的套語時，並不是每次的流程都一樣，如果才剛說過四聯白，戲劇角色再度出場時，不一定會再說一次四聯白，以免讓觀眾感到厭煩。

1. 魏惠王：東方漸漸紅（Tang-hong tsiām-tsiām âng），文武排兩班（Bûn-bú pâi liáng pan），聲聲呼千歲（Siann-siann hoo tshian-suè），孤王第一人（Koo-ông tē-it lâng）。孤駕啦，自孤王登基以來，國泰民安，風調雨順，槍刀歸庫，馬放南山，四圍平靜，乃孤王齊天鴻福。〔註20〕

2. 魏惠王：日照龍麟點點金（Jit tsiàu liông-lân tiám tiám kim），滿朝文武來朝朕（Muá-tiâu bûn-bú lâi tiâu tīn），山中獵戶來進寶（San-tiong lā-hōo lâi tsìn-pó），海外漁翁獻麒麟（Hái-guā hî-ong hiàn kî-lîn）。孤駕魏惠王。駙馬龐涓倚設大言牌，令人到雲夢山水簾洞，來相請孫臏前來協助。無疑孫臏來臨了後，帶動軍兵在魏國四城池操演。能得駙馬早早來發現，將過叛賊（puān-tsha̍t）孫臏原本以國法開刀取斬。但奈駙馬龐涓苦苦哀求，只有將過孫臏砍斷（tuān）跤胴的十肢指指。聞說孫臏已經流浪到乞食寮而去，一但如此也罷。今在銀鑾寶殿料理國政，眾卿有事來奏。〔註21〕

3. 魏惠王：銀殿當頭紫閣重（Gîn-tiān tong-thiô tsí-koh tiōng），仙人掌上玉芙蓉（Sian-jîn tsiáng-siōng gio̍k-phû-iông），太平天子朝元日（Thài-phîng thian-tsú tiâu-guân jit），五色雲車（介）駕九龍（Ngóo-sik hûn-tshia kà kiú-liông）（介）高駕（介）魏惠王啊（介）。自得駙馬龐涓，來掌握魏國宜梁城軍權，魏國萬民百姓安居樂業。昔日重犯孫臏，也已經一命慘絕。駙馬說道，操演鐵甲軍，欲吞全天下，使孤王能為九五至尊。今五更早朝，銀鑾殿上料理國政。〔註22〕

〔註20〕摘自摘自《孫龐演義》錄音布袋戲文本第一集。
〔註21〕摘自《孫龐演義》布袋戲錄音文本第七集。
〔註22〕摘自《孫龐演義》錄音布袋戲文本第十集、第十五集。

　　上述第一則魏惠王初登場時的四聯白，一開始曰「東方漸漸紅」，表示天將亮了，也就是清晨早朝時間，「文武排兩班」，指的是早朝時所有文武官員排列兩旁，「聲聲呼千歲」，是文武百官拜見國王時會說的「千歲千歲千千歲」，「孤王」是魏惠王的自稱。這則四聯白一唸出來，相信所有觀眾都能知道戲台上出現的是國王。

　　第二則四聯白則是傳說中〔註23〕，朱元璋和四子燕王朱棣的對句。朱棣在對句中出現了「日」、「龍」、「金」等充滿豪情壯志和皇家氣象的字，令朱元璋振奮。「朕」是皇帝的自稱，意即文武百官都來上朝面君。因此，「日照龍麟點點金，滿朝文武來朝朕」這兩句就可以顯示出帝王之姿。「山中獵戶來進寶，海外漁翁獻麒麟」，這兩句則是顯示國力強盛，因此各方人士都會前來進貢。而其「鬥句」也就是對仗之處，包含「山中獵戶」對上「海外漁翁」，「來進寶」對上「獻麒麟」。

　　第三則四聯白選自唐人王建，原詩「金殿當頭紫閣重，仙人掌上玉芙蓉。太平天子朝元日，五色雲車駕六龍。」〔註24〕雖然詩詞來自唐朝，而《孫龐演義》背景是戰國時代，不過布袋戲引用古詩詞來當作四聯白卻是相當普遍的，對戲劇腳色而言，相對於三花較常使用白話的聯白，其餘腳色常使用的是古代的詩句。布袋戲言語表演大量運用唐詩，目的在彰顯文人的氣息（陳龍廷，2015：167）。不過我們可以發現原詩「金殿」，指的是皇帝的住所，而此處用的是「銀殿」，因為這裡指的是國王的住所，故有所差異。而原詩最後是「駕六龍」，但這裡是「九龍」。事實上，不管六龍或九龍，「龍」向來都是帝王的象徵。另根據陳龍廷（2015）記錄的兩個例子，一則版本是1979年黃俊雄《六合魂斷雷音谷》嘉靖皇帝的四聯白，最後一句是「五色雲車戴（tài）九龍」，另一則四聯白是來自1994年張俊郎《天寶圖》元成宗的最後一句，也是「五色雲車戴（tài）九龍」（頁170）。陳龍廷認為：

> 「駕六龍，乘風而行」的皇帝形象，似乎比不上台灣民間戲劇常見
> 的皇帝的裝扮「頭戴九龍冠」那麼讓人印象深刻。從民間文化脈絡

〔註23〕朱元璋駕幸馬苑，而皇太孫朱允炆和四子朱棣隨行。忽然一陣風起，馬群揚尾嘶鳴。朱元璋來了靈感，即興出句，要皇太孫和燕王對句。他出的句是：「風吹馬尾千條線」。朱允炆對道：「雨打羊毛一片氈」。朱棣則對道：「日照龍鱗萬點金」。摘自華夏經緯網 http://big5.huaxia.com/zhwh/whbl/lsgs/2009/07/1511908.html，2017.8.19查。

〔註24〕此詩表面寫天下太平，元日朝見天子之盛況，其實暗諷皇帝好神仙（李建崑，2003：65）。

來看，「駕九龍」，比起「駕六龍」更簡單明瞭（頁171）。

而黑番的版本是「五色雲車駕九龍」，「駕九龍」則又比「戴九龍」更加讓觀眾明瞭。主演繼承師父傳承的套語時，可能沒有文字紀錄只憑印象，有時會加以創新，或根據戲劇的情境修改，只要能製造一種特殊人物出場的氣氛，又讓觀眾能瞬間明瞭即是大功告成，不能說誰對誰錯。

再看以下三則獨白，國王在說完四聯白後，接著自我介紹，並且自褒，自認登基之後國泰民安。然而就如陳龍廷（2015）所言：

> 大多是一些充滿『風調雨順、國泰民安』之類祈禱祝福，或歌功頌德的話語。戲劇中的皇帝，經常是最高權力的代表，及戲劇危機中人事紛爭的最後仲裁者。但他的判斷經常不一定是理智的，反而經常是受奸臣挑撥，或隱瞞真相，而成為戲劇裡最糊塗的角色。（頁162）

因此，有時戲劇裡皇帝的自褒反而更讓人覺得諷刺，尤其是《孫龐演義》裡的魏惠王，一再相信龐涓的讒言，就算知道真相，卻因為已經將親生妹妹許配給龐涓，也就默許龐涓的所作所為，不但陷害了孫臏也引起了戰事，卻還是對自己充滿自信，認為百姓安居樂業。

以下三則獨白同樣是來自國王，同樣說明自從他登基後就國泰民安、風調雨順，百姓安居樂業，甚至槍刀歸回庫房，戰馬放養到南山去，也就是無戰事了，這都是因為國王有齊天洪福：

（一）燕昭王：龍樓鳳閣（liông-lâu hōng-koh）萬古千秋（Bān-kóo tshian-tshiu）。孤家燕昭王在位，自孤王登基以來，國泰民安風調雨順，萬民百姓安居樂業，乃孤王齊天鴻福。今五更早朝，『掀開龍門』。〔註25〕

（二）秦孝公：殿閣巍巍沖碧天（Tiān-koh guî-guî tshiong phik-thian），樓台重疊起清煙（Lâu-tâi tiông-thiap khí tshing-ian），龍鳳鐘鳴金鼓響（Liông-hōng tsing bîng kim-kóo hiáng），文武百官列台前（Bûn-bú pah-kuann liàt tâi-tsiân）。孤駕秦孝公在位，自孤王登基以來，國泰民安，風調雨順，槍刀歸庫，馬放南山，四圍平靜，乃孤王齊天鴻福，今五更早朝，『掀開（sian-khai）龍門（lóng-bān）』啊！〔註26〕

〔註25〕摘自《孫龐演義》錄音布袋戲文本第八集。
〔註26〕摘自《孫龐演義》錄音布袋戲文本第六集。

（三）齊宣王：國泰民安坐銀鑾（Kok-thài-bîn-an tsō gîn-luân），
風調雨順利山川（Hong-tiâu-ú-sūn lī san-tshuan），文賢武備
明德政（Bûn-hiân bú pī bîng tik-tsìng），寡人江山萬古傳
（Kuá-jîn kang-san bān-kóo thuân）。孤家齊宣王在位。孤王
登基以來，萬民百姓安居樂業，國泰民安，昔日有了九曜
山霹靂洞，野龍袁達前來催討糧草，孫臏先生掛帥征剿九
曜山，至今全無音信，今五更早朝，料理國政，眾卿有事
來奏。〔註27〕

　　第一則燕昭王的聯白，只有短短的兩句八字，卻能讓人一眼知曉是皇帝的
四聯白。「龍樓鳳閣」就是帝王居住的處所，藉這四字說明自己的地位，「萬古
千秋」當然是希望帝業可以流傳千古。燕昭王雖不是戲劇的主角，卻可以只用
短短八字來表明自己的身分地位。再看第二則秦孝公的四聯白，一開始使用殿
閣來代表國王的居處，巍巍的殿閣直衝青天，國王三妻四妾家眷甚多，所以亭
台樓閣層層疊疊，幾乎直上雲霄，雲霧繚繞清煙四起。這樣富麗堂皇的建築也
只有官宦皇帝的居處才有可能。當龍鳳鐘鳴鼓響時，文武百官排列在殿前，便
是皇帝早朝的景象了。所以當秦孝公念出這則四聯白，我們便可知曉他國王的
身分。有異曲同工之妙的是齊宣王的四聯白，五更指的是寅時也就是三點到五
點，古人日出而作日落而息，所以官員們面對要上早朝的日子，大約三點鐘就
要出發前往午門等候，當午門城樓上的鼓敲響時，大臣就要排好隊伍；到凌晨
五點左右鐘聲響起時，宮門開啟。在這個四聯白中，黑番又流露出「永靖腔」，
將「殿前」（tiān-tsiân）念為「tēn-tsên」，兩邊「liáng-pian」唸成「liáng-pen」。

　　以下這則同樣是齊宣王的四聯白，銀鑾指的是國王的位子，當國泰民安、
風調雨順的承平日子，國王可以安穩的坐在其位子上，加上其國內文官賢能，
武將備戰，國王理政政治清明，這樣的太平盛世，使自稱寡人的齊宣王希望
其江山能萬古流傳。這則四聯白充滿了齊宣王及所有當政者的想像與期待，
非常適合齊宣王這個國王角色使用。

國泰民安坐銀鑾，	Kok-thài-bîn-an tsō gîn-luân,
風調雨順利山川，	Hong-tiâu-ú-sūn lī san-tshuan,
文賢武備明德政，	Bûn-hiân bú pī bîng tik-tsìng,
寡人江山萬古傳。	Kuá-jîn kang-san bān-kóo-thuân.

〔註27〕摘自《孫龐演義》錄音布袋戲文本第十三集。

再看齊宣王的另一則四聯白：

護國守天和，	Hōo-kok siú thian-hô,
昭昭日月高，	Tsiau-tsiau jit-guát ko,
萬民皆一氣，	Bān-bîn kai it khì,
四海靜無波。〔註28〕	Sù-hái tsīng bû pho.

這則四聯白比較常被文官使用，不過黑番讓齊宣王使用也沒有不妥之處。整則聯白是國王對自己和百姓的期許，他希望守護國家、國泰民安，日月高掛、世事黑白分明顯著，老百姓們都能連成一氣、萬眾一心，四海平靜無戰事，這正是一位執政者最高的境界。可見齊宣王並不是好戰之徒，只希望老百姓安居樂業。

以下則是魏國丞相鄭安平的四聯白，前兩句來自明朝馮小青的《牡丹亭‧虜諜》，表面上的意思是萬里江山，總有著萬里的煙塵；一朝天子，總有著一朝的臣民。不過黑番將「萬里江山萬里塵」改為「萬里江山萬里民」，意思是在他萬里的江山裡住著他千千萬萬的子民。「一朝天子一朝臣」常用來比喻宦海浮沉，一旦天子換人，底下的官員可能不會留任，換做另一批自己信任的臣子。文官提筆談判就能使天下安定，武將則是征戰沙場平定戰亂。這是一則時常被使用的文官四聯白。

一朝天子一朝臣	It tiâu thian-tsú it-tiâu-sîn,
萬里江山萬里民	Bān-lí kang-san bān-lí-bîn,
文官舉筆安天下	Bûn-kuan kí-pit an-thian-hā,
武將提刀定太平〔註29〕	Bú-tsiàng thî-tau tīng thài-phîng.

除了皇帝等中年以上的男子腳色，還有一些仙風道骨的修道人士也稱為老生。如以下鬼谷子的聯白，巧妙的描述了他居住之地，猶如仙境一般。應該是個與世無爭的修道之人才會居住在此處，讓觀眾一聽就了解鬼谷子的背景。有趣的是，這則四聯白的第三句採用問話的方式，可以給觀眾一些想像空間，也讓四聯白多了一些變化，不再是枯燥的自說自話。第四句的自答只有四個字，這是比較少見的。在「新興閣鍾任壁」技藝保存計畫所收錄的「蕭保童白蓮劍」劇本中，岳劍華也有使用到這則四聯白。不同的是，第四句為：「白雲仙界為家」，與前四句同樣都是六個字。可見黑番雖然傳承了四聯白，

〔註28〕摘自《孫龐演義》布袋戲錄音文本第十一集。
〔註29〕摘自《孫龐演義》錄音布袋戲文本第六集。

但是聯白仍可以增減字數稍加變化。此外，黑番將「島上」唸爲「tó-siāng」，同樣可以發現他的口白比較偏漳腔。

洞外清風秀氣，	Tōng guā tshing-hong siù-khì,
島上綠水飄花，	Tó siāng lik-suí phiau-hua,
請問安居何在？	Tshiánn-mn̄g an-ki hô tsāi?
白雲仙界。	Pik-hûn sian kài.

再來看金剛戲的四聯白，以下這則四聯白來自號稱不助「東南派」也不助「西北派」的中立派「雲天怪客聖旨令」及勝天峰「再世如來幾度山」。

袖裡乾坤〔註30〕藏寶礦，	Siù lí khiân-khun tsông pó-khòng,
卦爻〔註31〕妙訣屬先天。〔註32〕	Kuà-ngâu miāu-kuat siok sian-thian.

袖裡乾坤藏寶礦，謂袖中天地藏著不爲人知的寶礦，「乾坤」指的是天地。比喻自己擁有變化無窮的幻術。這兩則聯白裡都提到了「乾坤」、「卦爻」等易經〔註33〕裡專有的名詞，目的就是讓觀衆知道「雲天怪客聖旨令」和「再世如來幾度山」都是修道之人。中立派的「聖旨令」功夫深不可測，從他的名字「聖旨令」看起來，他說的話就是跟聖旨一樣，他若要人家的頭斷，人家就頭斷，他若要人家死，人家就得死。而「再世如來幾度山」，居住在聖天峰傳徒教武，教導徒弟「自管門前雪，莫管他人瓦上霜」。從這兩句聯白，大概可以得知這兩人的來歷。

〔註30〕清蒲松齡《聊齋志異·鞏仙》：「尚方獨坐凝想時，忽有美人自簷間墮，視之，惠哥也。尚曰：「袖裏乾坤眞箇大。」惠曰：「離人思婦盡包容。」http://www.chinesewords.org/dict/267707-548.html 2017.12.20 查。而根據教育部重編字典，「乾坤」本是易經上的兩個卦名，後借稱天地、陰陽、男女、夫婦、日月等。唐·杜甫〈登岳陽樓〉詩：「吳楚東南坼，乾坤日夜浮。」宋·陸游〈落魄〉詩：「閒愁擲向乾坤外，永日移來歌吹中。」根據「教育部重編國語辭典修訂本」http://dict.revised.moe.edu.tw/cgi-bin/cbdic/gsweb.cgi?o=dcbdic&searchid=Z00000100995 2017.8.10 查。

〔註31〕根據「教育部重編國語辭典修訂本」，八卦上的橫線，長的全線稱爲「陽爻」，斷開的兩段線稱爲「陰爻」。每三爻合成一卦，共八卦，而二卦相重可得六十四卦。《易經·繫辭上》：「爻者，言乎變者也。http://dict.revised.moe.edu.tw/cgi-bin/cbdic/gsweb.cgi?o=dcbdic&searchid=W00000010827 2017.8.10 查。

〔註32〕摘自《大俠百草翁》錄音布袋戲文本第二集〈三教等聖旨令〉。

〔註33〕根據中國哲學書電子化計劃，《易經》是中國最古老的文獻之一，並被儒家尊爲「五經」之始；一般說上古三大奇書包括《黃帝內經》、《易經》、《山海經》，但它們成書都較晚。《易經》以一套符號系統來描述狀態的簡易、變易、不易，表現了中國古典文化的哲學和宇宙觀。它的中心思想，是以陰陽的交替變化描述世間萬物。https://ctext.org/book-of-changes/yi-jing/zh 2017.8.11 查。

　　以下這則聯白，是出現在黑番錄音布袋戲《大俠百草翁》空空子的開場。事實上，這是一則十分常見的對聯。九天，是指天很高，在一個無窮天際裡的日月，指的是大明朝。萬國指的是各國，很多國家的意思。笙歌，是演奏樂器，唱歌。如果各國都能快樂的演奏樂器唱歌，表示這是一個承平的時代。所以這則聯白裡的「開新運」，便能得知這是一個開創新局的時代，之後便是「萬國笙歌」，象徵吉祥、承平了。

　　　　九〔註34〕天日月開新運，　　　　　　　Kiú thian jit-gua̍t khai sin ūn,

　　　　萬國笙歌〔註35〕醉太平。〔註36〕　　　Bān-kok sing-ko tsuì thài-phîng.

　　生是指男性，在古冊戲裡最常出現的老生，就屬皇帝或國王，他們初登場時的四聯白，能讓人馬上知曉身分，同時他們很喜歡自誇，認為自己登基後就風調雨順國泰民安，然而事實卻可能剛好相反，反而讓人覺得諷刺。金剛戲雖然沒有皇帝，但是出現了「卦爻」、「乾坤」便能讓人發現修道人的身分，從「笙歌」也能看出代表太平盛世，不用再多言或多加解釋。

四、旦

根據陳龍廷（2015）：

　　作為一種行當類別的「旦」，從年紀最小年到最年長的女性人物，

　　以木偶造型可分為童旦、阿旦（頭腳旦）、中年旦（開面旦、圓眉

　　旦、毒旦）、老旦等（呂理政，1991：61）（頁162）。

　　首先來看魏惠王的妹妹，也就是龐涓的夫人瑞蓮公主的四聯白。鳳冠，因以鳳凰點綴得名。鳳凰是萬鳥之王，所以只有皇后或公主才配得上它，通常只在隆重慶典，如婚禮上才戴，古代普通平民一概不能佩戴〔註37〕。蟒又

〔註34〕根據「教育部重編國語辭典修訂本」，「九」在形容詞，是形容極多。如：「九霄雲外」、「九泉之下」、「九牛一毛」。副詞則表示多數、多次。如：「九死一生」。《淮南子・脩務》：「公輸般設攻宋之械，墨子設守宋之備，九攻而墨子九卻之。」 inhttp://dict.revised.moe.edu.tw/cgi-b/cbdic/gsweb.cgi?ccd= tdcmIW&o=e0&sec=sec1&op=v&view=1-1　2017.12.19 查。

〔註35〕根據「萌典」，「合笙歌唱。亦泛指奏樂唱歌。」《初刻拍案驚奇・卷七》：「玄宗在宮中賞月，笙歌進酒，憑倚白玉欄杆，仰面看著，浩然長想。」《文明小史・第四四回》：「前去飲酒作樂，真正是笙歌徹夜，燈火通宵。」https://www.moedict.tw/%E7%AC%99%E6%AD%8C　2017.12.19 查。

〔註36〕摘自《大俠百草翁》錄音布袋戲文本第一集〈百草翁重出武林〉。

〔註37〕根據「中國百科在線」，古代皇帝後妃的冠飾，其上飾有鳳凰樣珠寶。明朝鳳

名「通」，爲皇帝和文武百官的禮服。質料採用綢緞，圖案繡蟒（四爪），下擺繡海水江涯。顏色分黃、紅、赭、綠、白、黑以區別職位高下，此外還有后妃所著的鳳蟒（林明德，2003：184）。蟒袍〔註38〕是傳統戲劇的服飾，用於劇中的皇帝后妃文武將官，「珠顫」的意思是指頭上鳳冠的串珠因身體走動而震動。我們可以從她頭上戴的鳳冠珠串，和身上的蟒襖紅裙看出瑞蓮公主的身分地位。

頭戴鳳冠珠顫，　　　　　　Thâu-tì hōng-kuan tsu-tsùn,

身穿蟒襖紅裙。〔註39〕　　Sin-tshing báng-âu hông-kûn.

以下這則四聯白則是使用唐朝詩人孟浩然的五言絕句詩《春曉》：

春眠不覺曉，　　　　　　　Tshun-biân put kak hiáu,

處處聞啼鳥，　　　　　　　Tshù-tshù bûn thî niáu,

夜來風雨聲，　　　　　　　Iā lâi hong-ú siann,

落花知多少？〔註40〕　　　Lȯk-hua ti to-sáu?

陳龍廷（2015）表示，除三花偏好白話的念白，其餘腳色都可使用古代詩句來彰顯文人的氣息（頁166～167）。因此，瑞蓮公主使用《春曉》做爲四聯白，似乎也是爲了顯示其身爲公主的氣質，並無其他涵義。

朱亥的夫人劉氏的四聯白，前兩句在描述大地的景象，卻也在暗喻自己的心境。「日落西山紅」是一天即將要結束之時，「烏雲漸過東」，烏雲也漸漸往西邊移動。這兩句合起來，有事情即將落幕之意。劇中的劉氏在家裡等候前往拜會龐涓的夫婿朱亥，古時的女人總是大門不出二門不邁，在家裡做一些針黹女紅。這則四聯白原來給人雨過天青，恬淡閒適的感覺。沒想到朱亥回到家，卻帶來龐涓想要指使朱亥去放火焚燒卑田院乞食寮，害死孫臏的消

冠是皇后受冊、謁廟、朝會時戴用的禮冠，其形制承宋之制而又加以發展和完善，因之更顯雍容華貴之美。明神宗定陵出土了四頂鳳冠，龍鳳數目各不相同。其中一頂爲六龍三鳳，龍在頂兩端，口銜長串珠滴，似有戲鳳之意。正面有三隻展翅鳳凰。冠後下方有左右各三扇博鬢，展開後如同五彩繽紛的鳳尾。皇妃、公主、太子妃的鳳冠九翬四鳳。翬是有五彩的雉。一品至七品命婦的鳳冠沒有鳳，繡有不同數量的雉。http://www.zwbk.org/MyLemmaShow.aspx?zh=zh-tw&lid=131875　2017.8.20 查。

〔註38〕根據國史館台灣文獻館「台灣民俗文物辭典」http://dict.th.gov.tw/term/view/34　2017.8.20 查。

〔註39〕摘自摘自《孫龐演義》錄音布袋戲文本第一集。

〔註40〕摘自摘自《孫龐演義》錄音布袋戲文本第一集。

息。從這句四聯白可以發現朱亥劉氏夫妻是與世無爭敦厚之人，是不可能接受龐涓這種無理的要求的，因此力勸夫婿不可做這種違背良心的行為。

日落西山紅，	Jit-lòh se-san hông,
烏雲漸過東，	Oo-hûn tsiām-kuè-tong,
暫守房中坐，	Tsiām-siú pâng-tiong-tsō,
針黹是女紅。〔註41〕	Tsiam-tsí sī-lí-kong.

齊國右相蘇代母親周氏的四聯白中，前面兩句的「望子成龍立大志」、「望女成鳳適相宜」就已經知道這是出自一位母親的口白，古時候對男子的要求是立志當官，對女子的要求是識時務，知所應對進退。第三句則自褒自古的英雄豪傑，都是奠基在母親的教誨之下。這是一則老旦非常普遍使用的布袋戲四聯白，讓觀眾一聽就知道這是一位母親懇切的祈求。

望子成龍立大志，	Bāng-tsú sîng-liông lip-tāi-tsì,
望女成鳳適相宜；	Bāng-lí sîng-hōng sik-siong-gî,
自古英雄豪傑士，	Tsū-kóo ing-hiông hô-kiat-sū,
全依母教建鴻基。〔註42〕	Tsuân-i bú-kàu kiàn-hông-ki.

古時候的女子多半給人大門不出二門不邁的形象，總是以夫為貴，沒有自己的想法，個性並不鮮明。因此古冊戲裡「旦」腳的四聯白，多半是使用詩詞，或是包含著穿著打扮、針黹女紅、相夫教子的字詞，給人恬淡自適、與世無爭的感覺。

五、公　末

根據陳龍廷（2015）的定義：

「公末」（kong-buảt），是白髮蒼蒼的年老者的行當類型。在布袋戲的表演體系分類，「公末」依照其戲份的比重，又可分為「頂手公末」（tíng-tshiú kong-buảt）與「下手公末」（ē-tshiú kong-buảt）兩種。公末的角色類型運用相當廣泛，包括村莊的員外、主角的父親（通常是女主角的父親）等，大都多屬於幫助者的角色。（頁165）。

王敖是孫臏及龐涓的師叔，故年紀較大，屬於白髮蒼蒼又有智慧的老者，曾

〔註41〕摘自《孫龐演義》布袋戲錄音文本第七集。
〔註42〕摘自《孫龐演義》布袋戲錄音文本第七集。

經熱心的請龐涓引薦孫臏，沒想到最後卻害了孫臏，因此後來非常自責，不斷的到各國尋求願意重用孫臏，解救孫臏於水深火熱之人。照理來說王敖應該不是修佛教，這則聯白卻是在勸大家歸佛，消災保平安。主演選擇這樣的套語來應用，應該是藉著這則聯白表達王敖希望大家向善，不要像龐涓一樣心腸惡毒。

嗹唸阿彌陀，	Tshuì liām ōo mí tôo,
消災保平安，	Siau-tsai pó-pîng-an,
善男信女歸佛教，	Siān-lâm sìn-lú kui-hút-kàu,
喝出年年十八春。〔註43〕	Huah-tshut liân-liân sip-pat-tshun.

由於金剛布袋戲《大俠百草翁》，幾乎都是英雄俠客，或身懷武功的僧道人物，沒有皇帝、宰相的戲份，因此也不會出現文謅謅的官話四聯白，反而出現的都是塑造角色個性、情節預言等功用的新的四聯白，因此顯得更有創意及戲劇張力。布袋戲有些相當簡要的套語，卻可運用在相當廣泛的場合，甚至也不限定腳色。到了金剛戲時代，四聯白更逐漸走向自創，許多相當有份量的角色出場時，開始出現獨特又讓觀眾印象深刻的固定台詞（陳龍廷，2015：171）。他舉了當年在戲園布袋戲時代享有盛名的光興閣鄭武雄，他所搬演的《鬼谷子一生傳：大俠百草翁》為例。當「東南派」的角色處於下風危急的時候，會突然抬出一座神秘轎，鬼谷子從轎中出現。鬼谷子不但登場的姿態不尋常，所吟詠的四聯白也是量身打造如下：「天地日月最長生，可嘆善惡難分明，如有真相鬼谷子，一出天下定太平。」根據陳龍廷的解釋：

> 『天地日月最長生』，其實是要喚起觀眾對於故事時空背景遙遠的想像，暗示此人來自『明朝』。而『真相』，暗指此人身份原本是明朝開國軍師劉伯溫，後來已經修練成仙，號稱『鬼谷子』。他出場的方式，意味著在戲劇中『善惡難分』的混亂時代，需要這樣的人物來『定太平』（頁172）。

而師承鄭武雄的黑番，《大俠百草翁》當然也是他拿手的戲齣，以下就黑番的版本與鄭武雄的版本做一比較：

〔註43〕摘自《大俠百草翁》錄音布袋戲文本第一集〈百草翁重出武林〉。

表 3-5 公末初登場的四聯白

版本	四　　聯　　白	
鄭武雄版本〔註44〕	天地日月最長生 可嘆善惡難分明 如有眞相鬼谷子 一出天下定太平	Thian-tē jit-guat tsuè tiâng-sing, Khó-thàn siān-ok lân hun-bîng, Jû iú tsin-siàng kuí-kok-tsú, It-tshut thian-hā tīng-thài-pîng.
黑番版本〔註45〕	天地日月最長生 可惜善惡難分明 今出眞聖鬼谷子 爲愛天下定太平	Thian-tē jit-guat tsuè-tiâng-sing, Khó-sioh siān-ok lân-hun-bîng, Kim tshut tsin sìng kuí-kok-tsú, Uī ài thian-hā tīng-thài-pîng.

　　從比較中可以發現，兩則四聯白的第一句是一樣的，而且師徒兩人「長」的音都是漳州音「tiâng」。第二句只有「可嘆」和「可惜」的差別，基本上原意沒有差別。第三句就有些許不同，鄭武雄說的是「如有」，那表示目前沒有。而黑番的版本是「今出」，表示如今已經出現。此外，陳龍廷指出「tsin-siàng」是「眞相」的意思，而黑番說的是「tsin-sìng kuí-kok-tsú」。一般在台灣流傳祭拜「王禪老祖」的信眾，都是尊稱其「眞聖鬼谷子」，因此可以推測黑番說的是「眞聖鬼谷子」。最後一句也稍有不同，以黑番的版本，第三四句是必須一起看，意思是眞聖鬼谷子出現，是爲了讓天下太平。這裡台語的「愛」，是「希望、要」的意思。所以鄭武雄的版本，是希望鬼谷子能在混沌的世局出來平定天下；而黑番的版本是認爲既然鬼谷子出現了，天下必定能夠得到太平。雖然兩人說法不同，但對於鬼谷子都是寄予厚望的。從師徒兩人看似一樣卻又有些微差距的套語中，可以發現師承的套語並非只能一成不變，主演可以隨時變化，不但更能符合當時的情境，也更有新意。

第二節　穿插在情節中的套語

　　布袋戲的戲劇角色，除了在初登場的獨白中會在套語中使用四聯白，來介紹自身的背景及社會地位外，在戲劇的進行過程中，同樣會使用四聯白來訴說內心的情緒及未來的戲劇走向，以下同樣以各戲劇腳色來分析時常穿插在情節當中的套語。

〔註44〕陳龍廷使用的是教羅拼音，筆者將其改爲台羅拼音以便比較。
〔註45〕摘自《大俠百草翁》錄音布袋戲文本第二集〈三教等聖旨令〉。

一、大　花

《大俠百草翁》裡天下敢死俠屬於孔武有力的大花腳色，以下是描述他心情的四聯白：

> 命運不濟命中該，　　　　　Miā-ūn put-tsè bīng-tiong khai,
> 烏雲夯起擋賢才。〔註46〕　Oo-hûn giâ-khí tòng hiân-tsâi.

原本敢死俠要去拜大地旋風客為師，大地旋風客卻因他而亡，想改拜再世如來為師，又被嫌棄面容五官不祥，會帶來災厄。在走投無路的情況下便出現此聯白。兩句話便能說出他的心境，敢死俠自認是個棟樑賢才，卻時運不濟，就像被烏雲蓋住的清明天空一般。

二、生

上述的聯白，也同樣被孫臏所使用。在《孫龐演義》裡，主要的戲劇主角就是小生孫臏和龐涓，整個劇情發展圍繞在兩人的鬥法，在他們倆人的四聯白裡，可以看出他們當時的心境。孫臏來到魏國宜梁城後，國王本來要對孫臏加封官職，不過卻因受到龐涓忌妒，而被陷害為帶兵造反之人，被國王處以砍斷十支腳趾頭之刑。被蒙在鼓裡的孫臏不明所以，所以他的聯白總是充滿時運不濟的悲淒，不知真相的他，只覺得自己像被烏雲遮蓋住般倒楣，還大大感謝龐涓的照顧。

以下這則聯白出自於唐代韋承慶的《南中咏雁詩》。原文是「萬里人南去，三春雁北飛。不知何歲月，得與爾同歸？」原意指作者被流放到萬里之外、土地荒蕪的南方，在被貶途中，他看到成羣的大雁向北飛去，心裡想著不知道到哪年哪月，他才能與大雁一道回到北方？而黑番更改了最後兩句。孫臏乃燕國大元帥孫操及燕丹公主之三子，自小立志報國，於是翻山越嶺，沐雨櫛風離家到雲夢山拜師學藝，孫臏應是思念故鄉親人，故感嘆不知何年何月才能回鄉。

> 萬里人南去，　　　Bān-lí jîn lâm-khì,
> 三春雁北飛，　　　Sam-tshun gān pak-hui,
> 未知何歲月，　　　Bī-ti hô suè-guạt,
> 與君再同歸！〔註47〕　Í-kun tsài-tông-kui.

〔註46〕摘自《大俠百草翁》錄音布袋戲第四集〈敢死俠拜師〉。
〔註47〕摘自《大俠百草翁》錄音布袋戲文本第一集〈百草翁重出武林〉。

　　以下這則聯白出自章回小說《前後七國志》，孫臏被砍斷腳趾頭後，還答應龐涓寫天書送他，直到後來在龐涓的家廚提醒下，才發現一切都是龐涓的陷害所造成，於是他被迫吃大便裝瘋。不過龐涓對孫臏還是無法放心，用手銬腳鍊將他囚禁在龐府的後花園裡。終於恍然大悟的孫臏，才會使用這則聯白表白自己的心境。王敖聽見孫臏吟此詩，告知他有千日牢網之災，要他不要心焦，王敖會去周遊六國，曉諭各邦，來日再將他盜出宜梁城。「眼見孤松數尺高，龐涓覷我作蓬蒿」，這裡的孤松指的是孫臏自己，懷才不遇，就像是一棵松樹般，明明有數尺高，卻被龐涓小覷為野地裡的蓬蒿，也就是茼蒿之類的小草。「有朝透入青霄內，七國擎天柱一條。」雖然孫臏對自己的時運不濟有很多的感慨，但是他對自己還是滿懷信心，相信自己就像松樹一樣，當來日高聳入雲時，可以在七國當頂天立地的大柱子，屆時，再來復報深仇大恨。

眼見孤松數尺高，	Gán-kiàn koo-siông sòo tshioh ko,
龐涓覷我作蓬蒿，	Pâng-kuan hí ngó tsok hông-ko,
有朝透入青霄內，	Iú-tiau thàu-jip tshing-siau lāi,
七國擎天柱一條。〔註48〕	Tshit-kok king-thian thiāu-it-tiâu.

　　被砍斷腳趾頭的孫臏被送到卑田院乞食寮，空有一身武藝，卻無處發揮，終日與乞丐們為伍，在此情形下，難免有許多的徬徨、恐懼不安與悲痛之情，當人處在異鄉又逢逆境時，對於親人和家鄉的想念和盼望可能就變得十分深刻。這種感覺在平日或許可以淡忘忽略或者隱藏掩飾，但是到了特殊情境或節慶時，就會變得更為強烈而湧現在詩人的心頭。詩人王維在《九月九日憶山東兄弟》一詩中，就傳達了一個長期居住在外地的人其特殊感受，特別符合孫臏的心境，如同王維所說：「每逢佳節倍思親」。按照習俗，重陽節時要登高還要遍插茱萸，王維想像兄弟們在家鄉登高時各自插上茱萸，一定會發覺少了一個人。這首詩代表著詩人內心對於親人及兄弟們的殷切想念，於是黑番使用這首詩作為四聯白來表達孫臏的心情。

獨在異鄉為異客，	Tȯk-tsāi ī-hiong uî-ī-kheh,
每逢佳節思故親，	Muí-hông kà-tseh su kòo-tshin,
遙知兄弟登高處，	Iâu ti hiann-tī ting-ko-tshì,
遍插茱萸少一人。〔註49〕	Phiàn tshah tsu-gî sáu-it-jîn.

〔註48〕摘自《孫龐演義》錄音布袋戲文本第六集。

下述聯白是各國國王在王敖的推薦下，紛紛到魏國的卑田院尋找孫臏，希望他為該國效力。這時西秦武安君白起也奉令到魏國尋找孫臏。他到了乞食寮，在眾多乞丐中，如何分辨誰是孫臏呢？如前所述，有時聯白只是為了彰顯角色之文人氣息，而白起也是利用這個方法。在一堆目不識丁的乞丐當中，忽聞有人開始吟詩，此人雖衣衫襤褸，卻是文質彬彬仙風道骨，從他口中透露的詩詞，更了解他非池中物，於是讓白起豎起耳朵，眼睛為之一亮。孫臏原本認為自己可以開創一份大事業，卻因命運捉弄，就算自己像一身武藝的蛟龍，也只能守在深潭裡等待時機到來。孫臏殷殷期盼，期待有一天春天能夠到來，鯉躍龍門，獲得賞識，大展長才。根據教育部重編國語修訂本〔註50〕，「鯉魚跳龍門」的典故：

> 傳說每年暮春，鯉魚逆流而上，至黃河龍門一帶，躍登龍門山。登龍門者，則雲雨隨之，天火燒其魚，而化為龍。見《太平廣記·卷四六六·龍門》。後比喻人發跡後飛黃騰達，身價百倍。

可惜的是，當西秦白起將軍尋獲孫臏時，孫臏自認尚未脫離牢網之災，不能跟隨白起回到西秦，他也只能繼續伏守在深潭了。

困龍伏守在深潭，	Khùn-liông ho̍k-siú tsāi tshim-thâm,
恨吾命運太未通，	Hīn ngó miā-ūn thài bī-thong,
何時春雷一聲響，	Hô-sî tshun-luî it-siann hiáng,
鯉魚化身變成龍。〔註51〕	Lí-hî huà-sin piàn-sîng liông.

在此狀況下，孫臏仍然只能在卑田院乞食寮等候離開的時機。不料，白起前來尋找孫臏的消息被龐涓得知，他擔心孫臏發瘋是假，於是令朱亥一把火燒了卑田院，以便滅了孫臏。精通奇門遁甲的孫臏得知此消息，心生感慨，便說出了這則聯白：「龍游淺水遭蝦戲，虎落平陽被犬欺」。好像自己是困在淺水裡遭蝦戲弄的龍，無法一展抱負，也像落入平地裡的老虎，沒有山林讓他一展身手，連狗都欺侮他。

龍游淺水遭蝦戲，	Liông-iû tshián-tsuí tso hê hí,
虎落平洋被犬欺。〔註52〕	Hóo-lo̍h pênn-iûnn pī khén khi.

〔註49〕 摘自《孫龐演義》錄音布袋戲文本第六集。
〔註50〕 http://dict.revised.moe.edu.tw/cgi-bin/cbdic/gsweb.cgi?ccd=1766Xn&o=e0&sec=sec1&op=v&view=0-5　2018.4.1 查。
〔註51〕 摘自《孫龐演義》錄音布袋戲文本第六集。
〔註52〕 摘自《孫龐演義》布袋戲錄音文本第七集。

　　最後這則聯白，也是訴說孫臏的心聲。孫臏本來委託魏惠王之妹魏陽公主說項，解釋孫臏並非好戰之徒，全是因為龐涓的設計陷害，才出兵報復龐涓。無奈魏惠王仍然相信龐涓的讒言，甚至誤信魏陽公主與孫臏有染才會為其說話。魏陽公主不堪受辱，回國後大病不起，含恨而終。故孫臏這則聯白是有感而發，他發現世上狡猾奸詐之人總是活得好好的，反而忠誠正直的人無端受害命喪九泉。

　　　狡猾奸邪常存在，　　　　　Kau-kùt kan-siâ siông tsûn-tsāi,
　　　　忠誠正直喪九泉。〔註53〕　Tiong-sîng tsìng-tit sòng kiú-tsuân.
　　再來是龐涓的聯白：
　　　鰲魚脫出金鉤鉤，　　　　　Ngô-hî thuat-tshut kim-kau tiò,
　　　　搖頭擺尾不回頭。〔註54〕　Iô-thâu pái-bué put huê-thiô.

　　鰲魚〔註55〕是傳說中海裡的大龜或大鱉。比喻一旦脫離險境，便一去不復還〔註56〕。龐涓說出這則聯白的時機，是他剛從南牢天監被朱亥釋放出來重用。經歷了苦難，他當然誓言不再回去受苦，就如同本來被金鉤鉤住的鰲魚一般，想盡辦法搖頭擺尾游走，不再回頭。

　　　任吾用盡三溪水，　　　　　Jîm ngó iōng-tsīn sam khe suí,
　　　　難洗今朝滿面紅。〔註57〕　Lân sé kim-tiau muá-bīn hông.

　　上述這則聯白是魏惠王考驗龐涓是否了解孫臏所排陣圖，而龐涓每次都看不出來，只好一再詢問孫臏。後來孫臏經過右相鄭安平的提醒，才知道龐涓居心不良，不再告訴龐涓。無法了解孫臏所排的陣圖，又被困在陣圖內，掛不住面子的龐涓就說出了這則聯白。這則聯白雖然沒有押韻，卻顯而易懂，龐涓因為面子盡失所以因羞愧而臉紅，所以他比喻自己的臉紅，就算用盡三條溪水去清洗也無用。

　　　以上所整理的「生」的聯白，都是在訴說其無奈的心情，用了各種譬喻

〔註53〕摘自《孫龐演義》布袋戲錄音文本第十一集。
〔註54〕摘自摘自《孫龐演義》錄音布袋戲文本第一集。
〔註55〕根據教育部重編國語修訂本，鰲魚是「大魚」的意思。《三國演義》第二四回：
　　　　「整備窩弓射猛虎，安排香餌釣鰲魚。」
　　　　http://dict.revised.moe.edu.tw/cgi-bin/cbdic/gsweb.cgi?o=dcbdic&searchid=Z0000
　　　　0147409　2017.12.17 查。
〔註56〕出自宋代話本小說集，《京本通俗小說‧錯斬崔寧》，原編者不詳：「鰲魚脫卻
　　　　金鉤去，　擺尾搖頭再不回。」
〔註57〕摘自《孫龐演義》錄音布袋戲文本第四集。

來描寫自己的時運不濟，如「烏雲遮蓋」、「回不去南方的雁」、「被小覷爲蓬蒿」、「龍困淺灘」「虎落平陽」，非常傳神，最後再讓戲劇角色抱持希望，相信有朝一日，自己一定會從「鯉魚」化身爲「龍」。

三、公　末

　　以下這則是屬於「念 khó 仔」（liām-khó-á）的套語。根據研究，布袋戲裡的「念 khó 仔」，幾乎屬於「三花腳」的念白，三花腳出場時以 khó 仔或拍板伴奏，以增強節奏感，內容葷素不拘，幽默風趣又有押韻，戲劇功能則與四聯白相同，目的是爲了博君一笑。布袋戲、歌仔戲都稱之爲「khó 仔板」（陳龍廷，2015：174）。

　　與上述不同的是，王敖並不是爲了博君一笑，而是將人生中的體會分享給觀眾，有一種看破紅塵的感覺。這則「念 khó 仔」取材自民間的勸世文，有謂來自明朝悟空法師的《萬空歌》或清朝不知名人士的《醒世歌》〔註58〕，這則套語要說明的是人世間到頭來是一場空，就如龐涓用心計較使盡各種手段取得不義之財，最後也是莫名其妙敗光，何必斤斤計較。「念 khó 仔」的文詞，爲了音韻的和諧，其中插入相當多的「虛詞」，有些須以羅馬字輔助，才能更加詳實的記錄「念 khó 仔」音韻之美及活潑性。

嘿南來北往走西東，	Heh lâm-lâi pak-óng tsáu se-tong,
看著浮生總是空，	Khuànn-tiòh phû-sing tsóng-sī khong,
天也空地也空，	Thinn iā khong tē iā khong,
人生渺渺在其中。	Jîn-sing biáu-biáu tsāi kî-tiong,
彼日也空月也空，	He jit iā khong guèh iā khong,
東昇西墜爲誰功？	Tong-sing se-tuī uī suî kong,
彼田也空園也空，	He tshân iā khong hn̂g iā khong,
換了多少的主人翁？	Uānn liáu to-siáu leh tsú-jîn-ong?
金也空彼銀也空，	He kim iā khong he gîn iā khong,
死後何存在手中？	Sí āu hô-tsûn tsāi tshiú-tiong?
妻也空嘿子也空，	Tshe iā khong heh tsú iā khong,
黃泉路上不相逢。	Hông-tsuân lōo-siōng put siong-hông,
朝走西暮走東。	Tiau tsáu sai bōo tsáu tong,

〔註58〕http://emmy.nidbox.com/diary/read/7476716　2017.8.28 查。

人生猶如採花蜂，	Jîn-sing iû-jû tshái-hue-phang,
採得百花成蜜後，	Tshái tit pah hue sing bit āu,
到頭辛苦一場空啊	Káu thâu sin-khóo it-tiûnn khang ah
一場空。〔註59〕	it tiûnn khang.

四、旦

　　在《孫龐演義》裡，韓國的昭陽正宮魏陽公主，受其兄魏惠王所託，御駕親征攻打孫臏帶領的齊軍，在這則四聯白裡可以看出魏陽公主內心的苦楚。「冷風」、「霜雪」給人一種冰冷的感覺。最後一句，悽慘的狀況就像「碧梅」，何謂碧梅？碧乃青色，青色的梅子沒有醃過，嚐來必定酸澀不已。這整則聯白給人感覺就是又冰又冷又酸又澀，滿腹的憂愁無處宣洩。

冷風對面吹，	Líng-hong tuì bīn tshue,
霜雪滿天飛，	Sng-seh muá thinn pue,
滿腹憂愁事，	Muá-pak iu-tshiû sū,
悽慘似碧梅。〔註60〕	Tshi-tshám sū phik-buê.

　　朱亥因為被孫臏提醒有百日之災，需躲藏家中，不料朱亥於第九十九天到自家後花園透氣時，持弓箭誤殺住在隔壁的丞相鄭安平的女兒鄭愛蓮，因此被國王拘禁。在家等候夫婿回來的劉氏一直等不到人，故說出這則顯而易懂又可表達心情的聯白。

相公一去未回轉，	Siòng-kong it khì bī huê-tsuán,
使阮在家意煩煩。〔註61〕	Sú gún tsāi ka ì huân-huân.

　　在《大俠百草翁》的戲齣裡，難得出現女性的角色，「殘忍娘慈悲姑」和「廬山女真人」。這兩位是師徒的關係，但已經失散十二年。這三則聯白分別說出兩人的心境。首先是殘忍娘慈悲姑的自白：

一日思想一日深	It-jit su-sióng it-jit tshim,
相思孤鳥宿山林	Siong-su koo-niáu siok san-lîm,
此地雖為風光好	Tshú-tē sui uî hong-kong hó,
思念女徒一片心	Su-liām lú-tôo it-phiàn sim.

　　隱居在聖天峰的慈悲姑找不到女愛徒，雖然住所風光美好，但是看到孤

〔註59〕摘自《孫龐演義》布袋戲錄音文本第七集。
〔註60〕摘自《孫龐演義》布袋戲錄音文本第十一集。
〔註61〕摘自《孫龐演義》布袋戲錄音文本第七集。

鳥卻像看到自己孤單的身影，讓她更加思念女徒。第二則聯白，仍是在訴說慈悲姑的心境，她感嘆人情如紙一樣薄，世態炎涼，每個人的人生如何峰迴路轉就跟下棋一樣，沒有辦法預料。也因此，「殘忍娘慈悲姑」這個姓名讓我們了解到，她的個性可以是殘忍也可以是慈悲的，端看棋局如何走。

> 人情如紙張張薄，　　　　　Jîn-tsîng jû tsuá tiunn-tiunn pòh,
> 世事如棋局局新。〔註62〕　Sè-sū jû kî kiȯh-kiȯh sin.

　　還有廬山女真人的聯白，每句只有五字，雖然簡短，一樣能看出徒弟對師父的感情，她表示若找不到老師母，將不出紅塵，可見感情之深切。

> 為愛入深山，　　　Uī ài jip tshim-san,
> 為情受艱難，　　　Uī tsîng siū kan-lân,
> 揣無老師母，　　　Tshuē bô nóo su-bió,
> 不出風塵間。〔註63〕　Put tshut hong-tîn kan.

　　在布袋戲裡的旦腳，不論是古冊戲裡能夠帶兵打仗的魏陽公主，或金剛戲裡的兩位武林高手「殘忍娘慈悲姑」和「廬山女真人」，儘管已經不是只能在家相夫教子的傳統女性，然而脫口而出的四聯白，卻是跟在家等候朱亥回家的劉氏一般，給人無奈、等待和自怨自艾的形象。

五、其　他

　　除了上述的腳色有其慣用或適用的聯白外，有些聯白則是不分腳色，黑番都喜歡拿來使用，尤其是以下這則對於其後劇情走向稍加描述的聯白。這則聯白不僅常在古冊戲使用，金剛戲出現的頻率也很多。在古冊戲《孫龐演義》裡有四個角色的獨白，用了類似的聯白。

（一）　卜商：奉了國王令，不敢久延停。下（sia）官卜商。我就是（tsiū-sī）孔子七十二門人其中之一。今（kim）在過齊國，為國王赤膽忠心。為了摯友魯王爺田忌被捉，籌備十三色禮物，以及國王降書降表一道，速速望往魏國宜梁城，解圍摯友田忌啊！

（二）　王教：彼迢迢來到此，路中稍延遲，我就是王教大禪師，和阮阿臏仔乎見過面矣啦，抑共阮阿臏仔答應，欲共伊擔

〔註62〕摘自《大俠百草翁》錄音布袋戲文本第三集〈南北斗九牛元祖〉。
〔註63〕摘自《大俠百草翁》錄音布袋戲文本第三集〈南北斗九牛元祖〉。

起起擔離離，擔甲無牽絲佮無結蒂，雲遊列國，一路來到這個所在，頭前面就是西秦，西秦也是當今列國，上蓋強的國都，抑我就在這个午朝門外，連哭三聲，連笑三聲，希望國王了解著我的來意。請我入到銀鑾寶殿，我才來講我心肝內想欲講的話予國王了解啊。

(三) 孫龍：迢迢來到此（介），趕路啊（介）莫延遲（介），在下（介）孫龍啊（介）。帶哀表，拍出著萬重圍，一路迢迢已經來到齊國臨淄。前面就（tsiū）是南郡王府，馬上會三弟孫臏，搬討救兵啊。

(四) 韓成彪：楚國使差『走』了，迢迢來到此，事急緊行（介），莫延遲（介），末降（介）韓成彪（介）。在過楚國國王駕下為臣，今奉主之令帶了天下間一對的怪魚，這對的怪魚究竟出產在啥物所在？這對的怪魚釣不能釣，網不能網。今奉主之令，特地來到你齊國臨淄，如果齊國有賢人，能識辨此魚來歷，我國願動年年來朝歲歲來貢。設使臨淄城無人了解此魚來歷，希望臨淄，國王會當來獻出著降書降表歸降吾國，準備帶下怪魚入到銀鑾寶殿啊！

在下表中，把其中的聯白拿出來比較：

表 3-6　古冊戲穿插在劇情中的聯白

戲劇人物	聯　　　　白
卜商〔註64〕	奉了國王令，不敢久延停 Hōng liáu kok-ông līng, Put-kám kiú iân-thîng.
王敖〔註65〕	迢迢來到此，路中稍延遲 Thiau-thiau lâi-kàu tsí, Lōo-tiong sau iân-tî.
孫龍〔註66〕	迢迢來到此，趕路啊莫延遲 Thiau-thiau lâi-kàu tsí, Kuánn-lōo ah bȯk iân-tî.
韓成彪〔註67〕	迢迢來到此，事急緊行莫延遲 Thiau-thiau lâi-kàu tsí, Sū-kip kín-kiânn bȯk iân-tî.

〔註64〕摘自摘自《孫龐演義》錄音布袋戲文本第一集。
〔註65〕摘自《孫龐演義》錄音布袋戲文本第六集。
〔註66〕摘自《孫龐演義》錄音布袋戲文本第十五集。
〔註67〕摘自《孫龐演義》布袋戲錄音文本第十一集。

　　卜商奉了國王之令，籌備十三色禮物，以及國王降書降表一道，速速前往魏國宜梁城，想要幫他的摯友魯王田忌解圍，因為情況緊急，所以不敢稍作停留。而王敖一路匆匆來到秦國，只想趕快請西秦國王解救孫臏，雖然路程中稍微延遲，仍不負使命的抵達秦國完成任務。孫龍是孫臏的大哥，因為龐涓攻打燕國易州，情況緊急，孫臏之父特派孫龍前往齊國搬討救兵，所以孫龍說「趕路莫延遲」。至於韓成彪是楚國的使差，他帶了一對怪魚到齊國臨淄，希望齊國能有人回答這是什麼魚又是出產於何處，如果能有人回答出來，楚國願意年年來朝貢，若沒有則要求齊國獻出降書降表。其實這樣的任務並沒有非常緊急，可是因為韓成彪帶著使命從遙遠的楚國來到齊國，想必也是風塵僕僕，這樣的聯白也很適用。

　　金剛戲中，沒有王侯將相，所以獨白的運用較為單純，多半在四聯白後簡單的自報姓名，再加上戲劇動機。以下這幾則套語也都是以「迢迢來到此」為開頭，隨後自稱，再詳細說明一路迢迢的原因為何。

（一）空空子：迢迢來到此，望進東南莫延期。終南山的煉氣士，石鎮老人，以及東南派神祕轎的轎中人鬼谷子，知己深交。鬼谷子奉令欲來擒掠大明朝的重（tiōng）犯孤王霸江山，我一路望進東南派。〔註68〕

（二）西道公：迢迢來到此，歸回雲海宮莫延期。貧道西山西北海的掌教，海天王西道公。哈哈哈哈，以及主公「孤王霸江山」開會明白，閣無偌久就會當大反明朝成功。一路上（siāng）歸回雲海宮。抬頭以觀！〔註69〕

（三）免戰兒：迢迢來到此（tsí），遠走江湖莫延遲，三子會，三教等第三教主，我叫做大俠免戰兒，奉大哥雲天怪客聖旨令的交代，大江南北來主持公道。〔註70〕

（四）忠義俠：迢迢來到此（tsí），望往東南莫延期，在下北斗忠義俠，一路上來到這個所在，前面戰火四起，毋知佗一位就是百草翁？佗一位就（tsiū）是百草翁？〔註71〕

〔註68〕摘自《大俠百草翁》錄音布袋戲文本第一集〈百草翁重出武林〉。
〔註69〕摘自《大俠百草翁》錄音布袋戲文本第一集〈百草翁重出武林〉。
〔註70〕摘自《大俠百草翁》錄音布袋戲文本第二集〈三教等聖旨令〉。
〔註71〕摘自《孫龐演義》錄音布袋戲文本第三集。

（五）九牛元祖：迢迢來到此（tsí），歸回山頭莫延遲，貧道九牛
元祖，我是中立派人，我無助東南也無助西北，…（中略）
雲遊著三山五嶽，五湖四海，已經歸回著我戰地天的山頭，
原本我攏行前山，但是今仔日啊，精神無蓋偌好，因爲昨昏
（tsăng）就原也有啉一屑仔，精神**穩穩仔**，對（uì）後山歸
回戰地天古洞矣！〔註72〕

茲將這五則聯白羅列如下比較：

表 3-7 金剛戲穿插在劇情中的聯白

戲劇人物	聯　　　　　　白
空空子	迢迢來到此，望進東南莫延期。 Thiau-thiau lâi-kàu tsí,bāng-tsìn tang-lâm bók iân-kî.
西道公	迢迢來到此，歸回雲海宮莫延期。 Thiau-thiau lâi-kàu tsí,kui-huê hûn-hái-kiong bók-iân-kî.
免戰兒	迢迢來到此，遠走江湖莫延遲 Thiau-thiau lâi-kàu tsí,uán tsáu kang-ôo bók iân-tî.
忠義俠	迢迢來到此，望往東南莫延期 Thiau-thiau lâi-kàu tsí,bāng-óng tang-lâm bók iân-kî.
九牛元祖	迢迢來到此，歸回山頭莫延遲 Thiau-thiau lâi-kàu tsí,kui-huê suann-thâu bók-iân-tî.

這五則聯白與上述《孫龐演義》的四則聯白句型相同，尤其後幾則的第
一句「迢迢來到此」更是一模一樣，第二句則因目標不同而稍有不同。由這
些比較可以發現，主演常會因劇情需要，而對套語產生變動。對戲劇中匆促
出現沒多久就消失的角色，這則簡明扼要的聯白便非常適用，讓觀眾知道該
角色出現在舞台上的原因，他又要往哪裡去，也讓觀眾知道他只是過場的角
色（陳龍廷，2015：頁 185）。布袋戲的套語，原先意味著一種固定不變的語
言模式，而其中的變異，就布袋戲口頭表演而言，反而是意味著創造及調整。

以下三則聯白，也非常的類似，首先是「賽孫臏伍臥龍」，他因爲二十年
前在武州鬥劍台不小心從台上掉到台下，摔斷雙足，輸給紅扇書生白國霜。

失去雙足的他，自比孫臏，二十年來忍辱隱姓埋名，只希望可以找到機會像孫臏一樣復仇。沒想到二十年後伍臥龍終於等到機會可以與紅扇書生再戰一場，信心滿滿的他卻依然落得失敗的命運。因為不只伍臥龍的武功精進了，紅扇書生亦然。失敗後的伍臥龍，很有風度的認輸，並把他在西北派所看到的秘密告知紅扇書生，沒想到最後招致了殺身之禍。他的聯白，前半段是在說明自己的金光法可以有八百里遠的功力，後面則是在說明自己有恩報恩、有仇報仇，當年自己是因一失足而造成了千古恨，讓自己必須像孫臏一樣忍辱，等待復仇的時刻。

金光隔斷八百里，	Kim-kong keh-tīg peh-pah lí,
金光法，去欻！	Kim-kong huat,khì eh!
有恩不答非君子，	Iú in put-tap hui kun-tsú,
義膽復仇亂小人。	Gī-tám ho̍k-siû luān siáu-jîn.
一失足千古恨，	It sit-tsiok tshian-kóo hīn,
賽孫臏伍臥龍。〔註73〕	Sài-sun-pīn Ngóo-ok-liông.

三教等毒郎君也用了相似的聯白，前一句一樣告知觀眾，他的金光法有傳達九萬里的功力，後一句則是說明他要去尋找他的三弟。

金光隔斷九萬里，	Kim-kong keh-tīg káu-bān lí,
金光指定法，	Kim-kong tsí-tīng huat,
走揣三弟，去欻！〔註74〕	Tsáu-tshuē sann-tī,khì eh!

九牛元祖先說他的金光法可以傳達八百里，再說他要回到戰地天了。歸納起來，這則聯白的前一句都在形容自己的功力深厚，後一句則是告知觀眾接下來自己的動作。

金光隔斷八百里，	Kim-kong keh-tīg peh-pah lí,
金光指定法，	Kim-kong tsí-tīng huat,
歸回戰地天，走！〔註75〕	Kui-huê tsiàn-tē-thian,tsáu!

然而，金光法不管是傳播「八百里」或「九萬里」，應該都只是主演的誇飾法，因為從劇情走向來看，最後毒狼君的功力並不是最強大的，他並沒有存活最久，所以套語裡四聯白的運用，端看主演的隨機應變。

〔註73〕摘自《大俠百草翁》錄音布袋戲文本第二集〈三教等聖旨令〉。
〔註74〕摘自《大俠百草翁》錄音布袋戲文本第二集〈三教等聖旨令〉。
〔註75〕摘自《大俠百草翁》錄音布袋戲文本第三集〈南北斗九牛元祖〉。

第三節　小　結

　　布袋戲套式言語表演中，完整的人物出場套式包含上台引、四聯白、獨白、對話等四部分。在布袋戲中，爲了讓觀眾瞭解戲劇角色心中眞正的思維狀況，因而發展出獨白形式的語言。通常戲曲人物首次出台，都必須以詩詞吟詠，讓觀眾在很短的時間內就瞭解舞台上的角色，民間藝人都稱這種四句爲一個單位的韻文爲「四聯白」。爲了不要讓人覺得千篇一律，缺乏創意，有些布袋戲藝人，還會吸收唐、宋詩的詩句、寺廟的對聯。

　　套語當中的四聯白可歸納爲初登場時使用，及穿插在情節當中使用。戲劇人物出場時使用套語，唸完四聯白，觀眾便能得知這位人物的『腳色』的來歷及背景。以《孫龐演義》爲例，「大花」出場時唸的四聯白，總有一股豪氣在其中，讓人感覺天不怕地不怕。「三花」出場唸完四聯白後，會帶著笑謔的口氣問「有相捌無」？再開始自我介紹引出戲劇動機。在「生」中，皇帝的獨白最多。有趣的是，皇帝不管昏庸或明智，通常會自褒一番。「旦」腳時常使用詩詞來顯示自己的氣質。「公末」腳色以王敖爲例，用「喙唸阿彌陀」，「善男信女歸佛教」等聯白讓人聯想到他修道人的身分。

　　不同於古冊戲，金剛布袋戲裡，幾乎都是英雄俠客，或身懷武功的僧道人物，沒有皇帝、宰相的戲份，因此不會出現文謅謅的官話四聯白，反而都是塑造角色個性、情節預言等功用的四聯白，因此顯得更有創意及戲劇張力。當天馬行空的金剛戲無法從傳承的四聯白直接套用在戲劇角色時，便出現了爲鬼谷子量身打造的四聯白「天地日月最長生，可惜善惡難分明，今出眞聖鬼谷子，爲愛天下定太平。」又如「萬歲毒君赤蜘蛛，其出場時的聯白「殺人警告命不留，犯我之人命皆休…」當「赤蜘蛛」唸口白時會再加上其專屬的電子配樂、說話時伴隨的回音，都使人不寒而慄。因此，當四聯白是爲某角色訂做時，觀眾只要聽到其專屬的四聯白被唸出來，不用看到該戲偶，便知該角色即將出現，就如同索緒爾〔註76〕所說，角色的「能指」與「所指」之間的關係。聯白是該角色的能指，一聽到該聯白，戲劇角色尚未出場，觀

〔註76〕　索緒爾（Ferdinand de Saussure, 1857～1913）爲瑞士的語言學家，他在《普通語言學教程》提出能指、所指，是符號學的概念，影響了後來羅蘭・巴特和李維史陀等法國結構主義的學者。單一符號分成能指和所指兩部分：能指是符號的語音形象；所指是符號的意義概念部份。能指和所指兩者之間的關係是「任意性」的，沒有必然關連。不同的能指，可以是同一所指，一個能指，在不同情況可能也有不同的所指。

眾心裡的概念便產生該角色的形象，即所指，便知道該角色要出場了（趙毅衡，2012：117-121）。

　　穿插在劇情當中的套語，其作用包含描述人物當時的情緒還有未來劇情等。描述角色的心情時，黑番除了使用古詩詞外，並時常在時運不濟時，以被「烏雲遮蓋」、「龍困淺灘」、「虎落平陽」比喻「大花」和「生」的處境，最後再讓戲劇角色抱持希望，相信有朝一日，會從「鯉魚」化身為「龍」。有趣的是「公末」腳色王敖，用「念 khó 仔」的方式說出套語，以這種方式表演，可以讓觀眾印象深刻，也更有變化。而不管是《孫龐演義》裡只能躲在男性身後的「旦」腳或是《大俠百草翁》裡豪氣干雲的女俠，關於描寫情緒的四聯白總是顯得憂愁在其中。在描述劇情的四聯白中，「迢迢來到此，○○○○莫延期」的聯白不斷出現，不論是古冊戲或金剛戲，這句套語存在相當大的變異空間。黑番經常使用這句套語的變形，在各種狀況、各式的角色中，可見他對這則聯白，運用自如，只要稍加變化，便能自在地應用在各式的劇情當中。因此，黑番雖然會參考前輩流傳下來的四聯白，但是他仍會依需要而去變化四聯白的內容，以符合實際的狀況。

　　分析黑番使用的語言，整理他所使用的套語，發現在不同的戲齣中都可以發現看似類似卻又存在差異的套語。類似性，顯示來自固定詞彙學習的口頭表演的傳統，差異性，不一定是主演出錯，也有可能是為了配合劇情而修改或為了發揮其獨特的創意。布袋戲的口頭表演有很大的即興表演成分，憑著簡短的綱要表演又不出錯，必須依賴其傳承的套語；而套語的臨機調整，才可以保持觀眾的新鮮感。因此，布袋戲的主演在實際表演不同的戲齣時，就產生了上述文辭與文句長短的調整變異（陳龍廷，2015：188）。由於套語非一成不變，是可以活用的，所以蒐集黑番所使用的套語，分析其中的變異，對於布袋戲口頭表演的傳承，或實際教學上的應用，將可以發揮更多創作的可能。

第四章　黑番的笑詼劇分析

　　在上一章中，說明了黑番如何運用套語來演出活戲，而在這一章裡將繼續探討黑番如何運用自己的人格特質，在各種戲劇的主題中自然的融入笑詼劇的成分，並以戲劇理論來分析黑番的笑詼劇，何以能成功吸引觀眾的目光。

第一節　戲劇的理論

　　布袋戲這種表演藝術，是民間戲劇的一種，既然如此，當然也適用於戲劇的理論。然而戲劇的理論浩瀚如煙海，無論哲學家、心理學家，人類學家、社會學家，都為此有各式各樣的理論，且有各種不同的見解。探究其原因當然是因為戲劇乃是表現人生、發覺人生的各種問題，因此凡是研究與人生相關學問的人，都會從戲劇中取材。姚一葦（1992）認同漢彌爾頓（Clayton Hamilton）為戲劇所下的定義：「一部戲劇，是設計由演員在舞台上，當著觀眾表演的一個故事。」因此，戲劇是不能脫離觀眾的，觀眾是戲劇的一個重要因素。法國的沙塞（Francisque Sarcey,1828-1899）強調：「談到劇場，有一個最不能忽視的事實，那就是觀眾的到來，我們永不能想像一部沒有觀眾的戲劇。」因此，戲劇工作的設計，是提供給一群人所形成的所謂的觀眾，這便是他最重要的要素，是他生存的最主要條件。也就是：「無觀眾、無戲劇」。而美國人馬修斯（Brander Matthews,1852-1929）在《戲劇的發展》（The development of the Drama,1903）一書則說明，觀眾個別的性質雖然是複雜的，但他們成為觀眾的一份子時，在那一瞬間，個體的人格消失，感受與思想便成為群眾的，成為集體人格中的一份子。此外，馬修斯也認為，戲劇必須為

觀眾製造，戲劇是最民主的藝術，如果觀眾喜愛有趣的事物，那就必須避免一切黯淡的情感。因此一個偉大的戲劇家必須了解他的觀眾，必須容忍，甚至同情他的觀眾。也就是說，戲劇是與那個時代的社會、文化結合在一起的，因此他無法從特定的文化基礎上孤立或游離出來（頁127～130）。是故，一齣布袋戲演出的成功與否，也應以觀眾的反應來判斷，主演所演出的戲劇是為觀眾而創作，主演必須隨時觀察觀眾的反應來調整他的演出。

沙塞（Sarcey, Francisque）認為一部戲劇必須讓一群人構成的觀眾維繫在劇場中達四小時以上，這是戲劇唯一的目的，他高於任何其他的原則。這不是一件容易的事，不像一本書花多少時間讀完都無所謂。同樣的，一齣布袋戲的演出或許不需要四個小時以上，然而維繫觀眾的注意力，願意讓他們停留下來專注地看戲，則是同樣的目的。沙塞認為要維繫觀眾，就是要引起觀眾的興味。也就是「在劇場中除了娛樂觀眾，沒有別的原則」。他說，人類無論在哪一個時代、哪一個國家，都是用笑來表示愉快，用眼淚來表示悲傷，笑是人類所獨有的。群眾的笑比個人的笑更容易引發，也更強烈；群眾的眼淚比起個人來更豐富。依據人類「用笑來表示愉快，用眼淚來表示悲傷」的特性，便成為戲劇的兩大類型。然而事件本身並無愉快或悲傷，而是我們把自己的情感孕育了他們，是人們把自己的愛好注入其中。因此，我們要問的不是事件本身，而是這一事件要引起觀眾怎樣的情感，是要讓他流淚呢？還是要讓他笑？因此不僅要控制觀眾的情感，更要緊的是給觀眾一種情感，是要讓他們歡樂，還是悲傷。沙塞甚至認為悲劇和喜劇必須絕對劃分，與雨果在《克倫威爾》的序言（Preface to Cromwell）中主張「悲劇和喜劇是混淆的，因為人生就是如此」背道而馳。美國的戲劇理論家貝克（George Pierce Baker, 1866～1936）在《戲劇技巧》（Dramtic Technique）一書中認為戲劇的目的有二，一是盡可能迅速贏得觀眾的注意，二是維持或增加觀眾的興趣，直到戲劇結束。他說「從情緒到情緒，是任何一部好戲劇的公式」「一部戲劇是從情緒到情緒的最短距離」，說明了他認為要引起觀眾的興趣，就要以最迅速的方法來引起觀眾的情緒反應。他並認為最能引起觀眾情緒反應的乃是動作。不過，他後來又發現，有一些戲劇沒有動作，也能引起觀眾的情緒反應。他最後總結，「正確傳達情緒，乃所有偉大戲劇的重要基礎。情緒之傳達乃由動作、人物之刻畫與對話所形成。」湯普遜（A.R.Thompson）則認為舞台上的一切，都有可能引起觀眾的情緒反應，如舞台的布置，氛圍的創造，甚至

音效等種種，都可能使觀眾產生不同的情緒反應（姚一葦，1992：131-136）。因此，一個成功的布袋戲主演，必須要想盡辦法激起觀眾的情緒反應，不管是歡樂的情緒或悲傷的情緒。

而要如何激起觀眾的情緒反應呢？姚一葦（1992）認為，當觀眾進入劇場，看得津津有味時，他的真正自我已經消失。原本觀眾的組成，是極其複雜的，但他們為戲劇所吸引時，他們之間的差異性便消失了，形成一個共同的心理狀態、共同的人格，即戲劇所造成的幻覺。原本戲劇是假的，然而在那一剎那，觀眾忘記它是假的，而把它當作真實的，也就是真實的幻覺（illusion of reality）。戲劇的幻覺有兩種現象，一是「同一作用或現象」（identification），哈特（Dr. Bernard Hart）認為這是一種心理的作用，例如讀一本浪漫傳奇小說，把自己和書中的英雄同一，跟隨他去冒險、戀愛。這種情形實際上是讓讀者經歷白日夢（day dream）的誘惑。在舞台上表演戲劇時，這種作用更明顯，當觀眾看得目瞪口呆時，他的靈魂已經不在自己身上，而在戲劇主角身上了。另一種則是「超然作用或現象」（detachment），這時戲劇的主角不是英雄而是丑角。所謂丑角不但是外型醜陋，連心智也不如我們。他們經常挨打、被捉弄、被欺騙。他們越是被捉弄或是越上當，我們就越感到好笑，於是我們不會與這種人同一，反而我們會從這種人物身上，超然或游離出來，而對他們發笑，此種作用稱為超然現象或超然作用。因此，一齣成功的戲劇，必須能激起觀眾的集體幻覺，不管是同一作用或超然作用，都要能跟著戲劇人物同悲同喜。

第二節　喜劇與笑

如上一節所述，要讓觀眾笑，需要的是超然的作用。柏格森（Henri Bergson）在《笑》（Le Rire）一書中指出，喜劇的笑，在笑者與被笑者之間，感情是隔絕的。「無動於衷的心理狀態是笑的自然環境，笑的最大敵人莫過於情感。」當我們笑一個人的時候，必須在頃刻間「忘卻愛慕、抑制憐憫」。麥里底斯（Goerge Meredith）在《論喜劇》中也強調所謂「思想的笑」（thoughtful laughter），也就是知性（intellectual）的笑。如果笑是淡漠的，是情感的隔絕，是知性的，要如何產生幻覺？人生中有各種的笑，而喜劇的笑是看到別人笨拙、跌倒、吃虧、倒楣所引起的笑，也就是別人越受窘，越倒楣就越好笑，

這種笑帶有邪惡意味。因此戲劇中若將丑角貶低，貶得不如我們，使觀眾覺得自己高高在上，縱使知道戲劇是假的，但在他們開懷大笑的一刻，他就忘掉這一切都是假的，也就進入一種幻覺（姚一葦，1992：137-146）。因此，一個成功的導演或布袋戲主演，必須懂得如何偷偷的解除觀眾的武裝，使他進入幻覺的狀態，一旦進入幻覺的狀態，演員的一舉一動、一言一行都能使觀眾發笑。

理論上笑是突然發生的，如霍布士（Thomas Hobbes）所言，「笑是突然的榮耀」（sudden glory），其核心是優越感，他認為有一種情感還沒有名稱，它的外部表徵就是我們所稱為「笑」的面容變化。它來源於在與別人的弱點或自己的過去相比較時，突然意識到自身的優越而產生。但朱光潛（1982）認為，發笑的東西必須是新奇的、意想不到的，並不是所有的笑都包含了優越感，很多也都是純粹的由高興所引起的笑，有時笑是天真的流露、親善的表示、生存歡樂的表現，「鄙夷」的笑只是笑的一種表現方式（頁264-266）。康德（Immanuel Kant）提出笑是我們緊張期待「突然」歸於消失的「失望說」，也就是當人物要做出令我們驚訝的舉動時，我們期待他有所作為，可是沒有，我們的緊張期待落空，心情也就鬆弛了下來，這時人就會笑；叔本華（Arthur Schopenhauer）則說：笑是「突然」覺知到一個概念與一實體之間的乖訛，也就是起於期待的消失，而期待的消失則起於「觀念」與觀念依歸的「實體」之間的不協調。不管人類是竊笑或哈哈大笑，他所笑的對象有一個首要的基本屬性即不諧調或反常的特性。「反常」以千姿百態呈現，諸如荒誕、荒謬、突兀、怪異、矛盾、不合生命常態、不合常觀，不合傳統價值觀、不合語言邏輯、不合常理和不合常識等。一般常用的「誇張」、「對比與映襯」、「重覆」、「倒置」等引發滑稽笑果的手法，也都與「不諧調理論」環環相扣。也因此，喜劇的笑必有違背常理的東西在，這些荒謬的東西，如果以人的正常意識，一般都會經過大腦邏輯的分析能力而產生荒誕感，也就是說，當我們在看一部喜劇的時候，有時候之所以會笑，就是因為影片中的出現不同於我們的經驗（何宗陽，1992：105-107）。由於笑是突然發生的，因此這類戲劇的笑，便成為一連串彼此無關的笑料與噱頭（gags and jokes）。而一連串笑料與噱頭是按照一定的計畫，透過特定人物的意念，當他受到阻礙時便發生衝突，衝突的發展所形成的一系列動作的變化，使原本彼此無關的笑料與噱頭建立了關聯性，把戲劇推向高潮，高潮便是最大的笑。因此，戲劇必須使觀眾進入幻

覺，才會對戲劇動作的發展，予以密切的關注，最後觀眾有了共同的幻覺，也有了共同的情緒，也就是笑，也就使戲劇達到了最大的效果（姚一葦，1992：148-151）。

　　姚一葦根據湯普遜（A.R. Thompson）《戲劇的解剖》（The Anatomy of Drama）一書以幻覺的性質將戲劇分爲傳奇劇（melodrama）、悲劇（tragedy）、笑劇（farce）、喜劇（comedy）、悲喜劇（tagicomedy）、浪漫喜劇（romantic comedy），然而其最後的結論卻也認爲，當現代戲劇走出了古典，有許多劇本是無法歸類的，最多見的是，是混合的形式，也就是悲劇中含有喜劇的成分，或喜劇中含有悲劇的成分（頁 164）。布袋戲亦同，不會有純粹笑鬧的喜劇，也不會有純粹的悲劇，在討論黑番的布袋戲時，可以看出在不同的戲齣中，黑番總是保存著他最拿手的「三花」腳色的特色，將喜劇的成分安插在各個橋段當中，不會千篇一律，使觀眾感到厭煩。

第三節　語詞的喜劇

　　在上一章裡提到，布袋戲藝人常會將某齣戲的口頭表演段落，融合在另一齣戲的情節當中，也可能把從別的主演學來的類似精采段落，結合在自己認爲適當的戲劇情境之中，這些常見的布袋戲演出段落，以口頭文學的觀念來看，即典型場景（type-scene）或主題（theme）。布袋戲常見的主題，至少包括文戲、武戲、笑詼戲等。而布袋戲的各種主題，相當重要的功能就在於戲劇氣氛的轉換（陳龍廷，2015：191-192）。陳龍廷指出，「笑詼戲」（tshiò-khue-hì）是穿插在整齣戲中的重要戲劇元素，能讓觀眾的情緒緩和、或調和過於緊張的戲劇張力。擅長笑詼劇的主演，幾乎每一齣戲，都少不了這些製造笑料的甘草型人物（頁 237）。

　　是故，在黑番的布袋戲演出中，我們也很難看到只有文縐縐的文戲或只有打打殺殺的武戲，當然也不會只有一直裝瘋賣傻的笑詼劇，就如上一節姚一葦的研究，沒有純粹的喜劇也沒有純粹的悲劇。擅長演出笑詼劇的黑番，會在以文戲及武戲爲主的古冊戲《孫龐演義》中，穿插著笑詼戲主題；在緊張懸疑、劇情天馬行空，聲光效果俱足的金剛戲《大俠百草翁》中，也穿插著笑詼戲。他的每一齣戲中都會創造出喜劇性的甘草人物，如《孫龐演義》的朱亥及《大俠百草翁》裡的百草翁，而這些角色就漸漸成爲他的招牌。

　　陳龍廷（2015）指出，法國哲學家柏格森（Henri Bergson,1859-1941）於1900發表的《論笑》〔註1〕所提出的見解，便能解釋這樣的喜劇人物（頁238）。柏格森認為真正喜感的原因，源於對社會生活輕微侵犯的事物，而社會以一種防衛的反應姿態，及輕微的害怕來回應它。他在書中討論了形式的喜感、動作的喜感、情境的喜感、言詞的喜感及性格的喜感。他認為，喜劇的行為事件給我們帶來滑稽感的根源，因為「每個生物都是一個單獨的現象體系，他不能干涉別的體系」、「形體是不斷變化的、現象是具有不可逆性的」、「每一系列事件都有充分的個性」（柏格森，1940；引自徐繼曾，1992：57）。如果違反這些原則，使活潑的生命變成了機械式的僵化，就會產生滑稽的喜劇效果，也就構成了喜劇來源的三大手法：重複、顛倒、事件的交互干擾。而這些手法，幾乎都可運用於語詞的喜劇及情境的喜劇（陳龍廷，2015：237）。

　　語詞的喜劇，指的是因諧音、外來語、供體和譬相，及語法錯誤而引起喜感，布袋戲的喜劇表演中，最常見的就是使用喜感的語詞來製造笑料，這些喜感的語詞常和人物性格所造成的情境喜感結合。布袋戲主演可能藉著把語詞當成遊戲的玩具，或將語詞扭曲變形，造成更多的喜感。所謂「語詞的扭曲變形」，是指相對於大眾所認知的語詞「正確」發音下，戲劇主演故意扭曲的發音及語法習慣，立即讓觀眾感受到效果而發出笑聲。因為戲劇是一直在進行中，觀眾必須立刻理解，這樣「笑果」才會明顯。如果觀眾的語言能力不足，還要經過思考才知道「笑點」在哪裡，則此戲劇效果便會大打折扣（陳龍廷，2015：239-248）。以下分別以《大俠百草翁》及《孫龐演義》為主要文本分析之。

一、諧音的喜感

　　諧音（paronomasia）為語言藝術的一種表現形式，即讀音相似或相同的兩個字或詞，透過心理聯想的過程，將某一個詞彙的語音，理解成另一個詞彙的意思，因諧音詞彙而產生的喜感，「笑果」非常迅速（陳龍廷，2015：239）。以下舉例說明之：

〔註1〕原著是 Bergson, Henri. 1991〔1940〕. Le rire: essai sur la signification du comique. Paris: P.U.F.本文採用的中文譯作是：徐繼曾譯，《笑：論滑稽的意義》，台北：商鼎文化，1992。陳龍廷指稱的「喜感」，在這本書裡翻譯為「滑稽」。

（一）《大俠百草翁》

> 空空子：你若毋去，我轉來去得轎。
>
> 百草翁：慢且啦！悾--的啊，咱兩个就東南道佛二老，交陪無**穩**著
> 　　　　毋著？〔註2〕

在《大俠百草翁》中，空空子與百草翁同屬於東南派，號稱「東南道佛二老」。因爲空空子總是設計陷害百草翁去面敵，兩人宛如歡喜冤家，於是百草翁戲稱「空空子」爲諧音「悾--的」（khong--ê）。「悾--的」的台語是形容人呆笨、頭腦不清楚的樣子。因人物名字諧音而引起的喜感，在布袋戲口頭表演非常常見。此外，百草翁也喜歡拿自己的名字開玩笑：

> 百草翁：咱人袂使掛無事牌，孔子公嘛毋敢收人的過暝帖。哈哈，
> 　　　　逐家毋知有相捌無乎？若無相捌，自吾介紹。我就是號做
> 　　　　大俠百姓（pah-sènn）公。
>
> 後場：百姓媽啦！
>
> 百草翁：咧哭枵，啥物咧百姓媽？我號做大俠百（pah）草翁啦。〔註3〕

這是百草翁開場時的自我介紹，他一開始自稱叫做大俠百姓（pah-sènn）公，而百姓公廟是祭祀無嗣孤魂的廟，在此處當然只是用諧音來製造笑料而已。通常以台語稱呼人的姓都使用白音，稱呼名都是使用文音，大家也都以「pik-tshó-ong」來稱呼他，但是他卻常使用白音「pah-tsháu-ong」來稱呼自己，雖然兩個稱呼使用的都是同樣的漢字，但是一旦脫離大家習以爲常的常軌，便會製造出笑料。

又如以下這則對話，「鬼愁」對「教主」喊華語的『報告』，卻因爲華語不標準而說成像台語的「百九」，即「一百九十」的意思，而「教主」也不明就裡，不假思索的回他一句，「兩百較好算」，也就是如果販賣東西，兩百元會比一百九十元方便，因爲不用找錢。這是用不標準的華語「報告」與員林腔的台語「百九」音相似所造成喜感，同時也如柏格森所述，「教主」在回答「鬼愁」時，是心不在焉、不假思索，像機器般的回覆，因此而製造出喜感（柏格森，1940；引自徐繼曾，1992：16）。

> 鬼愁：百九百九。
>
> 教主：兩百較好算。

〔註2〕摘自《大俠百草翁》錄音布袋戲文本第一集〈百草翁重出武林〉。
〔註3〕摘自《大俠百草翁》錄音布袋戲文本第一集〈百草翁重出武林〉。

　　鬼愁：無啦，我『講國語講報告啦』，我雄雄乎這員林腔，『報告』
　　　　攏講百九哩咧。〔註4〕

　　而以下這組對話，則是當西道公因氣憤而回答出「豈有此理」時，黑番
設定的三花角色「悾祥」，故意以諧音說出「汽油煮米」與之相對；當西道公
說「莫名其妙」時，悾祥又說華語的「國民學校」與之回應。乍聽會覺得兩
個人的對話有押韻，對得真是巧妙，但細想會發現字面意義是對不上並且沒
有意義的。汽油怎麼能煮米呢？莫名其妙和華語的「國民學校」又有何干？
因此，布袋戲主演是故意用諧音而且沒有意義的話語來讓兩人對話，讓觀眾
乍聽以為正常，但反應過來後便能會心一笑。

　　西道公：豈有此理！

　　悾祥：Hiô 啊，就汽油煮米。

　　西道公：哈！明明莫名其妙！

　　悾祥：Hiô 啊，就『國民學校』。〔註5〕

　　又如以下的範例，「天下敢死俠」要跟「北斗忠義俠」學功夫，卻拿「北
斗忠義俠」的名字來做文章。因為「彰化縣北斗鎮」古地名是「寶斗」，當地
人至今仍這麼稱呼「北斗鎮」。而「北斗鎮」其主要名產是肉圓，因此，在對
話時，敢死俠便拿北斗這個地名來把玩，從中製造笑料。

　　敢死俠：我戰劍震沙場，蓋世英雄，世界公認刣人大--的。

　　忠義俠：若按呢這个來學有夠格，但是我佇咧教伊的功夫，千萬毋
　　　　通共我走漏（lō）風聲。

　　敢死俠：啊你欲教阮功夫，你你你啥物大名 hannh？

　　忠義俠：自吾介紹，我叫做北斗（pak-táu）忠義俠。

　　敢死俠：乎…你蹛北斗（pó-táu）〔註6〕啦乎？恁遐攏咧賣肉圓的啦
　　　　乎！

　　忠義俠：北斗忠義俠！

　　敢死俠：北斗就是寶斗啊，寶斗就是北斗咧！〔註7〕

　　以下的劇情是百草翁混入西北派想要救敢死俠，遇到鬼愁。兩人初次見

〔註4〕根據 2016.7.26 與黑番在員林「無極聖山堂」民戲演出時的訪談。
〔註5〕摘自《大俠百草翁》錄音布袋戲文本第一集〈百草翁重出武林〉。
〔註6〕彰化縣行政區，北斗鎮舊名「寶斗」，後改稱為現名，惟當地人仍習慣以台語
　　　「寶斗」稱之。
〔註7〕摘自《大俠百草翁》錄音布袋戲文本第三集〈南北斗九牛元祖〉。

面互相自我介紹的對話。鬼愁全名是「喇嘛沙沙鬼愁」，百草翁故意把他稱呼為「屪毛（lān-môo）捎捎規虼」，「喇嘛」唸得像「屪毛」，也就是男性生殖器的毛，即陰毛，「沙沙鬼愁」又唸成「捎捎規虼」，也就是抓起來一大坮的意思。因此，百草翁才會說，怎麼唸起來那麼難聽？可見布袋戲主演在設定角色的姓名時，已經故意讓這個角色的姓名有產生諧音又能製造笑料的可能。又因為生殖器在公開的場合是不宜直接說出來的，主演設定這個名字有挑戰禁忌的意圖，形成一種帶有雙關語的諧音。同時，「百草翁」因為不想被識破身分，故自稱為諧音「袂生毛」。百草翁這個戲偶的外型是沒有頭髮的，所以這樣自稱，也是頗為合理。接著，百草翁又形容自己的頭遛晶遛晶（liù-tsinn liù-tsinn），原本應該指的是他光頭，整個頭皮因為光亮亮的，就像水晶一般。而 liù-tsinn，查「線頂字典」的結果，漢字寫為「流精」，意思是「流氣、流裡流氣、鬼靈精怪、滑頭」，所以這又是一則諧音的雙關語應用，表面上形容的是外表，實際上形容的卻是行為和個性。對話的最後，百草翁又說了一句「我較加嘛咧袂生毛咧！」這句話的語氣剛好與他表面上說出來的意思相反，也就是要告訴觀眾，他是「會生毛」的。黑番居住在彰化員林，筆者居住在隔壁的鄉鎮永靖，在這個區域的人，「袂生毛」這個詞是帶著另一種義涵的，指的是一個人做不出什麼好事，沒有出息。所以一開始百草翁想要降低鬼愁的防備心，自嘲自己「袂生毛」。最後百草翁在鬼愁離開後，才說自己並不是沒出息，他根本就是「鬍鬍」。而「鬍鬍」這個詞是說「毛很多」，大部分是指鬍子很多。而百草翁此時冒出這一句，應該指的是他才不是沒有頭髮，其實他的毛髮很多，而隱藏的涵義也許又可以跟先前的「屪毛」互相呼應，因為小孩子是沒有陰毛的，只有成人才有，故百草翁的意思是他不是一個嘴上無毛、成不了大事、「袂生毛」的年輕人，自己其實是個長滿毛髮且深藏不露的人。在這短短的戲劇對話演出中，就可以看出黑番的功力，用了諧音後，再搭配隱喻，沒有直接說出不入流的詞句，但是居住當地熟習這些常用詞語的人，卻能完全了解戲劇主演想要傳達的喜劇要素。

　　鬼　愁：啊你號做啥物名？

　　百草翁：啊你啥名？

　　鬼　愁：我就是喇嘛（lá-môo）沙沙鬼愁。

　　百草翁：Hóo，名哪會號甲遮歹聽？

　　鬼　愁：是偌歹聽？

百草翁：屌毛（lān-môo）捎捎規蚶。

鬼愁：Lā-môo 沙沙鬼愁。

百草翁：鬼愁聽做規蚶啦！

鬼愁：啊你啥物名？

百草翁：我 hioh？人攏叫我號做大俠。

鬼愁：啥物（siánn-mih）名？

百草翁：大俠，就…號做…pik…袂生毛！

鬼愁：啥物毛？

百草翁：袂生毛，你無看*見？我一粒頭殼按呢遛晶〔註8〕遛晶，
袂生毛就袂生毛。

鬼愁：名哪*會（tháih）號按呢？

百草翁：細漢的時啦，我就骨力食貧惰（pān-tuānn）做啦。啊阮爸
共我罵講：「天壽仔，天壽仔，你按呢袂生毛、袂生毛。
細漢開始罵，罵大漢，就*按呢你無看*見頭殼攏嘛無毛。
細漢就罵牢咧矣！」

鬼愁：哈！彼袂生毛！

百草翁：你咧規蚶！好矣好矣！

鬼愁：啥物咧規蚶，巡更。

百草翁：巡邏。

鬼愁：巡更啊。

百草翁：巡邏？我我較加嘛咧袂生毛咧，恁爸鬍鬍咧。我娘嬭
〔註9〕喂！〔註10〕

　　以下的劇情是北斗忠義俠要跟他的師父九牛元祖比武，但自認功力不
夠，於是百草翁教他利用金光珠打鬥的方法。「個」音「kò」，百草翁故意發
成「kô」，「浯」音「kō」，「個」、「浯」發音類似，不管是「我百草翁金光珠
有四個，我一個借你」或是「三浯四浯你人跳走，換我來浯，啊我浯浯咧，
才閣換你浯，你浯了才閣換我浯，予恁師父感覺講一個變兩個」當主演的口

〔註8〕根據台文/華文「線頂」辭典：「流精」「liù-chin」，乃「流氣、流裡流氣、鬼靈
精怪、滑頭」之意，此處應為雙關語。

〔註9〕根據「教典」「娘嬭」音讀（niû-lé），母親、媽媽。異用字「娘奶」。

〔註10〕摘自《大俠百草翁》錄音布袋戲文本第一集〈百草翁重出武林〉。

白故意把他們混在一起說時，觀眾也會有這個打鬥是一團混亂就贏了的感覺，也就用諧音達到了喜劇的效果。

> 忠義俠：老前輩，阮師父的程度驚死人，我欲哪有可能贏阮師父？
>
> 百草翁：放心啦，我百草翁金光珠有四個（sù-kô），我一個（tsit kô）借你，你等咧，你規身軀乎，身輕如棉，你運動著你的內功（lāi-kong），抑我運動著我的內力（luē-lik），將過我的金光珠一粒借你！唉 sioh！
>
> （音樂）
>
> 忠義俠：喔，老前輩，喔，金光珠一下走來我的身軀，我哪會親像棉仔按呢會飛全款！
>
> 百草翁：這馬乎，恁和恁師父咧拍的時陣，三拍四拍，共恁師父偃予倒，抑你就*按呢對伊的身軀滒過來閣滒過去，三滒四滒你人跳走，換我來滒，啊我滒滒咧，才閣換你滒，你滒了才閣換我滒，予恁師父感覺講一個（kô）變兩個（liāng-kô），伊若『迷糊』戇戇癮頭癮頭趖，排仔骨縫共 tsô 落*去，伊若咧唉爸叫母叫兄兼叫嫂，我出來喝講按呢你贏矣，按呢你就贏矣，知無？
>
> 忠義俠：老前輩啊，按呢敢好？
>
> 百草翁：無要緊啦！
>
> 九牛元祖：來囉！〔註11〕

（二）《孫龐演義》

同樣的，在《孫龐演義》中，也有很多用諧音製造的笑料。雖然整齣戲的劇情緊湊，觀眾不時得為孫臏提心吊膽，不知道他何時又要被陷害。然而在這齣戲中，卻出現了一個三花的腳色「朱亥」。一開場朱亥自我介紹，說自己名叫「Ti ai」，事實上，朱的文音讀做「tsu」，亥的文音讀做「hāi」，朱並沒有「ti」的音，只不過華語的「朱」讀音和華語的「豬」同音都是「ㄓㄨ」，所以這裡也是拿自己姓名來開玩笑的例子。

> 朱亥：臣 ti ai。
>
> 魏惠王：啊？

〔註11〕摘自《大俠百草翁》錄音布袋戲文本第三集〈南北斗九牛元祖〉。

　　朱亥：啊毋是啦！臣朱亥（ai）。參拜國王。〔註12〕

　　以下對話仍然是利用朱亥的姓名諧音來開玩笑，朱亥為了避免百日災禍，在孫臏建議下，躲在家中九十九天後，忍不住到後花園散步透氣，卻因一隻鳥叫他「Ti ai」讓他不高興，拿弓箭想射殺這隻鳥，而誤殺了隔壁鄰居鄭安平的女兒，衍伸出後面的劇情。

　　朱亥：哎喲，這隻鳥仔閣會共我頕頭（tòm-thâu）lioh，哎，這隻
　　　　　鳥仔閣古錐啊。

　　鳥叫聲：喂！喂！

　　朱亥：鳥仔閣會捌我的名，閣會共*我叫「Tsu ai，Tsu ai」。嘿，
　　　　　這隻鳥仔掠來飼無穩喔，掠來飼猶閣會叫我的名！

　　鳥叫聲：Ti ai！Ti ai！

　　朱亥：啊咧哭枵，Tsu ai 啦，叫予好！

　　鳥叫聲：Ti ai！Ti ai！

　　朱亥：哎！駛恁婆仔咧，「Tsu ai」你共*我叫「Ti ai」？啊！你毋
　　　　　成鳥，咧垃圾鳥，咧癩瘤（thái-ko）鳥！喔，好好好，「Tsu
　　　　　ai」，共*我叫予正！「Tsu ai」。

　　鳥叫聲：Ti ai！

　　朱亥：啊你氣死！恁爸入來內底面，攑手箭共你拍鳥。可惡，入
　　　　　來攑箭。「Tsu ai」遮好聽，你共*我叫「Ti ai」！氣著，虐
　　　　　著，折著，用這支弓箭全仔予你去！抑！差一屑仔就去予*
　　　　　我共搩著！啊你這隻毋成鳥仔、垃圾鳥仔飛走去矣，飛走
　　　　　去就好。「Tsu ai」你會毋叫，你kǎ叫「Ti ai」，mâ你閣
　　　　　khuh khuh，mâ你閣tshiah tshiah。按算講來後花園遮乎欲
　　　　　輕鬆一下，抑就去拄著這个毋成鳥仔。嘿，我看乎，較忍
　　　　　耐咧，賭一工爾，明仔載欲出門才出門咧，抑無真正毋拄
　　　　　好乎，若去惹著災殃，啊拄仔好加衰的。寧可閣入來睨對
　　　　　阮某房間較實在呀。〔註13〕

　　以下這一段王敖的獨白則是拿他人的姓名開玩笑，他把「王禪鬼谷子」說成「王禪鬼仔囝」，並且補充說明「彼tsú嘛會用*得讀做kiánn，kiánn嘛會

〔註12〕摘自摘自《孫龐演義》錄音布袋戲文本第一集。
〔註13〕摘自《孫龐演義》布袋戲錄音文本第七集。

用*得讀做 tsú」。一般來說，在教育部未將漢字標準化之前，大部分的人都是把「子」念成「tsú」或「kiánn」。「鬼谷子」在戲中是一個正經又崇高的角色，但王敖卻打破一般人對他崇高的想像，戲謔他的名字爲「鬼仔囝」，這製造了一種挑戰禁忌的喜感。後面這句對龐涓的形容「有官通做，有某通娶，暗時閣有通好 hiúnn hiúnn，猶還嫌不足，徛彼个大言牌。」也是，用「hiúnn hiúnn」來形容男女之間的性關係，用曖昧的形聲詞來引起觀眾的想像以引起笑聲，是爲了掩飾違反社會禁忌的尷尬氣氛（陳龍廷，2015：244）。

> 變了，變了！喙唸阿彌陀，消災保平安，善男信女歸佛教，喝出年年十八（sip-pat）春。嘿嘿嘿……，食菜人恁逐家有相捌無？抑若無相捌，自吾介紹，我就是王敖大禪師，彼外號人攏叫我破柴的。抑若我，逐家較無熟似啊，若欲講阮大的乎，哇，逐家就眞共了解矣。彼阮大的，頂港有名聲，下港刺夯夯。阮大的就是雲夢山水簾洞的王禪鬼仔囝！哭枵，啥物咧鬼生喔，王禪鬼谷子啦。抑彼 tsú 嘛會用*得讀做 kiánn， kiánn 嘛會用*得讀做 tsú 哩咧。彼阮大的乎，有收兩个師仔呢，大的就是孫臏，抑第二的就是龐涓。喔，彼龐涓原本下山前去，烏雲夯匼，抑予*人掠入去內籬仔佇咧關，翻一个身，這馬做大元帥，駙馬之職。彼講較歹聽咧，有官通做，有某通娶，暗時閣有通好 hiúnn hiúnn，猶還嫌不足，徛彼个大言牌。彼按呢乎，鼓井水雞，毋知影天地有偌重，抑我若無來共伊指點一點仔明路咧乎，後日仔吞六國欲哪會成功咧？到時挂仔好親像彼號脫衣舞挂著警察，褪褲走袂離哩咧！來來，斧頭夯咧呢，駕起五彩雲來魏國宜梁城，破掉大言牌啊！〔註14〕

以下這則孫臏與白猴的對話，爲了凸顯孫臏是讀書人，而白猴是動物，所以孫臏用文言的說法問白猴「貴庚」，也就是幾歲的意思，但白猴沒讀過書當然沒聽過這麼文言的問法，以爲問的是白話的「貴羹」，才說是肉羹漲價，所以叫做「貴羹」嗎？這就是一種利用同音異義字來製造笑料的方法。

> 孫臏：白猴，貴庚偌多（jia̍k to）？
>
> 白猴：你咧講啥（sànn）？
>
> 孫臏：我問你講貴庚偌多啊？
>
> 白猴：Hooh，你講彼肉羹起大價，號做貴羹喔？

〔註14〕摘自《大俠百草翁》錄音布袋戲文本第一集〈百草翁重出武林〉。

孫臏：胡言亂說，我是問講你白猴今年幾歲？

白猴：啊幾歲你就講幾歲，你講彼貴庚！〔註15〕

以下則是串場的小人物拉希的和後場演出人員的對話。拉希的說「人無三兩（nióo）重，抑屜葩四斤十」，其實他的原意是「人無艱苦過，難得世間財」，原本是要說出勸世語，卻說成不太雅的話語，因為「滑稽是和雅對立的，是故，不雅是會形成滑稽的效果的」（柏格森，1940；引自徐繼曾，1992：18），因而製造出笑料。其次，當後場聽到「人無三兩（nióo）重，抑屜葩四斤十」時，直覺的反應說「垂腸」，這種不經思考、機械式的直覺反應，也都是製造笑料的方法。

拉希的：人無三兩（nióo）重，抑屜葩四斤十。

後場：墜腸（tuī-tiông）〔註16〕！

拉希的：哭枵，啥物咧墜腸？

後場：抑無啊這彼比人較重--的。

拉希的：啊你聽毋著去矣啦，我是講乎人無艱苦過，抑難得世間
財。〔註17〕

同樣的，以下這則對話只是利用諧音字來押韻以製造笑料，事實上並沒有特別的意義。「圓仔湯」對的詞是「心酸」，而「塗豆糖」對的詞是「心腸」。

朱亥：路頭坐來遠，想著圓仔湯佮塗豆糖。

後場：知影你愛孝孤啦！

朱亥：哭枵，啥物咧我愛孝孤！

後場：抑無你講圓仔湯佮塗豆糖！

朱亥：毋是啊！我是講乎，想著心酸掛心腸。〔註18〕

下面這則獨白，是龐涓府宅裡的廚師樊廚，無意中聽到了龐涓與妻子想要謀害孫臏的對話後，出現的感慨。「換帖」的台語是結拜的意思，但是台語的「帖」還有一帖藥的意思，所以樊廚故意用「帖」原來的本意，來代替後

〔註15〕摘自摘自《孫龐演義》錄音布袋戲文本第一集。

〔註16〕根據「線頂字典」，墜腸（tuī-tiông）指的是小腸串氣／疝氣／脫腸，根據「萌典」，疝氣是「泛指體腔內容物不正常的向外突出的病症。多伴有氣痛的症狀，故稱為「疝氣」。有鼠蹊部疝氣、腹部疝氣、臍部疝氣、睪丸疝氣等。」也稱為「串氣」。這裡應指睪丸疝氣。「線頂字典」的主要資料來源為甘為霖的廈門音新字典。

〔註17〕摘自《大俠百草翁》錄音布袋戲文本第一集〈百草翁重出武林〉。

〔註18〕摘自《孫龐演義》錄音布袋戲文本第三集。

來衍伸的意義。也就是說當某個詞代表的已經不是她原來的意義，我們卻又把它當成原來的意義使用，就會造成喜劇的效果。「當一個表達方式原係用於轉義，而我們硬要把它當作本義來理解時，就得到滑稽的效果。」（柏格森，1940；引自徐繼曾，1992：72-73）。

　　此外，黑番或許爲了表示樊廚年紀大，所以講話時故意「落風」[註19]，把「蘿荄湯」說成「燕屎湯」，把「荄脯卵」說成「屎脯卵」。不過另一個可能是黑番故意使用台南的「關廟腔」。根據研究，台灣南部台南縣與高雄縣交界的二仁溪流域中、下游的閩南語分佈區有一個方言特色，就是一般閩南方言讀 tsh-聲母，《十五音》系統韻書歸入〈出〉字頭的字，本地都讀 s-，與〈時〉字頭的 s-混同。這種塞擦音擦音化（spirantization）的現象閩南語方言學家稱之爲「出歸時」（洪惟仁，1989：64；1992：90；1997：40；楊秀芳，1991：25；陳淑娟 1995：43、簡秀梅 2006：99）。「荄」的發音也就變成「屎」的發音了。這就是主演故意因爲方音差而製造出的諧音笑料，也代表黑番因爲熟悉各地的口音，而能活用來製造笑料。

> 樊廚：老歲仔樊廚。我娘嬭喔，這號話我按呢聽聽咧喔，眞正起雞
> 　　　母皮，啊！換帖？就這帖若食袂好，換彼帖，號做換帖
> 　　　的。啊，結拜？哈哈，可憐孫臏這古意人，抑和龐涓駙馬
> 　　　爺兩个人結拜做兄弟，抑當時仔孫臏佇彼个金亭驛館，接
> 　　　著彼假聖旨，全部攏總就是駙馬爺的造作。孫臏你這古意
> 　　　人，是講乎恁兜的代誌啦，橫直乎日頭赤焱焱（iā iā），隨
> 　　　人顧性命。抑今（tann）目一下瞌乎，中午時間咧（tih）欲
> 　　　到矣，寧可來去煮一下仔號做燕屎湯，煎兩粒仔彼个屎脯
> 　　　卵，彼孫臏先生上愛食的。來，來，來款中晝頓來予孫臏
> 　　　先生食。[註20]

　　以下樊廚的獨白，可以再次證明上述「蘿荄湯」和「荄脯卵」的推測正確。樊廚因爲感嘆世間無情，於是說「啊！世間」，後面又冒出一句「目藥矸仔咧」，所以可以推測他把「世間」和小罐子的台語「細矸」比擬在一起，這也是諧音製造的喜劇效果。早期霹靂布袋戲有一角色叫做「霹靂怪傑亂世間」，這個三花腳色是「凍液成體」陰屍人修練「菩薩印」第十式後的化身，

[註19] 根據「教典」，是指「說話因牙齒咬合不正，使得發音不清晰。」
[註20] 摘自《孫龐演義》布袋戲錄音文本第五集。

從《霹靂幽靈箭第一部》的第 22 集開始活躍一段期間，每次他出場時都會伴隨這首由鄭進一作詞作曲兼演唱，收錄於他在 1995 年 1 月所發行的專輯《世間》當中的歌曲。這首歌前半段的歌詞，被擷取為「霹靂怪傑」亂世間的出場曲，歌詞如下：

> 宇宙銀河界無限，天生萬物名世間。地養眾生輪迴轉，人在世間受苦難。世態炎涼人情淡，人生不足寧為貪。天若感世原諒咱，可嘆啊可嘆！人無一物向天還！世間啊世間，目藥罐仔上小矸啦！世間啊世間，人間冷暖，世態炎涼，驚死的緊旋（suan）！世事如棋啊，變化多端。世情若要看破？神仙嘛難！

鄭進一在這首歌裡，唱出世間的道理，並揭示人性的本質。樊廚因為感慨萬千，所以黑番將這句話拿來引用，也是極為適切。

> 老歲仔樊廚。啊，世間，哈哈，目藥矸仔咧，細矸。就共你講乎，好人嘛歹做啦，抑歹人無好做！後日仔我攏欲學做半奸忠的。咱按呢乎共孫臏長也共講，短也共講，抑共咱的話當做咧放屁。啊好好，到時陣你若去予彼个龐涓掠去剖頭遐，你才講老歲仔欲嗖你，毋是欲共你咬。咱按呢共講龐涓設計共你陷害，抑毋聽就毋聽啦，上可憐就孫臏若予*人掠去剖遐乎，彼就慘甲攑柺仔…咱講……哎……？（The Laughing Song）〔註21〕哎哎哎哎，啊彼爿面的孫臏，hng，唉？咧寫天書該當腹肚你若枵你講乎，啊我來共你準備這个點心欲予你食 henn，彼个墨水你共當做菜湯共啉落*去？嘿，抑彼个簿仔紙你共食食落*去？哎！孫臏啊！你今是按怎？孫臏啊！
> （The Laughing Song）孫臏啊！該當你若腹肚枵乎，你就共老歲仔講，老歲仔就煮你上愛食彼號菜脯卵，抑煮一盤仔薤菜湯。嘿，抑你今仔對彼簿仔紙共猛猛食食落*去，啊你對彼个…啊，彼墨水 lioh，彼毋是菜湯 lioh，孫臏啊！〔註22〕

以下這則鄒忌的獨白，是因為他和田忌比射箭輸了之後不甘的感慨。以往武將田忌都比輸他，沒想到這次田忌三支箭都正中紅心，鄒忌不甘示弱的把箭射出，卻射到空中的雁鳥，原本是嚴肅的心情，但是黑番卻又安排鄒忌

〔註21〕The Laughing Song 最初的演唱者為 George W. Johnson。
　　　　https://www.youtube.com/watch?v=paOXIQcRBsg　2018.4.5 查。
〔註22〕摘自《孫龐演義》布袋戲錄音文本第五集。

口誤，把「雁鳥」（gān-niáu）說成「羼鳥」（lān-tsiáu）。「羼鳥」是男性的生殖器官，原本在戲劇演出中是不登大雅之堂的，但主演利用諧音，讓鄒忌自然而然的脫口而出，讓觀眾會心一笑。

> 太師鄒忌。哎，烏矸仔貯豆油無地看 hânn。魯王你三支的弓箭，每一年攏是落空。按怎你今年度三支的弓箭攏著紅心，進步遮濟？三百六十度的大轉變。是講你三支的弓箭攏著紅心，我的箭法照常百發百中，全款三支的弓箭攏總欲予伊著紅心。你啉三杯的御酒，國王全款也賞我三杯的御酒啦。當場在這个所在，取出著頭一支的弓箭，將過弓箭發射！予你去啊！哎哎哎哎哎，thái 按呢？弓箭園（hut）一下傷懸。煞去射著空中彼隻的羼鳥，無啦，毋是啦，去射著空中彼隻的雁鳥（gān-niáu）。〔註23〕

再來看以下這則龐涓的獨白：

> 龐宏道。三代粒積，一代開空〔註24〕。明明柴櫥內底面就伊孫臏沿途佮我行咧講話，按怎一下踏入到銀鑾寶殿，當場一下拍開，內底面孫臏不見，只干焦一寡石頭、磚仔角？我白白布去予你朱亥共我染到烏！無彩我過去所趁來的錢鎦，人若叫我共引一下仔食縣政府、食公家機關頭路，我叫伊就愛會曉行後壁路，所有的工程若欲標，我叫您就愛會曉『提錢來講』。我所趁來的錢鎦，攏地地對你朱亥這座柴櫥內底面。我損失不計其數，不計其數，哎呀（介）。〔註25〕

受到孫臏和朱亥捉弄的龐涓，以為孫臏躲在柴櫥內，抬著柴櫥去跟魏惠王告狀。結果柴櫥一打開，裡面只有一些石頭、碎磚。最後龐涓因為誣告，必須賠償朱亥，於是把畢生積蓄都給了朱亥，為此龐涓感慨的說，「三代粒積，一代開空」。龐涓透露他累積財富的方法是包工程，其實就跟現實台灣的社會一樣，是一種貪汙的手段。龐涓說，當有人需要他引薦時，需要「提前來講」。事實上，華語的『提前來講』與『提錢來講』唸起來是一樣的，「ㄑㄧㄢˊ」是同音異字，龐涓需要的當然是後者。這就是主演想要塑造出龐涓貪官汙吏的角色形象，而故意說出的一種諧音雙關語。這種表現手法，訴諸觀眾直接

〔註23〕摘自《孫龐演義》錄音布袋戲文本第十二集。
〔註24〕根據「教典」，是指「聚積了三代的財富，卻被後代不孝子孫短時間內揮霍殆盡。」
〔註25〕摘自《孫龐演義》布袋戲錄音文本第十集。

的聽覺，主演需要與觀眾有一定的默契，才能達到戲劇的效果，若觀眾還要經過思考，就失去了趣味性。因此觀眾也必須有足夠的語言能力，才能欣賞這樣的喜劇表演（陳龍廷，2015：239）。

以下的對話是朱亥要參加龐涓兒子龐英的生日宴，把「生日」（sinn-jit）說成了「死日」（sí-jit）。「生」這個字漳州音讀做「senn」，泉州音讀做「sinn」，朱亥說「sinn-jit」時少了鼻音，就是生與死的差別。因為朱亥素來與龐涓有仇，故其說話時故意用諧音來詛咒龐涓，惹怒龐涓。觀眾屬於全知者，可以了解過去兩人發生事件的來龍去脈，不但不會同情龐涓，還會對朱亥在口語上佔上風而感到開心，達到詼諧的效果。

龐涓：朱大人大駕光臨，慢出遠迎，失敬罪有多多。

朱亥：哎呀，撼（hám）著了撼著了。

龐涓：啊？

朱亥：『好說』（háu-sueh），『好說』（háu-sueh）。今仔日講啥物就是駙馬爺啊恁囝做死日。

龐涓：我咧咯（khak）穤！

朱亥：啊毋是啦，講毋著，歹勢歹勢，哈，恁囝做生（sinn）日啦！抑 sinn-jit 佮 sí-jit 就小可仔乎差一屑屑（tsut-tsut）仔爾，講了傷緊手去矣乎，抑就黜箠。歹勢歹勢！來來來，恁囝今仔日做生日乎，雄雄赴赴，你就知影講我就按呢較慌忙，抑也無去買一下仔衫仔褲，買一下仔紀念禮物，抑干焦簡單乎包一个仔焦禮（ta-lé）爾。〔註26〕

生日宴時，朱亥被故意搗蛋的孫臏弄髒蟒袍，但是朱亥卻把「蟒袍」說成蚊帳「蠓罩」，同樣用諧音製造詼諧的效果，朱亥為了整龐涓，故意極盡浪費的要求龐涓用酒來清洗蟒袍。龐涓因為怕朱亥去國王那裡理論，只好答應他這個無理的要求。原本龐涓的官位大於朱亥，卻因為理虧而甘願被朱亥威脅，這裡使用的也是柏格森喜劇理論裡的倒置（柏格森，1940；引自徐繼曾，1992：59-60）。觀眾看到本來官大威大的龐涓受到朱亥威脅，也會感到暢快，捧腹大笑。

朱亥：抑無按呢啦，規身軀乎，你共看這領蠓罩。

龐涓：來遮赴會你閣縗蠓罩？

〔註26〕摘自《孫龐演義》錄音布袋戲文本第六集。

　　朱亥：毋是啦，這領蟒袍〔註27〕，你共看，洘甲按呢啦，遮爾仔
　　　　　垃圾著，入來內底面用燒酒落*去洗，洗洗揉揉咧若會輕
　　　　　鬆，按呢同情你，若袂輕鬆，來見國王理論。

　　龐涓：好啦好啦，就恁若歡喜就好啦！〔註28〕

　　從以上的實例，可以看出黑番充分運用了台語的文白音差異如「百草」、「生日」，相近音如「貴庚」和「貴羹」及「百九」和「報告」還有「喇嘛」和「屄毛」及「個」、「洘」，同音異義字如「世間」、「細矸」，還有地名「北斗」、「寶斗」、特殊腔調「蘿荼湯」、「燕屎湯」等來製造笑料，語言就像一個玩具般讓黑番任意把玩，如果觀眾觀眾的語言程度足夠，不需要思考便能領悟的話，就會製造出笑料。

二、外來語的喜感

　　台灣是個海島國家，與各國貿易交流頻繁，多方文化在本地交會，除了布袋戲原生地傳來的閩南語文音及白音，又因曾經被日本等殖民，戰後國民政府推動華語，其後歐美文化傳入等歷史背景影響之下，台灣產生大量的外來語，尤其是日語、英語、華語。因此，造成語碼混合（code-mixing）的現象，也就是說話者會加入另一語彙的元素，而其中最常見的是借用詞彙（borrowing of vocabulary）（陳龍廷，2015：241）。一個優秀的主演必須能熟悉閩南語文白音的系統轉換，活用大量外來語，才能靈活借用另一種語言的詞彙，從中來製造更多的笑料。

（一）《大俠百草翁》

　　在百草翁的獨白中，我們可以看到多語混雜的現象，如 ian35 jin51（エンジン，engine 引擎）、khang35 pang51（かんばん，看板）、『小姐』、『line』等，前兩者屬於日本外來語，但已經被台灣人當成本地語言使用，而『小姐』則是華語，泛指年輕的女孩子，最後的『line』則是現代通訊軟體，有些台灣人會說成是『賴』（ㄌㄞˋ）。因為台灣人的包容性，我們使用這些外來語時，顯

〔註27〕蟒袍，又被稱為花衣，因袍上繡有蟒紋而得名。古代官員的禮服。上繡蟒，非龍，只因爪上四趾，而皇家之龍五趾，所以四爪（趾）龍為蟒，故稱。又名花衣、蟒服。婦女受有封誥的，也可以穿。蟒，中國戲曲服裝專用名稱，即蟒袍。

〔註28〕摘自《孫龐演義》錄音布袋戲文本第六集。

得極其自然，絲毫不覺得自己使用的是外來的語言。但戲劇主演如何讓這種外來語製造出喜劇的效果呢？這時就要搭配前後文及說話時的語氣。百草翁被設定為一個修道人，應該要吃素，但是他卻有一個兒子金光兒。他解釋是因為「大人食菜，小弟食豆奶」。這裡的大人指的是他自己，小弟指的應該就是生殖器了。可見他雖表面修道，但並沒有完全清心寡慾，他雖然躲在鴨母寮豬哥洞，門口卻放了一個 khang35 pang51，也就是招牌，寫上「男人之禁地，『小姐』較濟無問題」，『小姐』這一華語詞經過百草翁的嘴唸出來，更可以感覺到一種好色的感覺。而「line」這種通訊軟體，是現代的產物，不可能出現在百草翁劇情所設定的明朝、清朝。讓百草翁「穿越時空」，用英文說出現代科技產品，這種「無厘頭」的說法本身就可以形成一種喜感。「穿越時空」指的是穿越時間和空間，或稱「時空旅行」、「時光旅行」、「時間旅行」。指某人物因為某原因，經過某過程（也可以無原因無過程）從所在時空（A 時空）穿越到另一時空（B 時空）的事件（林東漢，2013：20）。所謂「無厘頭」原寫作「莫釐頭尻」，是廣東南海一帶的粵語俚語。莫釐是指「沒有道理，分不清楚」，是一種充斥草根式笑話、觸動受眾神經質的幽默表演，並利用表面毫無邏輯關聯的語言和肢體動作，表現出人物出人意表、看似矛盾的行為方式來嘲諷別人或是製造一些氣氛，效果往往滑稽可笑。然而這種方式往往需要對該幽默的起源能有充份的認識或是明白事情的來龍去脈才能明瞭（岳曉東，2012：45-46）。同樣的，這句「阮団這馬才讀國民小學六年爾，咧欲升過國中一年愛註冊愛開錢」，也是穿越了時空，在明清時代，哪有國民小學或國中？百草翁的這些話語，使劇情顯得不合邏輯，卻讓觀眾感到親切又有喜感。而「萬金塔」又是怎麼被形容的？「萬金塔講無掛 ian35 jin51，無食汽油，無食飛行機（hue-lîng-ki）油，空中會飛」，一座萬金塔，不用使用引擎，不用使用汽油、不用使用飛機油，居然可以在空中飛。像這樣把物品誇張的形容也是柏格森所講的滑稽的語言。所謂誇張就是把小的東西說得像是大的，當誇張被擴展，特別是當誇張成了體系，那就是滑稽了（柏格森，1940；引自徐繼曾，1992：79）。

> 我號做大俠百（pah）草翁啦。抑和尚別人無団，干焦我百（pah）
> 草翁有団。啊我就大人食菜，小弟食豆奶。Hóoh，三個月前，西
> 山西北海雲海宮彼爿面，彼个萬金塔講無掛 ian35 jin51，無食汽

油，無食飛行機（hue-lîng-ki）油，空中會飛！阮老師二度風塵不眞
仙講，叫我毋好（m̄-mó）干涉風塵事；我若干涉風塵事乎，萬不二
我若予*人損--死，阮囝若無老爸會哭死去！阮囝這馬才讀國民小
學六年爾，咧欲升過國中一年愛註冊愛開錢，所以啊，我的性命袂
使遮爾簡單就死，抑毋才轉來蹛佇這个鴨母寮豬哥洞！我足驚人來
相揣，我外口面就徛一塊 khang35 pang51 lioh，「男人之禁地，『小
姐』較濟無問題」，查*某囝仔若按呢無聊，啊若來遮欲佮我開講，
啊欲佮我『line』一下，我原也攏有時間陪伊啦！啊我來蹛遮按呢
喔，無啊無三個外月，講偌（luā）平安就偌平安！哎喲？咱一下講
『安』爾，外口面欶欶叫？哭爸矣！敢牛咧放尿 hioh？噓…哎喲？
我看毋是牛喔！凡勢牛母咧漩尿喔！啥空欶？恁 mē 欲來豬哥洞外
口面欶欶叫？我共山跤望看覓咧，哎 sioh！〔註29〕

　　同樣的例子是東南派的人在尋找百草翁，希望他能幫忙救出天下敢死
俠，但是百草翁聽他師父二度紅塵不眞先的話去躲起來了，空空子找不到百
草翁，就說不管是用「call 機」、手機、還是「Line」都找不到人。如前所述，
《大俠百草翁》這齣戲是設定發生在明清的古代，怎麼可能會有現代的「call
機」、「手機」或是通訊軟體「Line」呢？

　　（一）石鎖老人：按呢就叫百草翁去救人。

　　　　　空空子：猶（iah）毋過（kú）三個月前，百草翁您爸囝因爲五
　　　　　　　　　層萬金塔的鬧動，著生驚，毋知走對（uì）佗位去矣？
　　　　　　　　　共呼（khoo）機仔咧，就袂通，『收不到訊號』。共
　　　　　　　　　『line』伊也（ah）無讀啦。那想（siōnn）人那怨嘆。

　　（二）紅扇書生：空空子，在三工短短（tuán-tuán）的時間，根本
　　　　　　　　　你無可能來揣著神祕轎。而且我紅扇書生有我未
　　　　　　　　　了的問題，我嘛袂當全力來援助著你東南派。注
　　　　　　　　　意聽，今仔日欲來解救著天下敢死俠會當平安無
　　　　　　　　　事，趕緊揣百草翁。

　　　　　空空子：猶毋過自從萬金塔鬧動，三個月前百草翁您爸囝就
　　　　　　　　　失去音信，共伊拍手機仔，『收不到訊號』。啊按

　　呢怹爸仔囝共伊『line』嘛攏無法度閣得著消息，伊
　　就攏無欲共咱讀，氣死哩咧。〔註30〕

　　再看下列這個對話，南斗武聖人急著找去東南派教武功的大師兄北斗忠義俠，因為他們是中立派，不能幫助東南派或西北派，怕犯了師父的教規。但是一直沒有師兄消息的武聖人，居然「穿越時空」使用古代不可能出現的外來語和科技產品：「call機」、「手機」、「Line」、「facebook」和師兄聯絡，這樣不合邏輯又「無厘頭」的話語便會產生幽默的喜劇效果。

　　武聖人：南斗武聖人，害矣，大師兄你敢真正遮爾無閒 hioh？我共
　　　　　　你『line』你也無共我回消息，我共你『facebook』，你嘛
　　　　　　攏無共我應答，看我是欲按怎來走揣大師兄？萬不一咱師
　　　　　　父若轉來，問你的問題看我欲按怎……

　　九牛元祖：來囉！〔註31〕

　　以下這則對話是百草翁對西道公求饒時說的，百草翁自稱「おじさん（ojisan）」，即叔叔，而稱呼西道公為「おじいさん（ojiisan）」，即祖父，為了保全性命，願意降低自己的輩分只求獲得原諒。主演巧妙的使用了這個日語外來語「おじさん」和「おじいさん」這兩個詞，這兩個詞的差別只在重音的部份，這不但是外來語的喜感，也是諧音的喜感，更是一種語言重複的喜感（柏格森，1940；引自徐繼曾，1992：47）。

　　百草翁：哎哎？お…，お…，おじさん（ojisan ），參拜おじいさ
　　　　　　ん（ojiisan）！希望おじいさん你同情おじさん！おじさ
　　　　　　ん後擺毋敢！拜託咧！參詳咧！我囝細漢，你同情我！
　　　　　　我後擺毋敢！

　　西道公：我問你的話若照實講，我同情你。〔註32〕

　　以下的對話提到 ma33 la55 song51（マラソン，marason，馬拉松），是日文的外來語，從英文 marason 演變，是一種長距離的賽跑項目，是現代才有的。百草翁是在逃命，應該是一種緊急的情況，是被動的；他兒子卻說成是跑馬拉松，是主動參與的。所以這是金光兒對他父親被敵人追，故意說反話的一種比喻，這樣也會形成喜劇的效果。

〔註30〕摘自《大俠百草翁》錄音布袋戲文本第一集〈百草翁重出武林〉。
〔註31〕摘自《孫龐演義》錄音布袋戲文本第三集。
〔註32〕摘自《大俠百草翁》錄音布袋戲文本第一集〈百草翁重出武林〉。

　　下面對話裡的「ip3 pai51」是借自日本話的台語外來語，來源是「一杯一杯」（イッパイ-イッパイ）〔註33〕。日語的「ip3 pai51」有滿、充滿的意思，所以「油門催 ip3 pai51」也就是油門踩到底。han35 too55 luh3（ハンドル，handle），是方向盤的意思，是英語轉日語再傳到台灣的外來語，內文說「han35 too55 luh3 掠清彩」，古代當然沒有方向盤這種東西，而且方向盤怎麼可以「掠清彩」，也就是方向盤隨便握，這樣豈不發生危險？所以這種脫離常軌的說法，無非是想製造笑料。接著「咱 oo33 too55 bai51（オートバイ，auto+bicycle，摩托車）油門共推 ip3 pai51，抑一个猴囡仔？嘿？看款，騎一台這是『達可達』，細台仔抑是電動仔的 hânn？」這句話裡「oo33 too55 bai51」指的是機車，也是英語轉成日語，再變成台灣慣用語，而「達可達」是「三陽 SYM」品牌大約在 30 年前出產的一款暢銷機車，不管「oo33 too55 bai51」或華語「達可達」，都是外來語，主演直接講「達可達」可以讓觀眾感覺親切，也可以說聽到「達可達」觀眾就能直接聯想到機車，這是一種製造喜感的換喻，也如同朱光潛（1982）對於柏格森喜劇的理論的解釋：「某種社會中的人對於某種笑話才會發笑。」（頁 264〜266）只有住在台灣的某一段年歲的人，才能明瞭「達可達」是代表機車。而眾所周知，古代不僅不可能出現「oo33 too55 bai51」，而金光兒是個小孩，也不能騎「oo33 too55 bai51」，在他沒有駕照下，一定騎得亂七八糟。凡此種種不合常理的現象，與社會現實格格不入，就會顯得滑稽（柏格森，1940；引自徐繼曾，1992：94）。

> 金光兒：Hooh…，阮爸（pâ）仔乎，提五十箍的所費，走去棚跤買
> 　　　　鳥梨仔糖開了了（khai-liáu-liáu）。無所費矣，來東南派共
> 　　　　阮爸 tiuh 看有--無？
>
> 百草翁：呀哈！
>
> 金光兒：喔…，東南派無代誌做，恁咧走 ma33 la55 song51 lioh？
> 　　　　欸？阮爸（pâ）閣著冠軍的！喔…，阮爸對走的有講究。
> 　　　　Hm̀，哎喲？毋是喔！欲予*人損 lioh？啊…，我做阮爸的
> 　　　　囝足無面子的啦！毋捌咧共*人損，攏咧予*人損欸！善哉
> 　　　　善哉，金光兒開殺戒！衝倚來。呀！

（音樂）

〔註33〕Wiktionary 日語版：「一杯（いっぱい）の重疊・強調表現。1.本当にぎりぎりな限度。2.まったく余裕がない状態や様子。發音：IPA: /ippái.ippai/「一杯一杯」是強調「一杯」意義的表現形態。

百草翁：欸！欸！老奸臣大門關牢牢，放恁爸（pâ）佇外口面咧拖
屎連！恁爸這古意人，佮彼兄弟人袂鬥陣哩！到遮來，油
門推（tshui）ip3 pai51，han35 too55 luh3 掠清彩！好旋矣！
走！

金光兒：呀！

百草翁：Henn？hennh？hennh？咱 oo33 too55 bai51 油門共推一
擺，抑一个猴囡仔？嘿？看款，騎一台這是『達可達』，
細台仔抑是電動仔的 hânn？駛恁婆仔咧，猴囡仔無駕
駛，oo33 too55 bai51 閣騎遐緊喔？Hènn？阮彼天壽囡？
阮彼天壽囡無駕駛，oo33 too55 bai51 閣 phē-phē，phē 遐緊
lioh？若去予*人碰（pōng）--死，恁爸無囡會哭死去。阿
囡的啊，哈！

　　以下的對話我們也能看到外來詞，及不合常理的現象。首先是「熱血功」，
百草翁說成「jiō-hiat-kang」，聽起來就像「尿血功」，這裡就是前述諧音的趣
味。有哪一種治療的功夫，居然是要使用尿？而且提到的是排泄物，更能讓
人覺得衝突又充滿喜感。再來是咖啡和 DDT〔註34〕，明清時期咖啡尚未引入
中國或台灣，DDT 則是一種現代著名的合成農藥和殺蟲劑。百草翁要醫治敢
死俠，居然使用咖啡和 DDT 的混合液，而且古代根本不可能使用針劑注射，
觀眾只要仔細聽，就知道百草翁說的話雖不合常理卻很好笑。其次，為什麼
百草翁要說「休息五分鐘」，而不說「歇睏五分鐘」？古代的時間是無法以分
鐘計算的，因此分鐘這個時間單位已經不合常理，再加上敢死俠傷重，怎麼
可能休息五分鐘就好？所以這是要凸顯百草翁的功力高強。如果從頭到尾，
百草翁都是使用台語來描述自己的功力如何高強，觀眾可能看過聽過就算，
但當百草翁突然冒出一句華語時，觀眾會因而豎起耳朵，讓這句話更加凸顯
出來。這是台上主演與觀眾的一種默契，是故，就如前述的「達可達」和
「DDT」，如果沒有經過那個年代的觀眾，可能就無法領略其中的趣味。布袋
戲主演與台下觀眾的互動的默契也就是笑詼劇的演出能否成功的關鍵。

〔註34〕根據「國家環境毒物研究中心」，DDT(1,1,1-三氯-2,2-雙(對-氯苯基)乙烷)是一
種農藥，曾被廣泛地用於管控農業上的害蟲以及傳播疾病的昆蟲像是瘧疾。
DDT 是一種白色、無氣味無味道的晶狀固體，因為會損害野生動物，於 1972
年在美國已被禁止使用，然而有些國家仍持續在使用。
http://nehrc.nhri.org.tw/toxic/toxfaq_detail.php?id=55　2017.7.31 查詢。

百草翁：哎！哎！一兩三四，驚著無代誌！悾的啊！人我救著矣，
　　　　人我救著矣啦！

空空子：喔？天下敢死俠，你已經共揹轉來？觀看敢死俠的傷痕
　　　　（siang-hûn）沉重。

百草翁：無*要緊啦！佇彼路仔遐乎，我用彼號熱血功
　　　　（jiō-hiat-kang）拍通著伊的血路啦，抑紲落去我有共注
　　　　射。

空空子：啥？你百草翁也毋是醫師，你會曉共注射？無你用啥物藥
　　　　仔共注？

百草翁：我就用彼个 DDT 濫咖啡，就*按呢共撞（tōng）落*去。

空空子：有效抑無效？

百草翁：『休息五分鐘』，等咧就精神矣！

空空子：按呢好！按呢我先將過敢死俠，揹入來內底面予伊歇睏。
　　　　我先入來，請！〔註35〕

　　關於不合常理的使用現代工具，還有以下提到的錄音機及平板電腦。黑番還與時俱進的提到錄音機已經不實用了，用平板電腦錄影感覺會更實用，這應是主演自己本身的體會。幾次採訪中，發現黑番隨身帶著平板電腦，是一個能跟上時代潮流的藝師，而科技日新月異，台下的觀眾應該更能感同身受，了解黑番製造的笑點。

忠義俠：老前輩百草翁準備好矣猶未？

百草翁：啊，我來矣，我來矣。

百草翁：啥物（sánn-mih）時機啊，猶閣咧用彼號錄音機，錄音機
　　　　是欲按怎錄啦？用彼號『平板電腦』按呢落*去錄乎，會清
　　　　閣會明，功夫咧拚毋才會四序 ！

忠義俠：若按呢老前輩準備好，咱眾人望往到戰地天拚功夫啊！
　　　　　　　　　　　　〔註36〕

（音樂）

女真人：來到東南派後壁面這个鼓井，百草翁覘落鼓井內底面是毋
　　　　是？

〔註35〕摘自《大俠百草翁》錄音布袋戲文本第一集〈百草翁重出武林〉。
〔註36〕摘自《孫龐演義》錄音布袋戲文本第三集。

百草翁：欸，鼓井內底無人喔！

女真人：鼓井內底無人閤也（ā）會應聲？

百草翁：錄音機啊！錄音機佮你咧講話！〔註37〕

（二）《孫龐演義》

在下文中，「oo33 too55 bai51」又再度出現。《孫龐演義》設定的年代是戰國時期，因此出現外來語「oo33 too55 bai51」機車和「thoo33 la55 khuh3」（トラック，truck）卡車，特別讓人覺得突兀，不該出現在戰國時代的外來詞和交通工具，讓章回小說改編的古冊戲少了一些嚴肅而多了一些詼諧的氣氛。

朱亥：哎喲？我就佇這個所在，佇咧怨嘆佇咧傷心，啊哪會遠遠的所在有聽著人佇咧哀？駛恁婆啊！敢去予 oo33 too55 bai51 仔碰著 hioh？

龐涓：啊？

朱亥：哎喲？咧看毋是喔！凡勢就敢去予 thoo33 la55 khuh3 káinn 著矣咧！哀甲按呢誠歹聲嗽！Hm̀，共聽一下真，啊這个聲就佇彼个南牢天監遐傳出來的！按呢我知（tsainn）矣，穩當就是歹囝、兄弟、鱸鰻咧做，抑予*人掠入來內籬仔佇咧關，可能咧欲（tih-beh）刣頭矣，佇彼个所在佇咧吼！好好好，榜文一下貼出去，無人拆榜我就咧怨嘆矣，抑彼死犯閣佇彼个監獄佇遐咧啼、佇遐咧吼？來來，來罵遐的罪犯拄數！〔註38〕

以下對話是朱亥來尋找孫臏，鬼谷子告知朱亥孫臏已死，善良的朱亥自覺打擾了鬼谷子，於是安慰完鬼谷子後，還邀請鬼谷子到魏國，朱亥將招待鬼谷子去「馬殺雞」。所謂「馬殺雞」（ma33 sa51 tsi11，マッサージ）是指按摩或色情按摩〔註39〕，是從日本傳過來的外來語，在古代當然是沒有這樣的行業及服務。「馬殺雞」店在台灣非常的普遍，有些是正派經營專門按摩的店，有些或許包含了一些色情的成分，實際的情形如何，只能由觀眾去想像，這裡製造笑料的方法，憑藉的仍然是主演與觀眾之間的默契，及觀眾本身的生活經驗。

〔註37〕摘自《大俠百草翁》錄音布袋戲文本第三集〈南北斗九牛元祖〉。

〔註38〕摘自摘自《孫龐演義》錄音布袋戲文本第一集。

〔註39〕根據「教典」。

　　朱亥：啊，咧歹勢死矣嘿，講著這个傷心事，予老祖你按呢目屎
　　　　　四淋垂，抑今孫臏曲去矣乎，無我轉來去魏國宜梁城繳
　　　　　旨，老祖啊，啊今乎，人死就無法度再復生，哭破胭喉嘛
　　　　　無路用，無若有時間乎，來魏國宜梁城，啊我招待你『馬殺
　　　　　雞』乎，解掉著這个心內憂鬱，老祖啊，歹勢，我來去，
　　　　　請！
　　鬼谷子：朱亥已經離開，最好你毋通再度來臨雲夢山的打吵。愛徒
　　　　　孫臏，希望你在墳墓內底面好自為之，期待百日來臨啊！
　　　　　〔註40〕

　　以下朱亥和鬼谷子的對話，朱亥還是覺得對鬼谷子非常抱歉，也再度邀請鬼谷子到魏國讓他招待。朱亥最後跟鬼谷子道別，說的是華語的「再見」和英語的「Bye Bye」。在台灣人的日常生活中，這兩句話的使用非常普遍，朱亥在戲中的角色設定，就是一個親切的老伯伯，因此出現這些日常用語，可以讓嚴肅的話題中出現一點喘息的空間，而且朱亥把「Bye Bye」發音成「bái-bâi」，可愛的語調，更讓人覺得莞爾。

　　朱亥：Hioh！墓牌倚一个，故孫臏之墓，恁退的扛轎的啊，有看*
　　　　　見 honn？這馬國王若咧問乎，就愛替我講話，講有看著
　　　　　墓，知影無？老祖啊，今誠歹勢，誠歹勢，抑為著看一下
　　　　　仔墓乎，專工來甲雲夢山，國庫開天壽濟啦　，抑紲落去閣
　　　　　來共老祖按呢打吵，實在有夠歹勢的，若有時間乎，來魏
　　　　　國宜梁城，抑我才招待你啦！老祖啊，失禮乎，『再見』，
　　　　　『bái-bâi』『bái-bâi』！
　　鬼谷子：朱亥，最好你毋通再度來臨雲夢山，來打吵著吾徒孫臏，
　　　　　同時愛徒你在墳墓內底面就愛會記得會記得，一百工時間
　　　　　到，師尊共你呼喚，你才會當離開墳墓，百日未到，設使
　　　　　你若離開墳墓，永生的當中，大羅神仙也無辦法為你解
　　　　　圍，期待百日來臨啊！〔註41〕

　　以下朱亥的自白亦同，不知不覺就開始使用日語。su33 too55 phuh3（ストップ，stop）sui51-tsih3（スイッチ，switch）指的是剎車開關，這兩個字都

〔註40〕摘自《孫龐演義》錄音布袋戲文本第三集。
〔註41〕摘自《孫龐演義》錄音布袋戲文本第三集。

是日本從西方引進的外來語，之後再傳進台灣，變成台語外來語的一部分。「lop」應該是躡（làp／lap）的方音差，是踩、踏的意思，「lop 牢咧」，是踩住。所以這裡的意思是朱亥差一點走漏風聲，幸好最後到嘴邊的話有守住，沒有露出口風。而「thong33 buh3 tai51」，根據筆者實際訪問黑番，他說〔註42〕就是「通知」的意思。布袋戲時常使用這樣的語言。因此，在布袋戲中使用各種外來語是很普遍的現象，而主演使用外來語時不甚標準的口音，也是引起笑聲的一種方式。

> 講話人人會。抑若講乎，**勢**講的嘛無幾个。彼卜商大人哇，按呢共我佬 lioh，佬講按怎一人有法度來喝退燕國的十萬軍兵？抑咱雄雄全仔共 tsù 出來。抑毋好佳哉講乎 su33 too55 phuh3 sui51-tsih3 共 lop 牢咧，無炸（tsuànn）出來。害矣害矣害矣，齊國的上大夫卜商前來調查著孫臏先生的下落，轉來，轉來共孫臏先生 thong33 buh3 tai51 咧。〔註43〕

以下的對話，朱亥用日語 a33-ta55-mah3（アタマ，頭腦）來代替「頭殼」，一般的台灣人若有受到上一代受日本教育的長輩影響，對於這些外來語的使用都是耳熟能詳的。

> 下大夫朱亥。抑按呢乎國王講叫我帶旨一道到燕國調回駙馬龐涓。我欲出城的時陣，按呢跤手肉呱呱肉，無啦，跤手肉呱呱掣啦，掣講這馬若頭殼探出來，抑隨去予齊國的軍兵對我 a33-ta55-mah3 剁去乎，啊這聲我就真正有夠衰矣。好佳哉，我按呢一下踏出著這个城池外口面，攏無來看著齊國的軍兵。可能乎孫臏先生知影講這擺帶旨的人就是我朱亥，無來共我刁難。按呢我就愛迅速馬騎咧啦，來去燕國易州調回駙馬龐涓，旋啊！〔註44〕

同樣的，袁達要嘲諷徐甲，他使用的語言卻是華語的「膽小鬼」，這種取笑的方式很像小孩子間互相在鬥嘴，而戲裡的設定，袁達可是一位大老粗。這種俏皮話從魁武的袁達嘴裡冒出來，讓人覺得格格不入（柏格森，1940；引自徐繼曾，1992：24），也會製造出喜劇的效果。

> 徐甲：好啦，好啦，多謝你啦，多謝天神！哎喲，我先來走喔！

〔註42〕 2017.7.26 電話訪問。
〔註43〕 摘自《孫龐演義》布袋戲錄音文本第七集。
〔註44〕 摘自《孫龐演義》錄音布袋戲文本第十六集。

袁達：請較大陣咧來拍才會爽！今仔日啊，扛著這个徐甲，啊，
　　　真正『膽小鬼』就是『膽小鬼』。抑欲去請這个西秦佮韓國
　　　的軍兵之事，來去報予阮師父啊了解一下啊。〔註45〕

　　以下是朱亥警告龐涓，國王對他的作為已經非常生氣，請他立刻回魏國
支援，否則城池被打破，老百姓將面臨災殃，男受欺負女受辱，而且他特別
用華語補充，那些當兵的人都「色色的」。或許是軍營中女人稀少，所以軍人
對異性比較渴求，因此會出現這樣的話語。以往歷史的經驗，當敵軍攻破城
池時，時常有姦淫擄掠之事發生，而朱亥選擇使用華語「色色的」跟龐涓說，
讓人感覺點到為止，需要一點想像，聽起來警告意味不太濃厚，反而讓人有
莞爾之感。

朱亥：這馬國王真受氣喔，你軍兵乇咧，好趕緊轉來支援矣，抑
　　　若無，城去予＊人拚破去，查埔的啊去予＊人欺負，查某的
　　　去予＊人侮辱，你就知影講乎做兵仔的人攏『色色的』。城
　　　門若去予＊人拚破去，內底一寡十七八歲的查＊某囡仔栽，
　　　毋知欲損失偌濟。乎，抑今仔我已經聖旨讀畢矣，你就愛
　　　迅速歸回救應，橫直你彼奸臣黨的佮我忠臣袂合，恁爸欲
　　　來走矣。請！

龐涓：朱亥已經歸回繳旨，我迅速點齊大軍歸回魏國救應啊！〔註46〕

　　以下鄒諫把偽裝成蘇瓊英的野龍袁達娶回家，在洞房裡想對蘇瓊英有肌
膚之親，因此他說想要「『K』『I』『S』『S』一下」，鄒諫把「kiss」分開用字
母唸，保留了一點想像的空間給觀眾，觀眾需要對英文稍微了解，再把K、I、
S、S拼湊在一起，才能了解原來鄒諫的意思是親吻，這裡的親吻用外來語的
字母表達，讓觀眾必須經過思考，保留了一點曖昧的空間，也由此可知，黑
番在使用外來語時，有各式各樣的表達方法來製造喜感。

鄒諫：欲來趁紅包，你嘛講按呢乎略仔會曉講話咧，共彼个新娘
　　　仔形容一下。講這新娘人好家教，hennh，人這序大人勢共
　　　伊晟教。花欉清氣，花跤秀麗，新娘日後枝枝葉葉生下好
　　　男兒。生男啊，可比天頂的麒麟星；抑生女可比月中的丹
　　　桂兒，彼日食暝大，好育又好乇。按呢毋才來趁紅包，做

〔註45〕摘自《孫龐演義》錄音布袋戲文本第十七集。
〔註46〕摘自《孫龐演義》錄音布袋戲文本第十六集。

mo 來共*人講歹話，tsiâng tsiâng phàinn。人毋就講乎，新郎
新娘入大廳，金銀財寶滿厝廳。啥物咧 hennh 明年隨時討契
兄，插甲遮--的奴才仔無啥效，蘇小姐內底面咧等我，入
來，入來內底面洞房花燭啊！蘇小姐，來來來，較過來
咧，予我共你『K』『I』『S』『S』一下。天壽，啊哪親像去
嗳著彼个鬃擦鑢仔按呢。

三、供體與譬相的喜感

　　根據台日大辭典（1931）所收錄，「供體」的解釋是：（主要指女人）以
形容 ê 話來罵人，「正刨（khau）倒削（siah）」，指女人用形容的詞來罵人；
另一個詞則寫做「鄙相」phí-siùnn 或「譬相」phì-siùnn，意思是「舉無好 ê 譬
如來罵人」，也就是用不好的比喻來罵人。「教典」則是這樣分的：譬相是「尖
酸的諷刺、奚落。」供體是「以譬喻或含沙射影的方式罵人。」，不管是哪一
種解釋，兩者幾乎都帶有負面的定義。而根據陳龍廷（2015）對供體與譬相
的看法，他認為譬相和供體幾乎被等同於罵人的同義詞。然而對布袋戲的口
頭表演者來說，譬相是拿對方的身體來作比喻，有時很有文學的想像力，形
容得很貼切，不一定都是負面的攻擊，有時卻是正面的鼓勵，而供體卻是「正
刨倒削」，以尖銳的批評形容詞來罵人，屬於負面的、攻擊的比喻語詞，因此
他認為兩者要有所區別（頁 245）。

　　下面這則對話是出自黑番的錄音布袋戲《包公傳奇》。包公的書僮包興假
裝要捉妖時，看到一位不知來歷的女子，於是與她之間展開一段「答喙鼓」，
雙方對罵時互不相讓，並以對方的身體特徵來比喻，是相當明顯的供體或譬
相。為了押韻，雙方在互罵時，有時會顯得不合常理，但這樣的不合常理及
押韻，反而製造更多的笑料。

　　　包興：彼爿面，一个查某囡仔嬰，規个面花巴哩貓，煞全仔對法
　　　　　　壇遮來 lioh，啊！會哭爸會哭爸！
　　　女：來囉。
　　　包興：啊這个查*某囡仔，規个面是花巴哩貓，啊好佳哉我包興
　　　　　　乎，我這原也刣死人膽的，抑若無普通人看著這个查某囡
　　　　　　仔的面容五官乎，驚一下毋是魂走九霄三千里，抑若無就
　　　　　　魄散巫山十字峰。哎，這个查某哪會穲甲遮穲按呢？

女：抑無是咧偌穮？

包興：哎哎哎哎哎，講伊痟伊閣會曉講話，抑若你穮實在穮了有
　　　夠工夫。

女：是偌工夫？

包興：工夫你聽好，注意聽，你這按呢穮死死閣假大範，看你的
　　　目睭啦，一个目睭是闊闊，頭毛是若彼个關刀（to），鼻空
　　　口閣兩麵蚵（ô），一个面閣若阿婆（pô），閣敢來這个後
　　　花園咧烏白趖（sô），予人看著心嘛懆（tso），啥物人看
　　　著你嘛袂豬哥（ko）。

女：喔，你是咧偌嫷，看你佇咧講話閣真 lui-tui，一个身軀是垃圾
　　　鬼（kuí），啊閣袂輸彼的烏龜（kui），目睭是微微（bui）。

包興：哭枵啊，我這就生本微微的啦，就按呢徛咧嘛微微啦，暗
　　　時仔咧睏嘛微微，倒咧嘛微微，啊微微就微微，無是按
　　　怎？

女：但是你的面是肥肥（puî），人又閣槌槌（thuî），

包興：咧哭枵，我面肥肥閣槌槌，啊，是按怎？

女：閣袂輸彼號歐羅肥（a-loh-puî）〔註47〕。

包興：Hng，歐羅肥，袂穮。通好沃肥。

女：啊你腹肚生佇胿（kuī），規身軀是若水鬼（kuí），一粒頭殼金
　　　金核核（hut）是真古錐（tsui）。

包興：當然的 nooh，盡嫷嘛嫷這粒頭殼。

女：但是 huî-huî lui-lui 閣袂輸彼个牛屎罐（sui）。

包興：啊你天壽天壽天壽，啊，這種話你也（ā）敢講，見笑死乎，

〔註47〕成立於 1960 年的「台灣氰胺股份有限公司」，是台灣第一家中外合資的公司，
而眾多品類當中又以發酵技術生產的歐羅肥 Aurofac 為主要產品。歐羅肥品牌
在台灣上市後，由於優良的效果，減少了疾病的發生，提高存活率，節省飼
料，改善換肉率，加上成功的行銷策略及廣告深植人心，「雞豬養得好，長得
快又壯，一定要吃歐羅肥」這句經典的 Slogan 在當時廣為流傳。摘自永鴻
國際生技股份有限公司「讓我娓娓道來 歐羅肥的品牌故事」。
http://www.vetnostrum.com/tw/magazine/2017%E5%B9%B4%E5%89%B5%E5
%88%8A%E8%99%9F/%E6%89%80%E6%9C%89%E5%88%86%E9%A1%9E/
%E8%AE%93%E6%88%91%E5%A8%93%E5%A8%93%E9%81%93%E4%BE
%86-%E6%AD%90%E7%BE%85%E8%82%A5%E7%9A%84%E5%93%81%E
7%89%8C%E6%95%85%E4%BA%8B　2018.5.30 查。

啊今查*某囡仔，啊你咧，你的目睭是若花枝（ki），你的
耳仔是若木耳（jí），鼻空若古井（tsínn），鼻空口上青苔
（tshiūnn-tshenn-tî），啊你規的面閣聽好（thìng-hó）通駛
飛行機（hue-lîng-ki），你兩粒奶（ni）閣若麻糍（tsî）。
你的腹肚是若大肚魚（hî），你的肚臍（tuā-tsâi）閣歪對肚
臍邊（pinn），你的尻川若豬肺（hì），兩肢跤若彼號白翎
鷥（si），兩肢手若彼號拍鼓箸（tī），講著話袂輸彼个蟳
尪仔佇咧吱（ki），予人聽著半小死（sí），予人聽落去到
地嘛病三年（nî）。

女：啊，你實在是眞枉屈（khut）！

包興：啊咧偌枉屈？

女：恁祖媽聽著嘛起鬱卒（tsut），你是啥物人物（but），攏毋知
影對『小姐』講話的法律（lùt），予人聽著嘛鑿（tshàk）毛
骨（kut），你一粒頭殼是金金核核，閣袂輸彼个牛屎核（hùt）。

男：你天壽天壽天壽，你拄才講我牛屎罐，這馬換講我牛屎核，啊
你實在有影見笑死，有夠袂見笑，啊今『小姐』啊！

女：按怎？

包興：你留甲彼啥物頭？無成彼个『阿哥哥』頭，嘛無成彼的『迷
你』頭，蓋成豬頭，毋是，蓋成猴頭，橋頭、柴頭、罐頭，
毋是啦，蓋成徛壁彼个老娼頭。

女：哎喲，猶閣有喔？

男：有喔！若你喔，穗了有夠工夫的啦，親像你留彼个頭毛是若山
（suann），你這馬穿這領裙是若雨傘（suànn），衫是若雨幔
（mua），尻川是若碗盤（puânn），面是若茶盤（puânn），
啊我包興看落*去到地，面嘛烏一半（puànn）。

女：袂堪得氣！〔註48〕

　　一開始包興形容看到女方長相的人會讓人「魂走九霄三千里」、「魄散巫
山十字峰」，也就是魂魄都被嚇得遠遠的了，接著說，女方醜又裝大方，她的
兩個眼睛長得開開的，頭髮像關刀一樣，鼻孔像黏著兩隻蚵，也就是鼻涕掛
在上面，又說臉像阿婆，還敢出來後花園亂跑，讓人看了心情不好，連好色

〔註48〕摘自《包公傳奇》第三集。

的人都對她沒興趣。女方回說，男方又多好看了？他講起話來眞「lui-tui」，根據「線頂字典」的解釋，也就是「不可理喻、不明事理、冥頑不靈」的樣子，身體髒兮兮就像烏龜一樣，眼睛是張不開的瞇瞇眼。包興回說，他眼睛本來就這樣，隨時隨地都是瞇瞇眼，不行嗎？女生又回，包星的臉肥肥，看起來笨笨呆呆，就像是歐羅肥（a-loh-puî），也就是一種肥料的名稱。包興說，歐羅肥，剛好可以施肥。女方又說，包興肚子長在脖子上面，全身像水鬼，一顆頭光光亮亮，還眞可愛。包興以爲女方稱讚他，還感謝她。沒想到女方說他的頭就像「牛屎罐」，也就是男性生殖器的龜頭。

男方接著對女方說，這種話女生居然敢講，實在很丟臉，她的眼睛像花枝，耳朵像木耳，鼻孔像古井，鼻孔外長了青苔，整個臉大又平可以開飛機了，乳房像麻糬。又說她的肚子像大肚魚，肚臍是歪到肚臍邊邊，屁股像豬肺，兩隻腳像白鷺鷥，兩隻手像鼓棒，講話像壁虎發出的聲音，讓人聽完病三年，病到半死。女方不甘示弱回說，男方實在讓她很委屈，自稱「恁祖媽」的女方聽了很鬱卒，男方到底何方神聖，居然不知道對女生講話的方法，讓人聽了不舒服，他的話都刺到她骨頭去了。一顆頭光光亮亮就像「牛屎核」，也就是牛睪丸。男生聽了回說，剛才說他是「牛屎罐」，現在又說他是「牛屎核」，這個女人眞丟臉，他才要看看女生的頭長怎樣呢！女生回說，什麼頭啊！結果男方回說，不像『阿哥哥』頭，也不像『迷你』頭，比較像豬頭、猴頭、橋頭、柴頭、罐頭，也像站壁的老鴇。女方繼續追問，還有嗎？男方接著說，有！頭髮像山，裙像雨傘，衣服像雨衣，屁股像碗盤，臉像茶盤，讓人看了臉就黑一半。

事實上，布袋戲表演的語詞摩擦，通常都是從雙方對彼此外在形象的互看不順眼開始，逐漸製造雙方的對立，目的是爲了鋪陳進一步衝突氣氛的前奏（陳龍廷，2015：246）。以人的身體特徵作文章，雖然是故意做人身攻擊，但這樣的語詞卻是相當新鮮有趣的。

四、語法的喜感

布袋戲語法的喜感，是來自一種語法不當的省略，或用詞不當所產生的語意誤解。當觀眾接收語音加以理解時，可能產生與說話者意念相反的理解，造成語法的喜感。（陳龍廷，2015：247）例如，人們在對話時，有時會省略

主詞，而這種省略主詞的對話方式，也就給了戲劇創作者和觀眾各自的詮釋與想像空間，如下述兩個例子。

（一）《大俠百草翁》

以下的對白中，因為空空子不斷尋找百草翁，希望他能去解救敢死俠，但百草翁遵從師令，不願出面。這時候空空子便以神秘轎利誘喜歡寶物的百草翁。然而時常被騙又怕死的百草翁這回不為所動，希望空空子能發誓沒有騙他，於是有了以下的對話。

> 百草翁：啊毋過我就驚予你騙去！所以我佮你出門，你咒誓一下，
> 　　　　我才佮你行。
>
> 空空子：叫你來東南派得轎，著愛咒誓？
>
> 百草翁：莫啦！你就咒誓講無共我騙，按呢我才佮你來！
>
> 空空子：好啦！咒誓就咒誓！天地日月星，三光為證，我炁你來東
> 　　　　南派得神祕轎，百草翁！
>
> 百草翁：Hânn？
>
> 空空子：若有騙才予雷公損。
>
> 百草翁：好啦！好啦！按呢清彩啦！才予雷公損，按呢有公道啦！
> 　　　　我就出門共阮囝交代一下。天壽囝喔！
>
> （略）
>
> 空空子：我坦白共你講，根本頭至甲尾，就無轎矣。我共你騙的。
>
> 百草翁：啥（sánn）？你共恁 mē 騙的？你有咒誓呢！你咒誓欲予
> 　　　　雷公損呢！
>
> 空空子：我咧咒誓的時陣，你毋知猶閣會記得無？我講「百草翁！」
> 　　　　你講「喔？」我問「予雷公損，好無？」你家己講「好！」
>
> 百草翁：喔，按呢好！按呢好！雷公損我，你就損袂著！到遮來，
> 　　　　恁 mē 和尚拚你師公！你師公食我和尚食到到，我若無招
> 　　　　你出來外面捙拚，我才輸你！空空子你共恁 mē 出來！共
> 　　　　恁 mē 出來！〔註49〕

第一段對話的最後，空空子叫了一聲「百草翁」，百草翁也應了一聲「Hânn？」，空空子又接著說，「若有騙才予雷公損」，這句話乍看沒有主詞，

〔註49〕摘自《大俠百草翁》錄音布袋戲文本第一集〈百草翁重出武林〉。

觀眾連貫看下來，可以發現對空空子來說主詞其實是百草翁，對百草翁來說，說話的人是空空子，主詞當然是空空子。戲劇進行到後來，空空子當然沒有神秘轎要送給百草翁，而且他還把當初的對話再說明一次，於是先前有注意到其中蹊蹺的觀眾好像也跟著空空子騙了百草翁而有一起做壞事的認同感，而前面沒聽清楚的觀眾，也可以重溫之前空空子是如何欺騙百草翁的。為什麼在這段劇情中，百草翁明明是被欺騙的人，觀眾卻不同情他而覺得好笑呢？柏格森說，「引人發笑的的確是別人的缺點」，像百草翁就是貪寶物才會被騙，在這過程中，百草翁努力營救敢死俠，自己也沒有受傷，所以沒有激起觀眾的感情去同情他，這是百草翁性格的滑稽。而在這段劇情裡，這種省略主詞的說話方式，造成雙方的意志完全相反，這樣的情境正好發生在當事人主觀的預期及客觀的事實之間，也就是柏根森所說的「顛倒」，當然也製造出喜劇的效果（1940；引自徐繼曾，1992：88-89）。

（二）《孫龐演義》

以下是二等兵拉希的（la-hi--ê）和王敖的對話。「拉希」在台語是咧嘴的樣子，通常指看起來嘴巴開開的，有點癡呆的人，這裡取這樣的名字也是有用諧音故意製造笑料的意味，表示這位拉希的可能說話不清楚或頭腦不靈光。明明拉希的任務是看守大言牌的，卻因話說得不清楚，反而鼓勵王敖趕快劈掉大言牌。雖然拉希因為上氣不接下氣造成嘴裡說的是「朋友啊！彼大言牌，毋通啊！共鑿落*去！毋通啊！共鑿落*去啊！」而心裡想表達卻是「彼大言牌，毋通共鑿落*去！」這是一種說話時斷句不恰當形成誤會，造成的喜感。

> 拉希的：啊我拉希的咧創啥你敢知？佇這龐府內底面咧做一个二等
> 　　　　兵仔。駙馬爺交代的，叫我著愛來顧這大言牌，毋通去予
> 　　　　彼猴囡仔啦，攑彼个鉛筆啦，原子筆啦，對遐烏白共畫，
> 　　　　烏白共漆，hooh hooh，駙馬爺乎這馬開始行咧操練彼个
> 　　　　鐵甲軍矣喔！喔，駙馬爺彼个軍紀軍律天壽仔的嚴，抑叫
> 　　　　我著愛佇這个 sok，唉唉唉，啊才佇咧講爾，hennh，啊彼
> 　　　　爿面嘿，啊一个痛人攑一支斧頭，啊毋看款欲對彼大言牌
> 　　　　共鑿落*去 lioh！喔欸！朋友啊！彼大言牌，毋通啊！共
> 　　　　鑿落*去！毋通啊！共鑿落*去啊！
> 王敖：喔，抑咧天壽仔，開錢攏無算本的 lioh 乎，彼這个大言牌
> 　　　　徛甲遮爾仔大塊著，起毛穗，彼斧頭攑懸懸……

拉希的：啊！共鑿落*去矣！

王教：嘿，有聽著，有聽著人咧喝共鑿落*去！共鑿落*去就共鑿
落*去，咧驚潲（siô）？予你落去（lueh khù）啊！

拉希的：我來矣啦，哈！友的啊，我按呢喝你敢無聽著？

王教：有欸！聽甲真明咧！

拉希的：啊有，你閣共鑿落*去？

王教：彼彼我就聽你講共鑿落*去，抑共鑿落*去就共鑿落*去，是
按怎（án-nuá）nih？

拉希的：喔按呢好，按呢好，哈哈，我按呢乎，就是按呢乎，前氣
接袂著後氣啦，我是講：「毋通喔！共鑿落*去！」

王教：啊我就干焦聽「共鑿落*去」爾！就照你的意思共鑿落*去
矣！

拉希的：友的啊，友的啊，你知影講這大言牌是啥*人（sáng）待的
無？彼阮駙馬伊軍紀偌嚴 lioh！你這馬乎，對大言牌共鑿
掉，我看乎，恁厝內底大大細細，逐家攏總有代誌矣喔！
決定啊，無法度留性命，食秋茄〔註50〕，我無共你騙！

〔註51〕

　　而齊國國丈鄒忌的兒子鄒諫，初見蘇瓊英時被她的美色震懾住，對著他的下屬大頭堂說話時，連話也說不清楚，鄒諫說「大頭堂--的，誠婿喔！」乍聽之下，大頭堂以為鄒諫在稱讚他，於是與鄒諫展開一段陰錯陽差的對話。大頭堂甚至說「抑無我轉來乎，彼尻川才共鑢鑢較清氣咧，予公子乎，你共*我損坩仔〔註52〕。」「損坩仔」是指男同性戀者的性行為方式，大頭堂以為鄒諫有斷袖之癖，所以稱讚他，因此為了迎合主人，居然說要回去把屁股洗乾淨。鄒諫心裡想的都是蘇瓊英，因此說出來的讚美之詞都是指蘇瓊英，而大頭堂卻一直以為鄒諫是在稱讚自己、喜歡自己，這種搞錯主詞的陰錯陽差，造成了語法的喜感（陳龍廷，2015：247-248）。

〔註50〕俗話說：「秋茄，白露莍，較毒過飯匙銃」，因秋天的茄子、白露時的空心菜
已過時，比眼鏡蛇的毒性還強，不可以吃。摘自「台灣民俗文化工作室。
http://folktw.com.tw/folksay-view.php?info=57

〔註51〕摘自《大俠百草翁》錄音布袋戲文本第一集〈百草翁重出武林〉。

〔註52〕根據「台日大字典」，（khaⁿ-á）解釋（1）平底容器。（2）尻川。（2）損~~＝
雞姦。

鄔諫：我娘嬭喂，哪會生做遮爾仔嬌？若親像彼个月裡嫦娥下凡
　　　咧，uh，講偌嬌就偌嬌，大頭堂的。

大頭堂：嘿嘿，我咧來矣，我咧來矣啦。公子啊，啊是欲閣紲攐換
　　　　欲紲對佗位仔去是是是無？

鄔諫：大頭堂的。

大頭堂：公子啊，你按呢共我叫，我會起雞母皮，彼彼是按怎 hioh？

鄔諫：大頭堂的，誠嬌喔。

大頭堂：彼彼，有影抑無影？

鄔諫：曷有彼號無影的。

大頭堂：食甲遮大漢乎，彼攏毋捌去予*人呵咾著。彼公子啊，你
　　　　呵咾我嬌！抑無我轉來乎，彼尻川才共鑢鑢較清氣咧，予
　　　　公子乎，你共*我損坩仔。

鄔諫：損恁阿媽咧十八歲啦，損坩仔。

大頭堂：抑無你呵咾我嬌毋 meh。

鄔諫：我是講挂才彼个查某誠嬌。喔，自我會生目睭，毋捌看著
　　　我的後斗擴。

大頭堂：彼彼公子啊，彼後斗擴佇後爿欲哪會看會著？

鄔諫：毋是啦，我是講這个查*某囡仔，哎喲，幼咪咪白拋拋，生
　　　成沉魚落雁，彼眉如月弓，口如櫻桃，彼若講流出著彼號
　　　白汗乎，一點一點挂仔好親像彼號真珠。彼查某遮嬌看有
　　　著若食無著，轉去會礙虐，抑若食有著，堂的啊，九斗較
　　　贏換一石。

大頭堂：彼彼公子啊，啊你的意思？

鄔諫：挂才這个查*某囡仔是啥*人（sáng）的查*某囝 hânn？佗一
　　　家的千金 hânn？

大頭堂：彼就右相，蘇，蘇相國怹小妹仔，聽*見（thiánn）講號做
　　　　蘇瓊英哩。〔註53〕

　　以下則是探子馬回報龐涓時，因為太過緊張，而忽略了主詞的使用。探
子馬原本是要呼喚「駙馬爺！」再說心裡的感嘆詞「死矣！」，在台灣話的使
用裡，「死矣！」不是指誰真的死了，而是心裡覺得擔心、害怕，覺得事情完

<hr />

〔註53〕摘自《大俠百草翁》錄音布袋戲文本第一集〈百草翁重出武林〉。

蛋了的時候，一種感嘆詞。探子馬得到了壞消息，想要儘快通報龐涓，說出
「駙馬爺死矣！駙馬爺死矣！」。聽到這句話的龐涓誤以為探子馬在詛咒他，
因此生氣的回罵說，「狗奴才，你死矣啦我死矣！」，意思也就是龐涓回罵說，
「是你要死了啦，什麼我要死了！」沒有把主詞放對，就會引起這樣語法的
錯誤，造成了喜感。

  探子馬：駙馬爺死矣！駙馬爺死矣！

  龐 涓：狗奴才，你死矣啦我死矣！

  探子馬：無啦，駙馬，毋是啦，咱欲經過這个百翎關，百翎關的關
      主廉剛，對頭前面殺倒轉來，頭前面的軍兵大約死差不多
      有兩三萬，請駙馬定奪。〔註54〕

第四節　情境喜劇

  情境的喜劇，包括預期與事實顛倒，事件的相互干擾，及「化裝」產生
的喜劇。布袋戲的情境喜劇常因角色性格的弱點而引發，例如貪吃、好色、
怕死、怕事等，結果反而成為被捉弄的對象。而被捉弄的對象常有一個特質，
即無論發生什麼事，他們一定不會受傷更不會死亡。捉弄者總是足智多謀，
很會解決戲劇危機，有時為了解決問題，必須設計讓原先貪生怕死的角色出去
對抗敵人，因此被後者暱稱為「老奸臣」。這種「耍寶二人組」是喜劇場景常見
的搭檔。在《大俠百草翁》中，我們可以看到類似東南派的「道佛二老」百草
翁和空空子，及百草翁與兒子金光兒這樣的組合，兩人一搭一唱，時而鬥嘴，
時而互相激勵。布袋戲主演熟練這些捉弄的角色，常讓他們在戲中妙語如珠，
或逞口舌之戰，是推動戲劇進行不可或缺的機智者（陳龍廷，2015：239-249）。
如以下的範例中，金光兒和空空子一搭一唱使用激將法之後，原本不願意出面
與敵人奮戰的百草翁，也因為怕被說是一個沒有膽子的人，就出面作戰了。

  金光兒：爸（pâ）oh！

  百草翁：按怎（ná）？

  金光兒：我做你的囝足見笑的lioh！

  百草翁：是按怎（nuá）見笑？

  金光兒：人若講，百草翁，人攏講伊無膽，啊人若講我，就是無膽
      怹囝！

〔註54〕摘自《孫龐演義》錄音布袋戲文本第十六集。

百草翁：你咧哭枵 hioh？啊我是咧佫無膽？

金光兒：你就功夫眞厲害，抑你就毋展，定定咧走 ma33　la55 song51 咧予*人逐，你若講三不五時仔共*人逐，按呢人講，hooh，百草翁，功夫厲害，抑綞落去，氣魄閣讚！

空空子：我來矣，走！哈哈哈哈哈哈哈哈，金光兒，恁老爸永遠就是衰尾道人，恁老爸永遠咧走予*人逐的！

金光兒：老（nóo）前輩啊，你毋通看貓--的無點啦，阮爸功夫是眞厲害，爸，著毋著？

百草翁：當然喔！

金光兒：阮爸若欲開殺乎，彼妖道仔較濟來嘛無夠看。

空空子：哈哈哈哈哈哈哈哈，金光兒，這是你空思妄想，東南道佛二老，我空空子當過百草翁，阮兩个人鬥陣遮爾久，自你未出世就鬥陣，恁老爸個性我上了解，永遠咧走予*人逐，無可能開殺！

金光兒：老前輩啊，你毋通看貓的無點啦，阮爸這馬準備欲開殺矣，你共看，阮爸這馬規身軀呅呅掣喔，hooh，你共看，你共看，拳頭毋閣捏甲兩粒拳頭咧欲發汁矣喔！阮爸準備欲傱去矣。

空空子：無可能啦，恁老爸永遠咧走予*人逐的。

金光兒：爸，你是毋是傱去欲開殺矣，著毋著？

百草翁：猶（ah）是阮囝較厲害，猶是阮囝較內行，我這聲倚來去，妖道仔欲予感冒矣啦！〔註55〕

以下就「預期與事實顛倒」、「事件的交互干擾」及「化裝」所造成的喜感舉例討論：

一、預期與事實顛倒

「預期與事實顛倒」的喜劇，指的是顛倒的情境正好發生在當事人主觀的預期，及客觀的事實之間（陳龍廷，2015：250）。也就是原本當事人對某事的結果懷著期待，沒想到最後事件的結果剛好與當事人的預期顛倒。在戲劇進行當中，觀眾以全知的角度跟隨戲劇的主角行動，也會對事件的結果存

〔註55〕摘自《大俠百草翁》錄音布袋戲文本第二集〈三教等聖旨令〉。

著相同的期待，當最後的結果不符合預期，甚至造成顛倒的結果時，就形成喜劇的效果。以下舉例說明之：

（一）《大俠百草翁》

在下面這個劇情的對話中，百草翁和兒子金光兒就如前述的「耍寶二人組」。百草翁不願意去見空空子，以免被推出去當成墊背的，因此交代金光兒騙前來尋找他的空空子說自己不在，本來金光兒是不同意的，因為大人都說小孩不可以說謊。這裡就用到了柏格森所說喜劇的要素：倒置。「不可以說謊」通常是大人教導小孩的，在這裡反而是小孩在提醒大人。後來百草翁跟兒子說，「一兩次沒關係。」於是，金光兒便用父親交代的方法回覆老前輩空空子說，父親前往各國遊歷去了。但是當空空子問，「百草翁去多久了？」金光兒說「去將近一個月了。」當空空子追問「百草翁何時說的？」，金光兒卻說「剛剛。」對話進行至此，大家便發現金光兒露出馬腳了：如果百草翁已經離開將近一個月，剛剛要怎麼告訴金光兒呢？我們看到百草翁費盡心機，教金光兒如何與空空子應對，金光兒一開始也回得很好，然而當空空子越問越多，金光兒只會回答他父親曾經教過他的，就像機械一樣。直到金光兒因僵化、不知變通被套話出來後，就會像柏格森所說，「費盡周折，結果不知不覺還是回到起點，那真是白費心機一場空。」（1940；引自徐繼曾，1992：54）康德也說，「笑產生於一個忽然化為烏有的期待。」他們之間的對話不僅像僵硬的機械裝置，不做思考的回答，也好像是生活中的一種心不在焉（1940；引自徐繼曾，1992：54）。這段劇情對白凸顯了，之前所鋪陳那段百草翁與金光兒的對話，變成白費力氣白忙一場，原本以為兒子金光兒可以幫忙騙走空空子的百草翁，最後還是得出來解救天下敢死俠，預期與與事實相反，由此造成了喜劇的效果。

> 百草翁：伊這馬來若問講，恁爸有佇咧無？你共講我無佇咧。
>
> 金光兒：無 nooh，爸你就有佇咧！
>
> 百草翁：你就共講我無佇咧！
>
> 金光兒：啊你就有佇咧！
>
> 百草翁：你煞袂曉共騙 hioh？
>
> 金光兒：你敢毋是講叫我囡仔人毋*好（m̄-móo）共*人騙。
>
> 百草翁：三不五時仔，一半擺仔無*要緊啦。
>
> （略）

空空子：莫囉嗦，恁老爸百草翁有佇咧無？

金光兒：老前輩啊，阮爸伊就講伊無佇咧。

空空子：Hânn？恁老爸伊無佇咧？

金光兒：Hm！

空空子：若按呢我問你，恁老爸去佗位？

金光兒：阮爸伊就講欲去日本、美國、馬來西亞、中國大陸。四界
　　　　行行咧啦！

空空子：抑當時才會轉來？

金光兒：阮爸乎，伊就講緊就差不多三年，慢就差不多五年。

空空子：若按呢，我問你咧，恁爸伊去偌久矣？

金光兒：阮爸伊就講，去差不多成個月矣。

空空子：恁爸去成個月矣？

金光兒：Hm！

空空子：伊按呢共你講？

金光兒：Hm！

空空子：當時講的？

金光兒：啊伊就拄才才共我講的哩咧。

空空子：Hooh…，恁爸拄才才共你講的？

金光兒：我囡仔人乎，我咧講話攏袂白賊！阮爸去差不多成個月
　　　　矣，啊伊遮的話是伊拄才才共我……，啊？咧哭枵！〔註56〕

　　在下列劇情中，百草翁解救了毒狼君，原本預期毒狼君及其大哥聖旨令
會感謝他，不料卻因百草翁殺害了他們三弟，而招惹麻煩，在這個劇情中，
可以看出百草翁本性忠厚，所以願意解救受傷的毒狼君，卻又因貪功、貪吃，
最後惹麻煩上身。原本百草翁的預期與最後的結果相反，於是造成喜劇效果。

毒狼君：啊！（吐血）

百草翁：嘩，朋友啊，hooh，你檳榔哺比「紅龍」〔註57〕較大喔！

毒狼君：我毋是咧哺檳榔，我是咧吐血。

百草翁：天壽！啊你是按怎？

〔註56〕2015.7.4 南港「善南宮」活戲演出本。

〔註57〕「紅龍」是幫黑番錄音及配樂的藝師黃嘉雄的外號，黑番因為跟他熟識，故
　　　　拿他的名字來開玩笑。

毒狼君：我足艱苦的，你予我拜託好無？

百草翁：啊是欲拜託創啥啦？

毒狼君：遐去，隔壁彼个山頭，就是阮兜，我有真重要的代誌欲對
　　　　我的阿兄交代，你做一个好心，共我插轉來予阮兄弟見最
　　　　後的一面，好無？

（略）

百草翁：啊！來！來！來！我共你插轉來去，行！行！行！

（略）

毒狼君：……大哥……

聖旨令：二弟，到底是發生啥物代誌？

毒狼君：這个人做好心共我插轉來，大哥你著愛報答恩惠。

百草翁：Hiô 啦，若欲報答我的人情，簡單啦，就按呢乎，若有寶
　　　　貝兩三件仔送我，啊若有土雞仔乎，煠煠咧，搵豆油，我
　　　　就圖甲彼爿去矣啦，我的人就好款待！

毒狼君：大哥，奉令走揣著我的三弟，可憐我的三弟，已經被殺！

聖旨令：Hânn？三弟被殺，啥物（siánn-mih）人敢將過本門的人拍
　　　　死？講！

百草翁：Hiô，Hiô，Hiô，緊講，緊講，啊若無賴我，我就衰死，
　　　　緊講，緊講！

毒狼君：大哥，我拄著三弟，遺言交代，欲來拍死冤仇人，冤仇人
　　　　殘忍將過三弟共破功了後，三弟共伊跪咧叫毋敢，共伊認
　　　　做老爸，認做阿公，冤仇人照常不放干休，將過三弟欲來
　　　　殺人滅屍，三寸氣來拄著我才來交代遺言…

聖旨令：兇手啥物（sánn-mih）人？

百草翁：兇手啥物人，緊講，緊講！

毒狼君：無別人，兇手就是東南派百草翁！啊…

聖旨令：二弟！二弟！

（略）

聖旨令：救我的小弟轉來交代遺言，請問恩公你尊姓高名？

百草翁：我 hioh，哈，人攏叫我號做大俠！

聖旨令：啥物（siánn-mih）名？

　　百草翁：欸…大俠號做…

　　聖旨令：啥物名？

　　百草翁：號做袂、袂、袂生毛啦，你無看*見，頭殼按呢溜精溜
　　　　　　　精，無毛啦，袂生毛就袂生毛！

　　聖旨令：世間上，上好膽的人，共我的小弟損死，叫人將過我的二
　　　　　　　弟中傷，閣炁轉來交代遺言，百草翁！

　　百草翁：啊我死矣！

　　聖旨令：走？你欲共*我走佗*位（taih）？追啊！〔註58〕

　　百草翁貪生怕死的性格，常被拿來當作喜劇的主題。在下面的劇情中，
百草翁惹到不該惹的中立派三教等第三教主免戰兒。兒子金光兒希望他去道
歉，然而不知變通的百草翁，反而需要兒子指點他如何應對。後來，百草翁
真的聽從金光兒的建議去找免戰兒道歉，卻又因自大不想誠心道歉，不但沒
有弭平與免戰兒之間的仇恨，反而因此更加激怒免戰兒。之後雙方交戰，百
草翁又聽從兒子金光兒的建議，殺了免戰兒滅屍以根絕後患。卻因此而得罪
了三教等的開教教主雲天怪客聖旨令，引來更多的禍端。

　　百草翁：和彼西道公三拍四拍，出現著三教等的第三教主號做免戰
　　　　　　　兒，彼鬼谷子再三交代，逐教門都會惹得，干焦這教袂惹
　　　　　　　得，這教的開教教主，號做雲天怪客聖旨令，愛咱跤骨斷
　　　　　　　咱就跤骨斷，愛咱頭斷咱就頭斷，看恁爸袂驚著我才輸
　　　　　　　你。

　　金光兒：爸，咱毋著，咱啊袂曉提早來共*人會失禮。

　　百草翁：人若毋同情咱咧？

　　金光兒：人若毋同情咱乎，咱啊袂曉共跪！

　　百草翁：啊共跪若無效咧？

　　金光兒：咱啊袂曉予做囝，共*人叫「爸爸（pa-pa）」。

　　百草翁：哭爸（pē）hioh！恁 mē 遮濟歲矣，閣共*人叫「爸爸」
　　　　　　　（pa-pa）」！

　　金光兒：愛性命無叫嘛袂用得啦。

　　百草翁：乎我共叫阿爸（pa）若無效咧？

　　金光兒：啊袂曉共升級叫阿公！

―――――――――――

〔註58〕摘自《大俠百草翁》錄音布袋戲文本第三集〈南北斗九牛元祖〉。

百草翁：啊若叫阿公閣無效咧？

金光兒：袂曉共叫阿祖！

百草翁：叫阿祖若閣無效咧？

金光兒：叫阿祖若閣無效，就拄著矣毋 meh。

百草翁：嘿，拄著矣，欲按怎（án-nuá）hannh？

金光兒：四周圍共略仔照水一下。

百草翁：乎，四邊共看看咧！

金光兒：Hmh，若無人的時陣就*按呢共損死。

百草翁：Hooh，hooh。

金光兒：殺人滅屍，和屍體共滅掉，神不知，鬼不覺，恁大--的嘛
　　　　毋知，爸，咱爸仔囝就平安無代誌。

百草翁：Hioh，頭仔來去，咱共落軟，拜託講冤仇和解就*按呢共
　　　　煞掉。

金光兒：Hmh。

百草翁：抑若用軟的毋，咱共用硬的。

金光兒：Hmh

百草翁：咱共跪。

金光兒：Hiô nooh！

百草翁：咱共叫阿爸（pa）、叫阿公、叫阿祖，啊若閣無效的時陣，
　　　　就*按呢殺人滅屍。

金光兒：就著毋 meh。

（略）

金光兒：阮爸欲去佮人解決代誌，毋知會拄好抑袂拄好？希望阮爸
　　　　乎咧講話毋 móo 脫箠〔註59〕啦，是講原也誠煩惱 lioh，阮
　　　　爸就按呢五仁〔註60〕五仁，在過英雄館等候阮爸的好消息
　　　　啦。

（略）

〔註59〕根據「教典」，「脫箠」（thut-tshuê/thut-tshê），「出差錯、出狀況。個人在無意
　　　　間出差錯、發生不合常理的行為或狀況。」

〔註60〕根據「教典」，「五仁」（ngóo-jîn/ngóo-lîn），插科打諢。形容人行為滑稽、詼
　　　　諧，逗人發笑。

百草翁：我是欲來共你會失禮的啦，hooh！我轉去聽空空子講講咧，抑我才著生驚啦，咱講照實的啦，怎大的就號做雲天怪客聖旨令，講啥物叫人的頭殼斷人就頭殼斷，叫人無性命人就無性命，啊我驚是咧驚怎大的，若你喔，欲佮我相拍，咱講照實的啦，你舀水無夠我食喙焦啦，啊就空空子講落*去到地，我才去想著我師仔的時陣啦，彼阮師父二度風塵不真仙定定佇咧講，世間上乎，每一教脈攏會得失得，單單（tan-tan）干焦三教等的開教教主雲天怪客這个人袂得失得，抑我按呢，想想咧著生驚，毋才來遮乎，欲佮你講和。咱的冤仇就*按呢和掉，啊若講你欲佮我拍 hioh，咱講照實的啦，你猶閣無我的夠力啦！

免戰兒：我的大兄你有驚？

百草翁：有啦！

免戰兒：我你無咧驚？

百草翁：啊你喔！你零星的，我欲驚你按怎（án-tsuánn）？

免戰兒：喔好，若按呢你轉去，明仔載中晝會戰！

（中略）

金光兒：橫直乎，彼聖旨令咱袂得失得啦，這个你就愛共做掉，殺人滅屍，神不知鬼不覺，咱父仔囝毋才會平安！

百草翁：啊 hioh，我咧天壽囝按呢講，嘛是有理，歹勢，乎，啊你無死是袂用得！

（略）

百草翁：阮囝共我教的，做人就愛聽囝的話，按呢才會生毛。

免戰兒：啥物毛？

百草翁：無啦，才會成功啦，駛怎婆仔咧，你若死，按呢怎大的，永遠毋知（tsainn），一个手就*按呢予你落去，呀！

免戰兒：哇…

百草翁：天壽天壽天壽矣，阿囝的，搦無好勢，去予墜落到萬底深坑。

金光兒：爸 oh，屍首一定愛共揣倒轉來，屍首愛共滅掉！

　　百草翁：喔好，後壁面共逐來去啊！

　　金光兒：阮爸傱去矣，我嘛後壁面鬥揣看有無，呀！〔註61〕

　　過程中，不管是百草翁要去道歉，卻變成去叫囂；百草翁這個父親，要聽從兒子金光兒的指示，讓晚輩指導長輩；金光兒這個晚輩竟要求免戰兒跪下來叫他爸爸等，都是喜劇手法裡的「倒置」，這些喜劇情節的處理可說是環環相扣的。柏格森（1899）說，由於僵硬或慣性的關係，我們說了不想說的話，做了不想做的事，是滑稽的重要根源之一（1940；引自徐繼曾，1992：70）。在他們的對話裡，可以發現百草翁的心不在焉，兒子金光兒說什麼，他就跟著說什麼，完全沒有自己的主張，最後才會像滾雪球般，引起了更多的禍端，也製造了更多的笑料（柏格森，1940；引自徐繼曾，1992：77-78）。

　　黑番曾經表示〔註62〕，他從師父那裏學習到的編劇手法是「巧合」、「湊巧」、「陰差陽錯」，其實這些編劇方法也就是情境喜劇裡的「事件的相互干擾」和「預期與事實相反」。此外，他也說明運用上述手法在編排劇情時，必須同時思考如何讓曲折的劇情最後流暢的演出，因此，這並非一件易事。

　　　　阮先生的戲，攏是巧合，伊的戲就是『巧合』、『湊巧』『陰差陽錯』，逐部戲我共感覺攏按呢。可比講阮咧做按呢，有三个兄弟仔，就是差不多，就是三教頂嘛，大的、第二的、第三的，伊攏排彼號陰差陽錯的，我就是看彼部戲，等咧彼段做予你看。陰差陽錯，可比講這個真厲害喔！袂使去得失著彼。百草翁偏偏就去共得失著。得失著矣欲按怎？空空子共講就毋聽，你共人得失著愛和解，欲去佮人和解閣頂顛講話。頂顛講話，本底是欲去佮人講和，煞講袂和。冤家起來。冤家起來，尾矣，無法度嘛是愛共損死矣，啊損死，煞去予走去，才去拄著恁二兄，共恁二兄交代了，啊恁二兄欲來揣百草翁，揣無百草翁，去揣著鬼谷子，鬼谷子才共中傷講，百草翁叫我來共你拍的。你若毋願才去揣百草翁啦，今仔百草翁就未看，就鬼谷子來拍矣！今仔百草翁比鬼谷子閣較大按呢，拄仔中傷欲行爾，百草翁來共救，百草翁救轉去來共恁大的交代遺言，彼喔！彎彎幹幹，鋩鋩角角，愛排甲足順，無簡單。〔註63〕

〔註61〕摘自《大俠百草翁》錄音布袋戲文本第二集〈三教等聖旨令〉。
〔註62〕根據2016.7.26與黑番在員林「無極聖山堂」民戲演出時的訪談。
〔註63〕根據2016.7.26與黑番在員林「無極聖山堂」民戲演出時的訪談。

（二）《孫龐演義》

在以下的劇情裡，原本龐涓預期能在兒子的生日宴上大撈一筆，期待每個來賓都能包個大紅包給他。沒料到素來與龐涓不合的朱亥只包了「兩仙」，還帶了八位轎夫一起來吃生日宴；而左班丞相鄭安平也不惶多讓，帶了十二個人來參加生日宴，卻只包了「一仙」。「仙」是一個金錢的單位，借自英語cent（一分錢）的音譯，是一元的十分之一，代表很少的錢。讓存心不良的龐涓無法得到其所預期的大紅包，反而必須虧大錢招待一大群人，這種做法就是符合「預期與事實相反」（陳龍廷，2015：250），也就是柏格森「倒置」的喜劇手法（1940；引自徐繼曾，1992：51）。在台灣的習俗裡，喜事都是包紅包，喪事則會包白包，在這個對話裡，龐涓的兒子開生日宴會，是屬於喜事，可是朱亥卻包了一個白包，這也是「倒置」所製造的笑料。

> 朱亥：我共你講 hânn，彼欲予*人請乎，紅包乎共*我包較大包咧hannh。
>
> 家僮：啊是欲包偌濟啊？
>
> 朱亥：素素矣就好，共包兩仙錢，有聽著無？啊彼个乎棉仔紙啦，衛生紙啦，共包包纏纏 tān tān 較大包咧，啊內面共*我园兩仙就好。
>
> 家僮：大人啊，我無紅橐仔 lioh。
>
> 朱亥：無*要緊啦，用白橐仔嘛無*要緊。
>
> 家僮：Hm̀，啊白橐仔敢好？
>
> 朱亥：清彩啦，橫直乎，白橐仔嘛一包，紅橐仔嘛一包。講啥物龐涓悠囝，彼龐英咧做生日，無來予請嘛袂使得。抑原本啊我咧坐這頂轎，是四人扛，今仔日乎遮的扛轎的，共*我改爲兩班制，兩班扛仔好八个人扛轎，啊連我本身按呢扛仔好九个人，包兩仙抑來去予駙馬龐涓招待。來共食夠本的。來去啊！
>
> 鄭安平：（略）但奈龐涓你眼中無人，時常以及老夫佇咧做對。今日又閣接著你一張請帖啦，說道你的囝兒龐英做生日。官官相衛無來予你招待，講我做一个左班丞相無予你面子。左右啊！紅包共*我包較大包咧，素素啊，共我包一仙錢就（tsiū）可以。抑原本我咧坐這頂轎是四人扛，共我改爲

三班制，三四拄仔好十二个，連帶老夫十三个，大轎拍進，來予龐涓招待啊！

龐涓：本駙馬龐涓字宏道啊。將過這个痟人孫臏監禁在後花園的柴房，這段中間，我令高明的大夫，佇咧調治著孫臏的痟症。痟症若醫會好，才閣叫伊來寫天書送我未慢。抑今仔日黃道吉日，我的囝兒龐英做生日，我已經放這个請帖出去，文武朝臣若識時務知進退，利用這个機會包紅包來進貢，佇我父王的面頭前，我就美言美語幾句啦；抑若不識抬舉，袂曉包紅包進貢咧，佇我父王的面頭前，我共 tsù 歹話，在銀鑾殿上，就（tsiū）難得立足。今在府門小坐。

（中略）

龐涓：欸，大人你有提毋著去抑袂啊？

朱亥：是按怎 hioh？

龐涓：喜事是愛包紅包，抑你哪會提白包啊？

朱亥：你攏毋捌，紅包嘛一包著無？

龐涓：Hm̀！

朱亥：白包嘛一包啦。橫直紅包若較大包咧就好，你煩惱伊啥物色緻的，著無？人彼新娘嘛攏穿白色的禮服，紅的佮白的攏仝款啦，錢較濟咧較要緊啦！

龐涓：有理有理，請大人內中赴會。

朱亥：Hânn，多謝多謝。欸，恁遐的扛轎的啊，我咧講 hânn，我彼頂轎乎，抑共*我园對樹仔跤遐較涼。來，規陣扛轎的，啊毳咧，入來內底面予駙馬爺龐涓招待，攏入來喔，行，入來喔！

龐涓：七个八个九个，喔！包一 kâi〔註64〕紅包，一擺 kâ毳九个人，來佇咧予*我請，按呢看款欲食夠本的喔，是講這 kâi 紅包共捏咧，看*見厚厚，可能性乎袂細包，伊才敢毳遮濟人來。到底這 kâi 紅包內底面是包偌濟錢？我共剺開看覓咧……報紙？報紙閣共剺開，欸？棉仔紙？棉仔紙共剺開，看內面包偌濟？Hânn？毳九个人來共我包兩仙！按呢

看欲共*我食夠本的，啊，好啊，朱亥，我若無入來內底面
當場對（uì）你朱亥全仔共你拖…這馬咱若欲去共拖出來，
文武百官就會問矣，今是爲著啥物代誌按呢，駙馬遮爾仔
受氣？咱若講紅包包了傷細包，人講咱錢面的，看錢的。
啊，好好好，朱亥你就十二月天食冰仔水，點點共我記在
心。繼續迎接文武朝臣。

（略）

龐涓：Uah，多謝多謝，啊今請丞相內中赴會。

鄭安平：左右，將過老夫的大轎呢，放（hòng）在一邊（pian）。
　　　　以及老夫，入到內中，來予駙馬龐涓招待，隨老夫入內
　　　　啊。

龐涓：十一个、十二个、十三个，Hânn？包一kâi紅包，共我炁十
　　　　三个！喔！朱亥炁九个人就咧橫逆，抑左班丞相你一擺炁
　　　　十三个，抑親像咧割香。是講這kâi紅包共捏看覓，原也厚
　　　　厚。Hm̀，丞相官居極品，可能性也無真凍霜才著。這包來
　　　　補朱亥彼包，pháng補會過。到底紅包內底面咧，是包偌
　　　　濟啊？我共拗開看覓咧！欸？報紙，報紙閣共拗開看覓
　　　　咧！衛生紙？可能性這包 pháng 開支票的款。衛生紙共拗
　　　　開看予詳細！Hânn？左班丞相鄭仔安平啊，鄭仔安平，朱
　　　　亥就咧橫逆，啊你比朱亥閣較橫逆，紅包內底面 kâ 包一仙
　　　　錢！啊好好好，我若無入來內底面對恁兩个人當場攏共恁
　　　　拖……閣袂拖得。這馬共拖，人若問原因，咱就講紅包包
　　　　了傷細包，按呢咱干焦見笑就死。按算阮囝龐英做生日欲
　　　　趁大錢，無疑悟了錢（tshiân）啊！

朱亥：我無茫，我無茫（唱）。哎，講我朱亥咧醉的人小人啦，
　　　　hânn？彼按呢炁扛轎的炁八个，連我，呃，總共九个。按
　　　　呢共圍咧，一桌圓圓。抑阮按呢咧啉燒酒，干焦阮彼桌按
　　　　呢啉差不多成百罐。彼按怎啉的 lioh？啊就有才調啉就共
　　　　啉，無才調啉乎，彼酒倒倒咧，壁角噗一下就共潑去。橫
　　　　直乎駙馬這燒酒攏共啉迵海，攏共啉免驚的。啊是按怎會
　　　　遮討債啉？啊伊就攏趁一寡不義之財，所以愛盡量共跐，

　　　　趓予伊乎了愈濟，精神愈爽哩咧。這个乎，眞歹鬥陣啦，
　　　　來這个魏國啊，抑按呢一個感眾人，抑眾人感伊一个。抑
　　　　伊出門乎共規陣人呸痰呸瀾，抑規陣人呸伊一个哩咧。所
　　　　以講恁遮的扛轎的啊，會唪乎盡量共唪，唪唪的若醉乎，
　　　　轉來大人用行的，彼轎免扛嘛無要緊。〔註65〕

　　在以下這段劇情中，龐涓認爲孫臏躲在朱亥家中，並拿著搜索票前往搜
查，沒想到孫臏早已使用奇門遁甲法躲起來了。在搜索的過程中，觀眾和朱
亥都能看到孫臏若無其事的吃著雞腿，心情可能跟隨著龐涓的搜查而七上八
下，直到後來胸有成竹的龐涓找不到孫臏，與龐涓的預期是相反的，觀眾在
鬆了一口氣的同時，也會覺得好笑。

　　龐涓：哈哈哈哈哈哈，摺奏父王明白，父王允准。我帶動御林軍
　　　　　就是欲來擒掠重犯啦，抑你若欲看搜索票在此！我提予你
　　　　　看！

　　朱亥：天壽，眞正國王允准！

　　龐涓：著，來人啊！內底面全部共我搜查，擒掠重犯孫臏。請！

　　朱亥：啊！死矣！死矣！死矣！龐涓對（uì）廚房入去矣，對（uì）
　　　　　廚房入去矣！啊！我母敢看，我母敢看。我對遮共望對廚
　　　　　房入去，孫臏啊，你兩肢跤骨就咧疼，著無？兩支沉香杌
　　　　　靠佇邊裡，抑你兩肢跤骨曲懸，坐對椅頭仔頂。龐涓行入
　　　　　去矣啦，龐涓入去！喔，閣咧夾雞腿，我攏母敢看！我我
　　　　　我我我……

　　龐涓：來囉！

　　朱亥：啊，駙馬爺。

　　龐涓：奇怪，內底面全部攏搜查啦。入去到粟庄內底面，大細間
　　　　　總搜總反，廚房共飛飛（hui-hui）巡巡咧，因何會無孫臏？

　　朱亥：我就共你講無，著無？你就干焦按呢死鴨硬喙桮，無就是
　　　　　無啦！你莫來遮共*我亂喔！我予你輸我一百兩銀爾，啊你
　　　　　來遮咧共我亂衰的母？出去，無歡迎你，你若欲出去，出
　　　　　去！若母出去乎，小等咧我用彼个掃帚頭搵雞膏 li，全仔
　　　　　共你庰出去喔！

────────────

〔註65〕摘自《孫龐演義》錄音布袋戲文本第六集。

龐涓：Hooh 好，可能我來摺奏父王，從中文武百官有人佮我無仝黨，來共我走漏（lō）風聲。你包庇重犯，你也無通好食睏！請！

朱亥：Hooh，我朱亥定定咧講一句話，「好佳哉」，國語號做『好加在』，哎？抑伊龐涓毋敢講乎好色過多，就*按呢帶色盲hioh？伊徛佇孫臏先生的後爿，伊會無看孫臏咧撋雞腿？我就感覺真奇怪！〔註66〕

　　後來，被孫臏和朱亥擺了一道的龐涓覺得不甘心，二度前來朱亥府門尋找孫臏，孫臏這次不僅表面上躲在柴櫥裡，還故意出聲讓龐涓更加確信他躲在裡面。準備好好立大功的龐涓拖著柴櫥去跟國王告狀，沒想到一打開柴櫥，裡面卻什麼都沒有，還被朱亥反咬一口，控訴龐涓不但沒有持搜索票就擅闖他的府第，還亂闖他的房間，把他僅身著透明材質睡衣的妻子看光，還搬走他的家當、妻子的嫁妝等。龐涓不但沒有立功，還因此必須賠償朱亥，所有的財產、樓房賣掉的錢都必須填滿這個被孫臏做過法，類似無底洞的柴櫥。這個劇情，也是應用「預期與事實顛倒」的喜劇手法。

朱亥：我朱亥，參拜國王千秋。

魏惠王：卿家，五更早，踏入到銀鑾寶殿，兩眼淚汪汪。生為何故？

朱亥：國王啊，你著為我做主啦，彼駙馬頂工仔輸我一百兩銀，毋甘願，三番兩次走去阮兜共我亂衰的。阮牽手某暗時仔咧睏，攏穿透明的內衫內褲，抑按呢雄雄 phiáng 一下，拚入去阮房間。阮牽手某跤手一下慢，攏去予照了了，予看*見今就予看*見，食無著較無*要緊。偌天壽咧，阮牽手嫁我的時陣啦，彼阮丈人爸乎佮一寡金仔角啦，金仔條啦，金袚鍊啦、金手指啦，猶閣有頂工的一百兩銀，攏囊佇彼个柴櫥內底面。抑伊按呢乎表面上講欲掠孫臏啦，事實上對彼个柴櫥規個金仔角共*我搬了了，國王你著為我做主了。啊哈哈，國王欸…

魏惠王：當真駙馬如此的猖獗（tshiàng-kuat）？國王一定為你作主就（tsiū）是，你暫退御苑。

〔註66〕摘自《孫龐演義》錄音布袋戲文本第九集。

朱亥：臣皆領旨，哈哈哈。

龐涓：『走上一遭』。參拜父王。

魏惠王：駙馬龐涓，你是毋是三番兩次來擾亂朱亥府門呢？

龐涓：父王誤會了，今仔日我前往到朱亥府門，佇一座柴櫥內底面，已經將過孫臏擒拿，而且這座柴櫥我也已經送到位。當場拍開柴櫥擒掠重犯孫臏，來予父王你觀看，確實伊朱亥包庇重犯。

魏惠王：當眞柴櫥帶（tuà）到位？

龐涓：著。

魏惠王：抑若按呢可以，你當場將過孫臏帶（tài）出。

龐涓：我龐涓馬上對這个封條共剺開。內底面的孫臏就按呢共拖出來。啊？柴櫥內面，柴櫥內面哪會不見孫臏？只存一寡磚仔角、石頭，全部廢物！孫臏哪裡前去？孫臏不見！

魏惠王：住口（kháu）！駙馬龐涓，若毋是念求皇女面份，三番兩次擾亂朱府，孤王依國法將你治罪。將過這座柴櫥帶（tuà）下。去！

龐涓：臣皆領旨。

朱亥：我來矣，我來矣啦，哈哈，我來矣。參拜國王，佇這个銀鸞殿上，駙馬按呢橫柴夯入灶，講啥物柴櫥內底面就是孫臏。內底面就是阮某嫁我的嫁粧，金仔條、金仔角，一寡乎被鍊啦、手指，猶閣有頂工共趁的一百兩銀，大約這个柴櫥有半櫥咧，金仔角攏無看*見，內面干焦石頭磚仔角。國王你著愛爲我做主！

魏惠王：卿家，你有何要求？

朱亥：啊就乎，彼个柴櫥內底面的金仔角原本乎有半櫥啦，彼半櫥乎共我坉予滇就好，按呢我就無計較矣。

魏惠王：可以。孤王爲你作主就是。退下。

朱亥：臣皆領旨。

魏惠王：駙馬龐涓，今日明者欲來擒掠孫臏，事實就是來偷取錢鏹。傳旨下去，駙馬於情於理，賠償朱亥錢鏹。願動接納即可，不願接納以國法開刀問斬啊！

（略）

龐涓：我按呢下早仔起乎，所有的珍珠、瑪瑙、金仔條、金仔角，抑彙落*去這跤柴櫥，抑看就 tsiâu 細跤爾，按怎這跤柴櫥仙彙彙袂滇啊？一寡現金攏捌落去矣，照常嘛彙袂滇！按怎遮細跤會遮勢貯？

朱亥：啊你就一擺擺提一屑屑仔爾，欲勢貯，著無？你若講牆街（tshiâng ke）上，彼十外棟的樓仔厝攏共賣賣咧，抑換現金抑換金仔角來地，按呢地看會滇無！一擺擺提屑屑仔爾，欲地會滇？閣彙！無夠咧唶，這馬按呢共看，內底面就猶閣無五分之一咧。閣彙喔，無夠一半喔！

龐涓：實在就…

朱亥：喔，若毋，無行，閣來見國王！

龐涓：好啦好啦好，牆街，彼幾棟別莊大樓，我現來去拍賣換現金。我來去，啊，天壽矣。朱亥啊，金仔條金仔角按呢賣賣咧閣彙，確實就攏無矣啦！予你窮甲空空矣。

朱亥：你就攏誠勢趁錢矣，頂仔你會記得無？鞏（khōng）一个海岸，hooh，人彼包商乎用彼大條的鐵筋，抑你就講毋免 nooh，用細條的啊。我嘛知影講遐你攏有撚（lián）起來矣，抑紲落去啦，彼號山坡地啊，彼攏總是袂使對遐挖的喔！抑你按呢乎仗你的勢面，攏共允准。喝挖就挖，啊人紅包暗中毋知楔偌濟予你啦，遐的攏有彙落*去矣？

龐涓：有啦，就攏彙落*去矣。我按呢乎窮甲真正甲山窮水盡矣。朱大人請原諒咧。

朱亥：後擺猶敢無？

龐涓：毋敢矣。

朱亥：喔，好啦，後擺若毋敢就好啦。抑你就知影講朱亥的人好參詳，我也袂共*人刁難。轉去就較乖咧，家己略仔反省咧。

龐涓：是是是是是，多謝朱大人。請！哎喲喂…〔註67〕

不死心的龐涓，第三次來到朱亥府第準備捉拿孫臏，這回孫臏使用奇門

〔註67〕摘自《孫龐演義》錄音布袋戲文本第九集。

遁甲法，使龐涓將已到大限的老婆子誤認為孫臏，並將其殺害。朱亥這次指稱應為老女婢的老婆子為其母，並誣指龐涓對老婆子先姦後殺。怒不可遏的國王令龐涓要負擔其喪葬費用及後事。對龐涓而言，這段劇情的結果依然與其所預期的相反。

> 魏惠王：住口！龐涓啊，你身為魏國宜梁城統兵馬大元帥駙馬之
> 　　　　職。你不應該來侮辱著人民侮辱百姓，一个老阿婆活活你
> 　　　　全仔共捏死，該當何罪？
> 龐涓：父王啊，赦罪赦罪。我明明就掠著孫臏，而且沿路我嘛佮
> 　　　孫臏佇咧言談，因何一下入到銀鑾寶殿，孫臏無看*見，只
> 　　　是一個老阿婆氣絕身亡？父王啊，這攏總是誤會。
> 魏惠王：住口！願同遵照朱亥要求，送老婆子上山頭，所有的喪事
> 　　　　費由你來承擔，而且你龐涓愛來穿麻帶孝、攑幢幡挃斗，
> 　　　　送老婆子上山頭。願即可，不願者以國法將你開刀取斬。
> 龐涓：父王啊，臣皆領旨，臣皆領旨啊。〔註68〕

這三段劇情所共通之處，就是龐涓每次都以為自己已經找到孫臏了，卻每次都在信心滿滿的稟報國王後，鎩羽而歸。這樣重複的劇情，就像柏格森所說的「彈簧魔鬼」，所造成的喜劇模式。一個思想或行為被表達出來就受到壓制，遭到壓制，又繼續表現出來這個思想或行為（1940；引自徐繼曾，1992：44-46），也就是一種「重複」所造成的喜劇。

二、事件的相互干擾

事件的相互干擾所造成的喜劇效果，指的是兩組原本不相干的戲劇事件，卻同時發生在同一個情境中，而雙方卻各自有各自的解釋空間，甚至完全不同的詮釋意義（陳龍廷，2015：254）。也就是說原本兩條同時進行中的戲劇事件，卻陰錯陽差的碰在一起，雙方都以自己的立場各自解讀而造成誤會，甚至越描越黑，由此來製造喜劇的效果。

在下列的劇情中，南斗武聖人殺死妖道後把人丟下山谷，沒想到人沒死，還被師父九牛元祖救回。師父要求南斗武聖人拿藥丹救人，武聖人怕事跡敗露，反而掐死他。這時師父突然出現，武聖人只好把一切歸咎於不曾存在的

〔註68〕摘自《孫龐演義》錄音布袋戲文本第九集。

黑衣人。師父為了尋找兇手黑衣人而下山，剛好發現了身穿黑衣的百草翁，以為百草翁就是兇手，因此與百草翁進行了一段牛頭不對馬嘴的對話後，把百草翁打了一頓。這是典型的事件相互干擾，兩組原本不相干的事件，卻同時發生在同一個情境中。南斗武聖人的師兄北斗忠義俠在東南派教天下敢死俠功夫，百草翁前往戰地天調查武聖人和忠義俠的師父九牛元祖是否已經歸來，若已經歸來就要趕緊通知忠義俠離開東南派。九牛元祖為了尋找徒弟武聖人所說的黑衣人而下山，這時身穿黑衣的百草翁剛好上山，兩人就在這時交會。事件相互干擾的雙方，各自有各自的解釋空間，並產生不同的詮釋意義。九牛元祖一心只想找到那個徒弟所說輕功比他厲害的黑衣人，因此所謂「看到黑影就開槍」而誤會百草翁。百草翁只想趕快解釋清楚並脫身，所以壓根兒忘記了自己的任務，是防止九牛元祖發現徒弟在東南派教功夫，反而把一切事實抖了出來。演到這裡，「倒置」的喜劇效果又浮現了，百草翁事與願違，自己還成了幫兇。戲劇主演在一小段劇情中融入各式喜劇手法，讓觀眾哈哈大笑。

> 武聖人：南斗武聖人，揹屍體來到這个所在。害矣，害矣，害矣，
> 　　　　人就我損的，抑阮師父叫我藥仔予食，阮師父這个藥仔講
> 　　　　偌奧妙就偌奧妙，心肝頭猶閣燒燒，牙槽若撬開，藥仔若
> 　　　　窒落*去，精神了後若問落*去到地，我龜跤趨出來，我死
> 　　　　無打緊，連帶我的大師兄原也連累，按呢看我欲按怎就
> 　　　　好？按呢看我欲…喔，好！一不作，二不休，利用阮師父
> 　　　　無注意看，恁 mē tshè tshè 對胭喉就*按呢共你捏落*去！
> 　　　　呀！
>
> 鬼魔音：啊！
>
> 九牛元祖：Hânn？
>
> 武聖人：啊…啊…啊…師……師父啊，師父你哪會雄雄佇我的後片
> 　　　　來出現？
>
> 九牛元祖：啥物？這个人看一下真，已經死！
>
> 武聖人：師父啊，人…人…人死！
>
> 九牛元祖：拄才心肝頭猶閣燒燒，這馬人已經死，和心肝頭原也冷
> 　　　　　去！
>
> 武聖人：著啦，人…人…人死，心肝頭嘛冷去！

九牛元祖：徒弟！

武聖人：Hânn…是按怎 hioh？

九牛元祖：我問你！

武聖人：抑我予你問！

九牛元祖：這个人按呢死的？

武聖人：師父你敢無看*見？

九牛元祖：就是無看*見，我才咧問你！甲有看*見，我何必著問
　　　　　你！

武聖人：師父啊，你你你叫我講對牙槽共撬開啦，啊我牙槽一下共
　　　　撟開，藥仔欲共橐落*去的時陣，喔，遐啦，窗仔門遐，
　　　　窗仔門遐，窗仔門遐一道烏影 siák 一下，這个人去予*人
　　　　暗殺，毋才死！

九牛元祖：啥貨？來到我的山頭做案，烏影對（uì）窗仔門縫捙入
　　　　　來？

武聖人：是啦，烏影捙入來，這个人才予*人暗殺！

九牛元祖：喔，好！烏影你的輕功程度無可能比我較緊，因為我輕
　　　　　功一秒鐘地球三輾半的速度咧，你這个烏影做案，看你
　　　　　欲共我走 taih？Tshah！

武聖人：喔，一兩三四，驚著無代誌！咦？我南斗武聖人我的反應
　　　　哪會遮好 hannh？我將過這个妖道對領仔頸一下共捏死了
　　　　後，阮師父雄雄對後片就*按呢趨出來，我想講去予阮師
　　　　父看著矣，我驚一下按呢褲底一 phāinn tông phāinn〔註
　　　　69〕。阮師父結果無看*見，問講按怎死，恁 mē 就共炸
　　　　（tsuànn）〔註70〕落*去，阮師父這馬去逐烏影，逐逐的若
　　　　逐無，轉來乎，我茶共泡較厚咧，予伊啉啉咧，伊氣就消
　　　　矣！著著著，屍體較緊共埋掉，馬上內底面泡茶等阮師父
　　　　啊！

（音樂）

九牛元祖：烏影來到著我的山頭做案，你的輕功敢有可能比我較

〔註69〕一大包的意思。

〔註70〕根據「教典」，「炸」（tsuànn）引申為胡說八道。

緊？我是一秒鐘地球三輾半的速度啦，後壁面追蹤烏
影，走啊！

（音樂）

百草翁：Hennh，hennh，暗頭仔水雞，我號做大俠百（pah）姓公，
　　　　啊毋是啦，大俠百（pah）草翁啦，hooh，到位矣，到位
　　　　矣！哈哈，頭前這支山頭就是戰地天矣，趕緊入來共調
　　　　查……

九牛元祖：慢且！小等咧！Hmh，hmh…

百草翁：Hènn，hènn…

九牛元祖：Hooh，hooh！

百草翁：Huainnh，huainnh！

九牛元祖：穿烏衫！

百草翁：hmh，穿烏衫 nooh！

九牛元祖：傱一下緊，變烏影！

百草翁：當然的 nooh！

九牛元祖：你無毋著？

百草翁：我就著毋歟！

九牛元祖：正港是你？

百草翁：正港的 meh！

九牛元祖：我閣問你咧，無重耽（tîng-tânn）〔註71〕？

百草翁：哪*會（Tháih）有重耽？就正港--的啦！穿烏衫啦！傱一下
　　　　緊變烏影！彼就死訣〔註72〕--的，啊 tháih 著閣問？

九牛元祖：你無毋著？

百草翁：啊就我毋歟！

九牛元祖：確實是你？

百草翁：就著毋歟！

九牛元祖：按呢袂堪得氣矣！

（打鬥）

〔註71〕根據「教典」，「重耽」，（tîng-tânn），事情出了差錯。

〔註72〕根據「台語/華文線頂字典」，「死訣」（sí-koat）意思同「一板一眼／死心眼／
　　　　死板／呆板／固定」。

百草翁：呀！慢且慢且，喔！友的〔註73〕啊，友的啊，喔，你咧拍
　　　　人攏按呢無分寸的 lioh 乎？駛恁婆仔咧，你問我講「穿烏
　　　　衫是無」？我講「是啊」，「俵一下緊，變烏影著無」？
　　　　我講「著啊！」按呢你開（khui）拳拍我，無你拍我到底
　　　　啥物原因你愛講喔，你講了若有因由就好，講了若無理
　　　　由，我拖你來「郵便局」〔註74〕共你告！

九牛元祖：啊？

百草翁：毋是啦，拖你來去派出所共你告！駛恁婆仔咧，你白間無
　　　　然拍我，你啥物原因，你愛講，你愛講！

九牛元祖：我歸回著我的山頭，我的徒弟欲提藥丹來救一个人，牙
　　　　　槽一下撬開，佇窗仔門縫烏影摔入來，對方這个人已經
　　　　　被暗殺，我逐出來外口面佇咧追蹤著夜行人烏影，來到
　　　　　這个所在，你穿烏衫，我問你講俵一下緊是毋是變烏
　　　　　影，你講是，你就是兇手，兇手你該死！

（略）

百草翁：我共你講啦！你的大徒弟去阮東南派教天下敢死俠這步
　　　　「四兩破千斤」啦，拍死著妖道仔真濟，妖道仔毋甘願，
　　　　來到恁的山頭欲共你供投，可能你無佇咧啦，去拄著你的
　　　　二徒弟，你的二徒弟來掩護著伊的大師兄，才來將過妖道
　　　　仔共損死，和屍體毋埋，就*按呢共扰（tìm）對後山啦，
　　　　如果你若毋相信，你轉去驗屍體，彼个功夫是毋是你本門
　　　　的「四兩破千斤」，若是是，兇手就是你的徒弟，若毋是，
　　　　兇手你來誤會著我百草翁，我若予你損死，我笑笑！

九牛元祖：Hooh，hooh，我叫徒弟牙槽撬開，藥仔予食，莫怪我
　　　　　的徒弟才佇咧吞吞吐吐，哎！你這个百草翁，講了有
　　　　　理！我轉來去驗屍體，就了解，請！

百草翁：就人若衰乎，種匏仔生菜瓜啦，種豆花生苦瓜，啊娶一个
　　　　某，人叫伊三八阿花！我咧駛恁婆仔咧，穿烏衫講按呢也

〔註73〕根據「教典」，「友的」（iú--ê），原指互不認識的朋友彼此之間的稱呼。這本
　　　　來是對「朋友」一詞比較戲謔、省略的說法，後來專指遊手好閒、無所事事
　　　　的幫派份子的互稱。
〔註74〕日文的郵局。

有代誌，予*人拍 lioh，哈哈哈哈，有夠衰的！哼哎，哭
爸矣 nooh，我是欲來調查看恁師父轉來未？該當若轉
來，我叫伊北斗忠義俠好走，抑伊援助阮東南派，我煞共
講講出來，天壽矣，老的啊，等咧，我講毋著去矣，重
講！老的啊，天壽矣……〔註75〕

三、「化裝」產生的喜劇

　　「化裝」是布袋戲常用的術語，指某角色經過變裝的程序，而讓劇中其
他人誤以爲是另一個人。化裝的喜劇場景有醜男扮成女裝，或是文盲冒充文
人雅士等，符合預期與事實顛倒所造成的喜感。（陳龍廷，2015：267）。

　　此處以《孫龐演義》爲例，齊國國丈鄒忌之子鄒諫，硬要強娶已經與孫
臏婚配的丞相蘇代之妹蘇瓊英，由於孫臏已經事先得知，故派他的徒弟野龍
袁達化裝成蘇瓊英，讓鄒諫把袁達娶回家。袁達是一個身材粗獷的人，一聽
到要他扮新娘自己都覺得好笑，認爲會「笑破著我的內底褲」。因爲他認爲自
己「土〔註76〕閣搖櫓，高長閣大漢〔註77〕」。台語的「土」是指個性粗獷直率
不修邊幅，「搖櫓」本意是東西搖晃，在這裡沒有特別的意義，應該只是爲了
與「土」押韻。「高長閣大漢」是指身材高頭大馬，連美容師也形容他「烏閣
粗」，也就是皮膚黑體格粗壯。所以找這種身材的袁達來假扮新娘，他自己都
說「毋是新娘仔喔！按呢是新娘公喔」。這裡的「公」，黑番的發音是「kang」。
「公」有兩個讀音，讀成白音「kang」時，是雄性的意思。新娘怎麼會是雄性
的呢？所以這裡是一種雙關語的諧音喜劇手法。

　　一個身材高大，外表粗獷個性直率不修邊幅的人假扮新娘，在假扮的過
程中當然製造許多的笑料。首先，答應要假扮新娘的袁達必須化妝，袁達形
容自己滿臉鬍鬚，只好像塗牆壁一樣抹粉，「鬍鬚鬍鬚，抑若講抹粉拄好親像
佇咧抹壁」。幫忙化妝的美容師，原本對於自己把眞正的新娘「畫甲一蕊親像
花咧」感到得意。相較之下，她看到來假扮新娘的袁達「烏閣粗、高長閣大
漢」，一定感到很大的衝擊。而袁達如上所述，認爲「胭脂水粉就 kop 較厚咧，
清彩就共准過矣」，也就是把粉塗厚一點，隨便就好。化妝完，再來要學習的

〔註75〕摘自《大俠百草翁》錄音布袋戲文本第三集〈南北斗九牛元祖〉。
〔註76〕根據教育度閩南語常用詞辭典，形容人的個性粗曠率直。
〔註77〕根據盧廣誠《實用台語辭典》，台北：文水出版社，2011，頁 187。『高長』
　　　　（kau-tshiâng）是文音。「高長閣大漢」指高頭大馬。

就是走路的姿態，美容師形容袁達「粗跤重蹄」也就是走路聲音大又粗魯，而對比的蘇瓊英是「幼秀」的，於是訓練袁達的大腿夾著一個銅錢走路。再來，美容師還特別交代，「愛較有這个耐性咧袂使講話」、「新娘上轎就無屎無尿」。新娘不僅不能說話，也要憋尿。結果戲劇的後面，袁達當然破功了，不但一直要求要「尿尿」，最後甚至直接尿在轎子裡。袁達本來應該好好扮演新娘的角色，卻由於本性，一再差點露出馬腳，就如柏格森所說，「因為慣性的關係，使得他的行動和意圖適得其反，一個滑稽人物的滑稽程度，一般的正好和他忘掉自己的程度相等」（1940；引自徐繼曾，1992：10-14）。袁達造成的滑稽是無意識的，他只是呈現他本來的樣子，否則他如果覺得自己可笑就會設法改正。觀眾的笑聲，就像是某一種社會姿態，來對抗這樣不正常的行為。袁達整個人看起來都不正常，中間也有許多的破綻，但還是能撐到最後拜堂成功，沒有被鄒諫發現，就是因為色不迷人人自迷。而所有觀眾一開始就知道袁達是假冒的新娘，但鄒諫是個反派的角色，因此他越被迷得團團轉，觀眾就被逗得越開心（陳龍廷 2015：267）。在整個劇情中還安插了鄒家僮來說吉利的話以賺取紅包，只是蘇家僮硬是說出了不該說的話，不但沒賺到紅包，還挨了鄒諫的「五筋膎」。這也是一種「倒置」，也就是「預期與事實相反」所製造的笑料。

> 袁達：哈哈哈哈，你嘛莫笑破著我的內底褲。叫我土閣搖櫓，高長（kau-tshiâng） 閣大漢，啊落*去扮做新娘，按呢毋是新娘仔喔！按呢是新娘公（kang）喔！
>
> 孫臏：吾徒，此事無你前去不可，千萬毋通來漏洩祕密。趕緊依計而行。
>
> 袁達：喔好，哈哈。食到遮大漢乎，毋捌做過新娘。我野龍袁達，啊若欲扮新娘乎，我按呢面按呢啦，鬍鬖鬍鬖，抑若講抹粉拄好親像佇咧抹壁。我來去我來去。
>
> （略）
>
> 美容師：身穿喔紅衫是少年派，胸前兩粒膨獅獅，彼阿哥仔出手摸看覓，心情偌好你敢知囉。彼彼，恁祖媽 a puh tsih 啊，抑人攏叫我號做美容師啦，今（tann）內底面乎蘇小姐瓊英仔，已經乎共伊梳妝打扮，畫甲一蕊親像花咧。抑講啥今仔日囉，蘇小姐抑結婚的日子，驚這奸臣仔囝會來搶

親，講欲叫另外一个人來打扮做新娘仔，抑恁祖媽這个美
容師，佇遮佇咧等哪會等遮久？到底是啥物人欲來扮做新
娘？

袁達：彼我來矣。俺野龍袁達，欲來扮做新娘。

美容師：我 kann lo kànn lò。抑你按呢乎，烏閣粗高長閣大漢，扮
新娘欲哪會扮會成？

袁達：你彼胭脂水粉就 kop 較厚咧，清彩就共准過矣。

美容師：抑今乎做新娘你會曉做無？

袁達：抑我就毋捌做過新娘欲按怎做？

美容師：你就愛詳細聽 hânn，做新娘啊，坐佇轎內底面，你著愛較
有這個耐性咧袂使講話，抑紲落去喔，袂使共*人罵，抑
毋但干焦按呢爾，閣毋通去『尿尿』，人佇咧講啊，新娘
上轎就無屎無尿，你了解無？

袁達：我知影啦！

美容師：抑毋過你按呢粗跤重蹄喔，干焦行著路你就落氣，來來來
來，你行兩步仔，予恁祖媽共你鑑定看會過關抑袂過關。

袁達：按呢好，老家婆仔你注意看，我行兩下仔予你看，嘿。

美容師：僥倖僥觸喔，抑你按呢行著路粗跤重蹄啦，人彼乎蘇小姐
是非常的幼秀，抑你按呢粗跤重蹄，一下予*人看*見，龜
跤就趒（sô）出來矣。

袁達：Hǹg，抑無欲按怎？成本我野龍袁達，我咧行路就成本這
个屈勢（khut-sè）〔註78〕哩咧。

美容師：按呢啦，規氣啊恁祖媽提一 kâi 銅錢，乎，抑你這個大腿
頭對這 kâi 銅錢仔共挾（giàp）咧，咧行路的時陣，你會記
得講這 kâi 銅錢仔莫予落（lak）落*去為標準，按呢龜跤才
袂趒出來。

袁達：好啦好啦，我遵照你的意思落*去做就著。

美容師：今仔趕緊咧，新娘上轎喔，抑通好送花轎到南平郡王府
啊。

（略）

〔註78〕姿勢的意思。

阿三：乎，抑咱按呢乎，從事著這个扛轎的行業，素來嘛毋捌扛著彼个新娘遮爾仔重的啦。

阿四：就按呢毋是按怎，講啥物彼蘇小姐，抑按呢生做真過嬌，抑生做真古錐，抑彼个體格就是體格，身材就身材。抑毋過扛著按呢乎，這新娘仔大約差不多兩三百斤有喔。

阿三：就按呢毋是按怎。

袁達：哎，扛轎的。

阿四：彼新娘仔按怎 hioh？

袁達：今轎門嘛緊拍開，予我落來『尿尿』咧喔。

阿三：彼彼新娘仔，袂用得袂用得，「彼新娘上轎就無屎無尿」，總 mō 就未到位咧，抑你就趕緊欲放尿，彼彼彼新娘仔落來放尿乎，按呢袂看得。

袁達：你毋共*人拍開轎門乎？

阿三：袂用得啦。

袁達：Hooh 你若毋共*我拍開轎門，橫直尿咧緊，無緊敨敨咧袂用得，準備就共漩落去。哎 sioh。（噓…）

阿三：哇哈哈，袂好袂好，彼新娘仔佇轎內底面『尿尿』，哇！遮大垺著，彼臭薟 phih phah。我看講這蘇小姐佫嬌，有虛無實啦，這這這圓仔花。Hńg hńg，恁逐家啊，趕緊咧，將過花轎扛咧，歸回著咱太師府啊。

（過場音樂）

鄒諫：本公子鄒諫啦。抑今牽手某的，蘇小姐，咱這馬準備佇這个所在乎，抑來拜謝天地，了後咱準備洞房花燭，入來到房間內底面 tshànn ko li ko tshànn。

袁達：Hoo i，欲拜就來拜。

旁白：一拜天地，二拜高堂，夫妻對拜。

鄒諫：牽手某的，今按呢乎拜好勢矣，較緊咧，自從頂工仔看著你一面了後乎，我按呢轉來，三頓食袂落*去，攏食四頓。我按呢乎日也想，暝也想，光也想暗也想，醃缸（am-kng）攬佇咧想，較想就蘇小姐一人。今趕緊咧，入來房間，內底面乎和蘇小姐跋一下仔感情咧。

袁達：按呢就欲入去矣毋？

鄒諫：Hiôo 啊。

袁達：欲入來祀（tshāi）矣毋？

鄒諫：Hiô 啊。

袁達：欲入來就入來。按呢我先入來。

鄒諫：喔，好好好，你做頭前，啊我共內底面遮的乎好朋友老兄
　　　弟共安搭一下，你先入去房間等我。

袁達：我入來囉。

鄒諫：蘇小姐這馬先入去房間內底面等候我，小等咧乎我按呢乎
　　　啉兩杯仔燒酒咧乎比較較有牽挽〔註79〕，抑無你就知，和
　　　遐的死囡仔出門乎，您攏講我乎袂用得啦，抑若無靠一個
　　　仔酒氣袂用得。

鄒家僮：嘿嘿，我來矣，我來矣。哇！公子啊，今仔日你結婚的好
　　　　日子，抑準備欲洞房花燭矣呢，啊來共公子啊講好話，愛
　　　　予阮紅包。

鄒諫：你欲敲油就欲敲油啦，是欲講啥好話，趁啥紅包？你敢會
　　　曉講？

鄒家僮：彼講好話我專門的。公子啊，你注意聽。

鄒諫：Hooh！

鄒家僮：彼轎門有四跤鬏。

鄒諫：Hennh。

鄒家僮：彼眠床直溜溜

鄒諫：Hennh！

鄒家僮：彼新娘仔烏白換。

鄒諫：Hooh。

鄒家僮：彼新郎內底蚵蚵蚵。

鄒諫：蚵恁阿媽啦，蚵蚵蚵。講毋著去矣啦！

鄒家僮：Hooh，按呢講毋著去矣喔？ 啊無按呢啦，新郎新娘彼入
　　　　大廳，明年新娘隨時討契兄。

鄒諫：討恁阿媽咧十八歲咧討契兄，袂曉講你共*我閃。

[註79] 根據「教典」，牽挽（khan-bán）是互牽互挽，比喻能持久、有耐力。

鄒家僮：趁無紅包，閣去予*人敲五筋膜。衰，衰甲落漆去。

鄒諫：欲來趁紅包，你嘛講按呢乎略仔會曉講話咧，共彼个新娘
仔形容一下。講這新娘人好家教，hennh，人這序大人**勢**共
伊晟教。花欉清氣，花跤秀麗，新娘日後枝枝葉葉生下好
男兒。生男啊，可比天頂的麒麟星；抑生女可比月中的丹
桂兒，彼日食暝大，好育又好**焦**。按呢毋才來趁紅包，做
mo 來共*我講歹話，tsiâng tsiâng phàinn。人毋就講乎，新
郎新娘入大廳，金銀財寶滿厝廳。啥物咧 hennh 明年隨時
討契兄，插（tshap）甲遮的奴才仔無啥效，蘇小姐內底面
咧等我，入來，入來內底面洞房花燭啊！蘇小姐，來來
來，較過來咧，予我共你『K-I-S-S』一下。天壽，啊哪親
像去嗳著彼个鬃擦鑢仔（tsang-tshè-lù-á）按呢。

袁達：我咧駛恁婆仔，閣咧共恁爸褪褲。按呢袂堪得氣。予你
去！

鄒諫：哇哈！嘿，抑新娘無看*見，內底面，哪會一个烏閣粗，高
長閣大漢。無你啥*人？你啊？

袁達：你該死矣，你該死矣！你新娘毋娶，去掠著我這个新娘
公，我就是九曜山的大大王野龍袁達。今仔日阮師父的命
令啦，知影講你會來劫花轎，恁 mē 野龍扮作新娘予恁掠，
啊？啊欲敢佮阮先生做對，明明世間活了伃咧嫌瘖，你這
个奸臣仔囝無教示袂用得啊！〔註80〕

第五節　小　結

　　戲劇乃是表現人生、發覺人生的各種問題，因此凡是研究與人生相關學
問的人，都會從戲劇中取材。一齣布袋戲演出的成功與否，也應以觀眾的反
應來判斷，戲劇是為觀眾而創作，必須隨時觀察觀眾的反應來調整他的演出。
戲劇的主要目的，一是盡可能迅速贏得觀眾的注意，二是維持或增加觀眾的
興趣，直到戲劇結束。因此，一個成功的布袋戲主演，必須要想盡辦法激起
觀眾的情緒反應，不管是歡樂的情緒或悲傷的情緒。原本觀眾的組成極其複

〔註80〕摘自《大俠百草翁》錄音布袋戲文本第一集〈百草翁重出武林〉。

雜，但他們為戲劇所吸引時，差異性便消失，形成共同幻覺。戲劇的幻覺有兩種現象，一是「同一作用或現象」（identification），把自己和書中的英雄同一。另一種則是「超然作用或現象」，這時戲劇的主角是丑角，他們越是被捉弄或是越上當，我們就越感到好笑。

雖然戲劇有很多類型，但姚一葦認為，當現代戲劇走出了古典，有許多劇本是無法歸類的，最多見的是，是混合的形式，布袋戲亦同，不會有純粹笑鬧的喜劇，也不會有純粹的悲劇，在討論黑番的布袋戲時，可以看出在不同的戲齣中，黑番總是保存著他最拿手的三花腳色的特色，將喜劇的成分安插在各個橋段當中，不使觀眾感到厭煩。他的戲劇使觀眾進入幻覺，才會對戲劇動作的發展，予以密切的關注，最後觀眾有了共同的幻覺，也有了共同的情緒，也就是笑，也就使戲劇達到了最大的效果。

笑詼劇可分為「語詞喜劇」及「情境喜劇」兩方面來討論。所謂的語詞喜劇，也就是因戲劇中的諧音、外來語、譬相、語法等所產生的喜感。而情境喜劇，無論是預期與事實顛倒，或事件交互干擾，都是因特殊的情境而引起的喜劇。在語詞喜劇方面，「諧音」是將某一個詞彙的語音，理解成另一個詞彙的意思。布袋戲的口頭表演，這種因諧音詞彙而產生的喜感，觀眾能馬上意會過來並覺得好笑。尤其是名字的諧音，更是容易被主演拿來運用作文章。而外來語的喜感，則是因為台灣是個海島國家，與各國貿易交流頻繁，加上曾經被日本殖民，及國民政府播遷來台，在這幾百年的過程中，台語吸收了不少來語，尤其是大量的日語及英語，戲劇主演靈活的使用這些外來語，再以諧音、押韻等方式來製造幽默。供體與譬相的喜感則是以對方的身體特徵來譬喻，以尖銳的批評形容詞來罵人，從雙方對彼此外在形象的互看不順眼開始，逐漸製造雙方的對立，目的是為了鋪陳進一步衝突氣氛的前奏。語法的喜感，常是因為語法不當的省略，搞錯主詞或用詞不當而產生的誤解，因此導致劇中人或觀眾產生與其意念相反的理解，從而產生笑料。

在情境喜劇方面，首先討論「預期與事實相反」也就是客觀的事實，與當事人主觀的預期之間顛倒的情境所產生的喜劇。再討論「事件的交互干擾」，表演者必須佈局製造兩組原本不相干的戲劇事件，卻同時發生在同一個情境中，事件發生之後，導致雙方有各自的解讀空間，甚至完全不同的詮釋意義，造成了意想不到的結果。最後討論「化裝」，這是布袋戲中常用的術語。指的是戲劇中某角色經過「假裝」，讓其他劇中人誤以為是另一個人，也是喜

劇裡「預期與事實相反」的一種「倒置」手法。把以上這些喜劇手法和當中負責製造笑料的三花腳色，靈活運用在原本正經八百的古冊戲中或懸疑緊張的金剛戲中，讓觀眾不致因為古冊戲過於平淡嚴肅而感覺無聊，或因金剛戲聲光效果太過刺激而感覺疲乏，反而期待這些腳色的出現又能製造出什麼樣的火花。因此，黑番以他靈活運用基本套式能力，再加上其任意穿插在戲劇段落中的笑詼劇編劇功力，終於造就了他能夠信手拈來演出一齣受歡迎的活戲。研究黑番的笑詼戲，分析其如何活用台語，如何製造喜劇的效果，預期將對日益失落母語，及以母語演出的布袋戲編劇技巧有所幫助。

第五章　結　論

　　黑番自 1982 年成立「大光興掌中劇團」，1997 年重新整班成立「黑番掌中劇團」至今，已有三十多年的演藝經歷。黑番不僅在外台演出布袋戲，也將演藝觸角延伸到其他舞台。1994～1996 年，黑番自行錄製的廣播布袋戲《三國演義》、《六國春秋》、《孫龐演義》、《西漢演義》、《孫臏下山》曾在台中「中聲電台」、雲林「正聲電台」和彰化「國聲電台」播出；1999 年，則重新錄製《孫臏鬥龐涓》口白，賣給「懷念國際電視木偶劇團」，再製作成電視布袋戲，在「台藝電視台」及「公共電時台」播出。2003 年起，開始製作並販售錄音布袋戲，因銷路甚佳，至今已經錄好《孫龐演義》、《雙孝子復仇》、《包公傳奇》、《三國演義》、《少林演義》等，2017 年起並開始錄製《西漢演義》，可說不斷有新作推出。近期黑番也應邀講古，初試啼聲後，也頗受好評。總是對自己深具信心且不為自己設限的黑番，不僅因此增加了知名度，更為自己創造了更多面向的演出機會。由於社會環境變遷，景氣的低迷，除了一般「民戲」外，最近幾年出現由政府單位及其他民間機構出資的「文化場」，其演出戲金通常較一般民戲豐厚，品質要求也更高。黑番從 1999 年獲頒推展卓越貢獻獎後，名聲鵲起，經常獲邀參與文化場的演出。最近，黑番更開始熱心參與公益活動，盡一己之力，推廣布袋戲，也從中獲得不同的喜悅。

　　黑番從小喜愛布袋戲，並從廣播劇學習黃俊雄、陳俊然、張宗榮、吳影等人說話的「氣口」，後來才拜師「閣派」的鄭武雄。雖然擔任學徒的時間不長，但他除觀察師父的演出，憑藉自己的努力寫下抄本，也學習到師父編寫金剛戲的技巧。後來黑番跟著漢學先生學習《彙音寶鑑》，學會呼音的方法，開始鑽研古書，因此也可以編演古冊戲。由於師父鄭武雄擅長演出夾雜著笑

詼戲的金剛戲，因此黑番的古冊戲，除了有金剛戲的味道，也會有笑詼戲參雜其中。除此之外，黑番不滿足於現狀，總是希望能夠創新，吸引觀眾更多的注意，從 1984 年開始，黑番走到幕前擔任主演，直接面對觀眾，在當時可算是彰化縣的第一人。在大型演出時除了使出令人眩目的聲光效果，還會穿插布袋戲偶的民俗技藝表演，後來甚至與真人共同演出川劇「變臉」。黑番現場肉聲演出時，即使劇碼相同，但他總能配合演出的地點、時機，而設計不同的口白，並保持著他妙語如珠，「練痟話」的「三花」風格。由於對時事的敏感度，再加上吸取各家精華，截長補短，讓他總能不斷推陳出新，充分展現其編劇及即興演出的能力，在整個不景氣的布袋戲圈中維持口碑和知名度，戲約不斷。

台灣話除了有文音白音外，還因祖先來自中國的不同地方，而有漳州腔和泉州腔等差別。居住在彰化員林的黑番，當地還有著特別的「永靖腔」。分析黑番演出的文本，可以察覺其濃厚的漳州腔。漳州腔在台灣算是優勢腔，大部分的人都能聽懂。但黑番錄音作品販售全台，須顧慮客人的接受度，因此黑番會盡量收斂起自己的「永靖腔」。然而「永靖腔」對鄉親而言是可愛親切的，為此，黑番故意設計了專門使用「永靖腔」的角色，兩全其美的顧及全台觀眾及鄉親，足見其語言能力與編劇的功夫。

傳統布袋戲並沒有所謂的劇本，主演即興演出的能力，憑藉的是先輩流傳下來的套式語言。戲劇角色登場時的表演語言結構，基本上可歸納為上台引、四聯白、獨白、對話等四部分。獨白通常包括自稱、姓名、社會地位、戲劇動機等內容。分析各戲劇腳色初登場時使用的四聯白，便能得知這位人物的來歷及背景；穿插在劇情當中的套語，其作用包含描述人物當時的情緒還有未來劇情等。不論是古冊戲或金剛戲，套語都存在相當大的變異空間。因此，黑番雖然會參考前輩流傳下來的四聯白，但是他仍會依實際的狀況而去變化四聯白的內容（自在地應用在各式的劇情當中），也證明他本身對於文字的運用自如。

相較於古冊戲較多嚴肅的劇情，金剛戲更著重於使用對話與觀眾互動，尤其是「三花」。由於黑番擅長演繹「三花」，因此當戲劇中「三花」一出現時，總能引起觀眾最大的迴響。在不同的戲齣中，黑番總是保存著他最拿手的「三花」特色，巧妙的將喜劇的成分安插在各個橋段當中，不使觀眾感到厭煩。笑詼劇可分成「語詞喜劇」及「情境喜劇」兩方面來討論，把這些喜

劇手法和當中負責製造笑料的「三花」腳色，靈活運用在原本正經八百的古
冊戲中或懸疑緊張的金剛戲中，會讓觀眾期待這些腳色的出現又能製造出什
麼樣的火花。藉著黑番的戲劇，我們可以瞭解他如何從生活體驗、俗諺、孽
譎仔話、方音差中取材即興創作，將對日益失落的母語，以及以母語演出的
布袋戲編劇技巧有所幫助，更希望整理出來的文本對日後母語教材的選編、
母語的創作，都有拋磚引玉的效果。

　　從黑番的演藝歷程來看，幾乎可以說是台灣布袋戲從內台戲的極盛期，
到電台、電視布袋戲的崛起與沒落，再到目前政府補助文化場，希望保存傳
統技藝的過程縮影。透過描述一個藝師的演藝生命，我們可以微觀整個大時
代戲劇生命的脈動。戰後 1950 年代出生的布袋戲藝師中，歷經布袋戲的興盛
與衰落，而後還能堅持至今的，必定都有其過人之處。因爲這些藝師的堅持，
才能在如今各種新興娛樂的充斥下，還能保有基本戲迷的支持，也讓布袋戲
這項傳統技藝，不致因此完全消失殆盡，淹沒在歲月的洪流之中。然而，舊
戲迷遲早會凋零，如果藝師不懂與時俱進，再創新局，吸引更多年輕的觀眾
持續欣賞，當布袋戲只剩下酬神的作用，或者靠政府文化場的補助才能維持
時，布袋戲或將跟著台語的文化一起消失在不久的將來。黑番今年（2018）
剛過 60 歲生日，至今仍維持旺盛的創作力，在訪談的過程中，可感覺到他對
布袋戲抱持滿腔熱血。他認爲布袋戲偶雖然是木偶做成，如果演得讓觀眾入
迷，也能像有血有肉的人一般，影響社會，教化人心。因此，黑番還是希望
政府能給予布袋戲更多的支持及資源，讓這項技藝能夠發揚光大。

> 布袋戲是一種眞有彼个『誘惑』人心態的物件啦，布袋戲尪仔雖然
> 用雕刻的來講，但是佇阮的手骨佇咧操作，佇咧共演藝的中間，雖
> 然是一身的木偶，但是操作起來，宛然親像一个人全款，看這个布
> 袋戲的觀眾，有當時若看甲入迷乎，會全仔自然而然入到這个戲劇
> 內底面，甚至看布袋戲嘛看到這个目屎流目屎滴，因爲布袋戲佇咧
> 搬有忠孝節義嘛，啊你若講就一寡歹囝浪蕩的，聽這个布袋戲，看
> 這个布袋戲了後，有當時仔伊對伊家己的心態心思原也多多少少會
> 影響。布袋戲佇咧做，忠孝節義就是叫人向善的嘛，一定無可能教
> 育人講做穤的，所以咱這个布袋戲，咱的政府的肯定認同，這實在
> 有需要。當然咧，若會當講多多少少對過這个布袋戲界更加著這个
> 資源予恁落去發揮乎，會當按呢繼續『發揚光大』，這是求之不得

的問題就著啦。〔註1〕

　　最後，本論文因篇幅的關係，對於「江黑番掌中劇團」的營運模式、舞台背景、戲偶，配樂等並未有全面性的觀照；而黑番製作錄音布袋戲的過程、販售的管道，目前傳徒的情形也沒有深入研究，是較為可惜的地方。另外，若能將「新興閣」時代吳天來的劇本、鄭武雄的劇本到黑番編演的《大俠百草翁》劇本做縱向的分析，或是對黑番所錄製不同劇目的典型場景及敘事模式進行橫向的研究，本論文想必能更趨於完整。

〔註 1〕根據 2016.7.26 與黑番在員林「無極聖山堂」民戲演出時的訪談。

參考書目

一、研討會／期刊

1. 洪惟仁，簡秀梅，2007〈關廟方言群島「出歸時」現象的漸層分佈：漳泉方言的競爭與重整〉語言微觀分佈國際研討會：173-210。

2. 吳明德，2004〈霹靂布袋戲黃文擇的口白藝術〉《2004年雲林國際偶戲節學術研討會》雲林：雲林縣政府文化局：141。

3. 江武昌，1990〈台灣布袋戲簡史〉民俗曲藝，67.68：88-126。

4. 李孟君，2002〈彰化南北管音樂戲曲館之2001年外台布袋戲匯演〉台灣風物，52（2）。

5. 吳明德，2004〈藝癡者技必良——論許王「小西園」《三盜九龍杯》之裁戲手法〉民俗曲藝，146：263-284。

6. 吳明德，2007〈逸宕流美凝煉精工——許王《三國演義》的編演藝術〉國文學誌，14：147-173。

7. 沈平山，1976〈流傳三百年的布袋戲〉雄獅美術，62：21-28。

8. 李建崑，2003〈王建《宮詞》探論〉興大人文學報，33：45-68。

9. 林俊育，2011〈台灣布袋戲ê台語文運動〉海翁台語文學教學季刊，11：6-15。

10. 林鋒雄，1999〈台灣布袋戲的發展及其特色——以西螺新興閣爲例〉市民講座，29：83-110。

11. 林鋒雄，1999〈台灣布袋戲的發展——以西螺新興閣爲例〉，《國際偶戲學術研討會論文集》（雲林：雲林縣立文化中心，年6月），350～363。

12. 洪麗完，1990〈施添福著《清代在台漢人的祖籍分布和原鄉生活方式》〉新史學1（3）：161-169。

13. 陳龍廷，1997〈台灣化的布袋戲文化〉台灣風物，47（4）：37-67；50-58。

14. 陳龍廷，2010〈從籠底戲到金剛戲：論布袋戲的典型場景〉戲劇學刊，712：73-93。

15. 陳龍廷，2011〈台灣布袋戲活跳跳的台語〉海翁台語文學教學季刊，11：25-32。

16. 陳龍廷，2013〈台灣布袋戲的即興創作及其特質〉民俗曲藝，181：5-48。

17. 陳龍廷，2017〈政治修辭‧歷史虛擬：戰後台灣布袋戲的少林寺「延異」〉台灣文獻，63（3）：94-126。

18. 葉嘉中，2015〈台灣布袋戲的發展現況與未來展望〉有鳳初鳴，10：273-295。

19. 廖雪芳，1976〈掌中戲班的今與昔〉雄獅美術月刊，62：29-37。

20. 龔煌城、姚榮松、洪惟仁，1993〈1993《台灣地區漢語方言調查計畫第三年期——台灣中部閩南語方言調查研究報告》〉「台灣地區漢語方言調查計畫」六年計畫（1989-1996）。

二、學位論文

1. 李昀穎，2007《台南地區廣播布袋戲的研究》國立成功大學藝術研究所碩士論文。

2. 吳明德，2003《台灣布袋戲的表演藝術研究——以小西園掌中戲、霹靂布袋戲爲考察對象》台灣師範大學國文研究所博士論文。

3. 李仲民，2009《從地理語言學論台灣閩南語語言地圖的編製觀念與方法——以台灣東北部閩南語研究爲樣本》中國文化大學中國文學研究所博士論文。

4. 林東漢，2013《「如果沒有明天」動畫短片之創作論述，以穿越作爲逃避手段的故事分析》南台科技大學數位內容與動畫設計研究所碩士論文。

5. 巫裕雄，2010《南投新世界陳俊然布袋戲「南俠」之研究——以〈南俠沒價值的老人〉爲研究對象》國立台北大學民俗藝術研究所碩士論文。

6. 邱一峰，2004《閩台偶戲研究》國立政治大學中國文學研究所博士論文。

7. 徐志成，1999《「五洲派」對台灣布袋戲的影響》國立台灣大學中國文學研究所碩士論文。

8. 涂文欽，2008《彰化縣閩南語方言音韻的類型與分佈》國立新竹教育大學台灣語言與語文教育研究所碩士論文。

9. 莊文岳，2013《台灣彰化縣閩南語次方言聲韻調之調查與比較》國立新竹教育大學台灣語言與語文教育研究所碩士論文。

10. 陳生龍，2011《沈明正布袋戲的表演藝術研究》國立彰化師範大學國文學系碩士論文。

11. 陳龍廷，1991《黃俊雄電視布袋戲研究(民國五十九-六十三年)》中國文化

大學大學藝術研究所碩士論文。

12. 陳龍廷，2005《台灣布袋戲的口頭文學研究》國立成功大學台灣文學研究所博士論文。

13. 陳孋庄，2003《台灣永靖腔的調查與研究》國立新竹師範學院台灣語言與語文教育研究所。

14. 劉信成，2014《當代台灣布袋戲「主演」之研究》國立中央大學中國文學系博士論文。

15. 蔡坤龍，2016《嘉義光興閣鄭武雄「大俠百草翁－鬼谷子一生傳」之研究》國立台北大學民俗藝術研究所碩士論文。

16. 鄭慧翎，1991《台灣布袋戲劇本研究》國立中央大學中國文學研究所碩士論文。

17. 謝中憲，2006《台灣布袋戲發展之研究》國立嘉義大學史地學系研究碩士論文。

三、專　書

1. HenriBergson，譯者徐繼曾 1992《笑——論滑稽的意義》商鼎文化出版小川尚義 1907《日台大辭典》。

2. 蔡棟雄，2007《三重唱片業、戲院、影歌星史——戀戀三重埔系列》台北縣：三重市公所。

3. 江武昌，1995《台灣的布袋戲認識與欣賞》台北：國立台灣藝術教育館。

4. 何宗陽，1992《幽默八步》台北：多樂坊。

5. 吳正德，1991《傳統布袋戲前場輔助教材》台北：西田布袋戲基金會。

6. 吳明德，2005《台灣布袋戲表演藝術之美》台北：台灣學生書局。

7. 呂理政，1991《布袋戲筆記》台北：台灣風物雜誌社。

8. 呂訴上，1961《台灣電影戲劇史》台北：銀華出版社。

9. 沈富進，1954《增補彙音寶鑑》嘉義：文藝學社。

10. 岳曉東，2012《幽默心理學：思考與研究》香港城市大學出版社。

11. 林明德，2003《阮註定是搬戲的命》台北：時報文化出版公司。

12. 林明德、吳明德，2011《戲海女神龍——真快樂‧江賜美》新北市：新北市文化局。

13. 林鶴宜，2003《台灣戲劇史》台北：國立空中大學出版。

14. 邱坤良，1994《日治時期台灣戲劇之研究》台北：自立晚報社文化出版部。

15. 勁草，2014《台灣的戲劇、電影與戲院》台北：五南圖書出版股份有限公司。

16. 姚一葦，1992《戲劇原理》台北：書林出版有限公司。

17. 施添福，1987《清代在台漢人的祖籍分布和原鄉生活方式》台北：國史館台灣文獻館。

18. 洪惟仁，1992《台灣方言之旅》台北：前衛出版社。

19. 容世誠，1997《戲曲人類學初探：儀式、劇場與社群》台北：麥田出版。

20. 員林鎮公所／中華綜合發展研究院應用史學研究所，2010《員林鎮志》彰化：員林鎮公所。

21. 張溪南，2004《黃海岱及其布袋戲劇本研究》台北：台灣學生書局出版。

22. 陳龍廷，2007《台灣布袋戲發展史》台北：前衛出版社。

23. 陳龍廷，2008《聽布袋戲——一個台灣口頭文學研究》高雄：春暉出版社。

24. 陳龍廷，2010《發現布袋戲：文化生態・表演文本・方法論》高雄：春暉出版社。

25. 陳龍廷，2013《台灣布袋戲創作論：敘事・即興・角色》台北：春暉出版社。

26. 陳龍廷，2015《台灣布袋戲的口頭文學研究（上)》台北：花木蘭文化出版社。

27. 陳龍廷，2015《台灣布袋戲的口頭文學研究（下)》台北：花木蘭文化出版社。

28. 傅建益，2000《國立傳統藝術中心籌備處籌畫的傳統藝術叢書第三輯「掌中乾坤——台灣野台布袋戲現貌」》台北:商周編輯顧問有限公司。

29. 趙毅衡，2012《符號學》台北：新銳文創出版。

30. 鍾榮富，2015《當代語言學概論》台北：台灣五南圖書出版股份有限公司。

附錄　黑番大事年表

年　份	大　　事
1958	1958.10.25 出生於員林。
1965	就讀國小，開始聽廣播接觸布袋戲，並自學布袋戲口白。
1971	就讀國中，國二、國三時，開始擔任布袋戲主演。
1974	國中畢業，北上找工作，不順利後又回員林，從事畫看板的工作，開始到布袋戲團幫忙。
1976	正式拜師鄭武雄。
1978～1979	跟著鄭武雄習藝，幫忙噴煙火、寫劇本。
1982	與廖淑勤結婚。
1983	1983.2.25 整戲團，取名為「大光興掌中劇團」。
1994～1996	在「國聲」、「正聲」、「中聲」電台演出布袋戲。
1997	正式登記成立「江黑番掌中劇團」。 參加臺灣區地方戲劇決賽，奪得個人「最佳主演獎」及團體「甲等獎」。
1999	與「懷念國際電視木偶劇團」合作，在「台藝電視台」播出《孫臏鬥龐涓》。
1999	獲彰化縣政府表揚致力戲劇文化，獲頒推展卓有貢獻獎。
2003	錄製錄音布袋戲《孫龐演義》20 集。
2004	錄製錄音布袋戲「雙孝子復仇」20 集。
2006	彰化縣「礦溪演藝獎——傑出演藝團隊甄選及獎勵」獲選布袋戲特優。

2008	獲選「彰化縣傑出演藝團隊」。 參與「彰化縣媽祖遶境嘉年華」演出。 錄製錄音布袋戲《包公傳奇》《七俠五義》32 集。
2009	參與「彰化縣媽祖遶境祈福布袋戲大拼場」「螺溪兩岸布袋戲拼場」演出。
2010	參與「彰化縣媽祖遶境祈福」演出。
2011	參與「傳統與現代的交會」演出。 參與表演藝術巡演「傳藝飄香處處聞・四面八方大匯演」演出。
2012	錄製錄音布袋戲《三國演義》10 集。 臺灣燈會在鹿港舉辦時，黑番到龍山寺前表演講古。 參與「我愛彰化傳藝・2012 藝猶未盡」演出。
2013	錄製錄音布袋戲《三國演義》第二部 10 集。 在「礦溪美展」頒獎典禮「講古」。 到新北市新莊文藝中心廣場，演出「大俠百草翁——鬼谷子一生傳」。
2014	黑番與「臺北木偶劇團」合作，在傳藝中心辦理的「重返永樂座」室內專場演出。
2015	參與「彰化縣藝術巡演活動」演出。
2016	錄製錄音布袋戲《少林演義》20 集。 參與三聖宮做醮演出。
2017	錄製錄音布袋戲《西漢演義》。 參與彰化縣「傳統戲曲縣內巡迴」演出。 參與彰化縣政府主辦的「彰化縣媽祖聯合遶境祈福活動」演出。